Arnold Vals

LUST AM TEPPICH

Eine literarische Verführung

Lust am Teppich

Eine literarische Verführung

Herausgegeben von Arnold Vals
Illustriert von Bele Bachem

edition q

Die Deutsche Bibliothek – CIP-Einheitsaufnahme

Lust am Teppich : eine literarische Verführung /
Arnold Vals (Hrsg.). Mit 15 farb. Fotos und 14 Ill. von Bele Bachem.
– Berlin : Ed. q, 1995
ISBN 3-86124-163-3
NE: Vals, Arnold [Hrsg.]

Lektorat: Klaus R. Dichtl
Schutzumschlag und Layout: Thomas Pricker
unter Verwendung einer Illustration von Bele Bachem

Druck und Bindung: Bosch-Druck, Landshut
Printed in Germany

ISBN 3-86124-163-3

Inhalt

Vorspiel

Den Teppich hatte ich bereits als Kind für mich entdeckt: Wenn ich auf dem Teppich saß und träumte, zogen vermummte, wildromantische Gestalten mit ihren Kamelkarawanen an mir vorbei. Auf den Teppichen wurde der Zauber aus 1001 Nacht lebendig, und ich sah die Paläste, den Sultan und seinen Harem, Kalifen und Emire und Tausende von Dienern. Meine Spielzeugeisenbahn fuhr nicht durch zerklüftete Gebirge und dunkle Wälder aus Pappmaché, sondern durch einen filigran-gemusterten Garten Eden, der in unserem Wohnzimmer lag. Mein Zug wurde nicht behindert durch lästige Ampelanlagen, sondern fuhr mal schneller, mal langsamer durch arabesk verschlungene Blumenornamente. Die stilisierten Blätter und Blüten verwandelten sich für mich auch manchmal in Menschen und Tiere. Und wenn mein Zug zum Stehen kam, stand dort eine große Karawanserei, an deren Feuer sich die Reisenden wunderschöne Geschichten erzählten...

1. Kapitel

Verwirrspiel

Blick in die Zukunft

Arnold Vals

Vor einigen Jahren war mein Leben an dem Punkt angekommen, wo man alles zu tun bereit ist, nur um irgendwie weiterzukommen. Unter anderem hatte ich plötzlich das dringende Bedürfnis, eine Hellseherin aufzusuchen. Circe, eine gute Freundin von mir, die damals einen Trödelkeller betrieb und alle abstrusen Gestalten Schwabings kannte, wußte Rat. Während sie selbst auf Anraten einer Wahrsagerin bei einem Radiosender »I just want to be a woman« ins Mikrophon hauchte, saß ich mit genau dieser Ratgeberin, für die es im Englischen die viel treffendere Bezeichnung »fortune teller« gibt, in Circes Trödelkeller. Da ich möglichst wenig von mir verraten wollte, hatte ich die farblosesten, ältesten Klamotten angezogen, die ich finden konnte.

Zunächst hatte sie die Neonbeleuchtung ausgemacht und dafür eine Kerze angezündet. Dann zog die geheimnisvolle Dame ein Paket Karten aus ihrer Handtasche, die sie kunstvoll auf dem runden Tisch ausbreitete. Zwischendurch bat sie mich, eine Karte zu ziehen, die sie mit bedeutender Miene ablegte. Da sie sich sammeln mußte, sprach sie sehr wenig. Ich schaute gelangweilt auf den Boden, wo ein abscheulicher Teppich lag: Einer von diesen, bei denen nicht einmal die Wolle echt ist. Sicher hätte ich noch länger über das Elend des Teppichs nachgedacht, wenn sich nicht inzwischen die Geister versammelt und die Wahrsagerin zu sprechen begonnen hätte.

Erst gewährte sie mir nur einen kleinen Blick in meine Zukunft. Sie erzählte von einer neuen Liebe, einer großen Karriere und einem Ortswechsel. Letzteres machte mich besonders neugierig, und so befragte sie die Karten näher. Sie verrieten ihr, daß mein neues Domizil am Meer läge, ich aber weder sofort, noch für immer dort wohnen könnte, da ich mit Deutschland zu sehr verwurzelt sei. Aber das war den verräterischen Karten noch nicht genug. Da ihre Konstellation kein Kreuz ergab, stellte sie fest, daß es sich um ein nichtchristliches Land handeln müßte. Irritiert starrte ich wieder auf den Teppich, über den zwei lichtscheue Kakerlaken wanderten. Ein großer, schwarzhaariger Mann kam in Sicht, der sich an meine

Schultern lehnen werde. Oh Gott, dachte ich, und schaute wieder auf den Teppich. Wie gräßlich der doch aussieht, vollkommen leblos; seine Stumpfheit war unerträglich. Ich starrte auf die Ornamente, die noch lebloser aussahen als der rupfige Flor, und hoffte, daß dies kein Omen für mein zukünftiges Leben sein möge.

Dann dachten die Geister über meine Karriere nach. Etwas unsicher offenbarte mir die Hellseherin, daß meine Stärke in der Farbe und der Farbigkeit läge, wobei sie auf meine faden Klamotten schaute. »Sie werden es vielleicht nicht glauben«, schob sie dieser Aussage zögernd hinterher. Ich schaute auf den scheußlichen Teppich und hoffte, sie meinte nicht diese Art von Farbigkeit. Die widerlich verfilzten Florfäden des Teppichs sollten wohl kein Maßstab für die Buntheit meiner Zukunft sein. »Sie werden in Kürze eine große Karriere beginnen, reich werden und ihrem alten Leben buchstäblich davonfliegen«, fuhr sie fort. Ich schaute der Hellseherin in die Augen. Ihr Flackern verriet, daß es noch mehr zu berichten gab. Ich sei nicht nur als Maler begabt, sondern auch als Bildhauer, aber da nur für sehr kleine, bunte Skulpturen. Die Überraschung war ihr gelungen, ich schaute wieder, um mein Erstaunen zu verbergen, auf den Teppich. Inzwischen waren noch mehr Kakerlaken zum Spaziergang aufgebrochen und es wimmelte auf dem Teppich. Mein Geld, so die Wahrsagerin, würde ich mit der Malerei nie verdienen, da ein anderes meiner Talente siegen würde. Plötzlich meinte sie, ich würde etwas mit Teppichen beginnen, sie erwähnte aber gleich, daß dies nicht in den Karten stände, sondern ihre Vermutung sei. Natürlich, meinte sie, könnte »nichtchristliches Land« Orient bedeuten. Aber, schränkte sie ein, »es muß am Meer liegen, denn ich sehe es ganz deutlich. Ich glaube auch, daß es das Mittelmeer ist«, erklärte sie näher.

Ich fand das alles äußerst faszinierend, legte die geforderte Summe auf den Tisch und ging. Unterwegs begegnete mir Circe, die ich sofort fragte, ob sie die Hellseherin vielleicht mit einigen Details versorgt hätte. Sie schwor mir bei Odysseus, nicht geplaudert zu haben.

Wenn Circe also die Wahrheit gesagt hat, muß ich zugeben, daß die Karten nicht gelogen haben. Wenn ich davon absehe, daß ich immer noch nicht reich bin und kein schwarzhaariger, sondern ein blonder Mann an meiner Schulter lehnt, ist soweit alles eingetroffen. Aber ich will mich nicht auf irgendwelche Details versteifen und kann diese Art von Blick in die Zukunft, der zugleich der Auftakt dieses Buches war, nur weiter empfehlen.

Emile Zola (1840-1902)

So gab es schon gleich beim Eingang ein großes Staunen, eine Überraschung, die alle entzückte. Es war ein Einfall von Mouret gewesen. Als erster hatte er in der Levante zu ausgezeichneten

Bedingungen eine Kollektion alter und neuer Teppiche gekauft, dieser seltenen Teppiche, die bis dahin nur die Raritätenhändler verkauften, und zwar sehr teuer; und er war im Begriff, damit den Markt zu überschwemmen, er ließ sie fast zum Einkaufspreis ab, verwendete sie lediglich zu einer prächtigen Dekoration, die die vornehme Kundschaft der Kunstverständigen zu ihm locken sollte. Schon von der Mitte der Place Gaillon aus gewahrte man diesen orientalischen Salon, der ganz und gar aus Teppichen und Portieren gemacht war, die Ladendiener nach Mourets Anweisungen aufgehängt hatten. Zunächst waren an der Decke Smyrnateppiche ausgespannt, deren verschlungene Muster sich von einem roten Grund abhoben. Dann hingen an den vier Seiten Portieren herab: Portieren aus Karaman und aus Syrien, zebraartig gestreift in Grün, Gelb und Zinnoberrot; gewöhnlichere Portieren aus Diyarbekir, die sich rauh anfühlten wie Hirtenmäntel; und ferner Teppiche, die als Wandbehang dienen konnten, die schmalen Teppiche aus Isfahan, aus Teheran und Kermanschah, die breiten aus Summaka und aus Madras, eine seltsame Flora von Päonien und Palmen, eine sich im Garten der Träume ergehende Phantasie. Auf dem Fußboden abermals Teppiche, eine weiche Schicht dicker Vliese: in der Mitte lag ein Teppich aus Agra, ein ungewöhnlich schönes Stück mit weißem Grund und einer breiten zartblauen Kante, die blaßviolette Ornamente von erlesener Phantasie durchzogen; überall waren Wunderdinge ausgebreitet, die Teppiche aus Mekka mit samtigem Schimmer, die Gebetsteppiche aus Dagesthan mit einem Stich ins Symbolische, die mit strahlenden Blüten besäten Teppiche aus Kurdistan; schließlich lag in einer Ecke aufgehäuft eine unordentliche Masse billiger Stücke, Teppiche aus Ghiordes, aus Kula und aus Kirschehir, von fünfzehn Francs an. Dieses üppige Paschazelt war mit Sesseln und Diwanen ausgestattet, die mit Geweben aus Kamelhaar bezogen waren, das eine von bunten Rauten durchschnitten, das andere mit kunstlosen Rosen besät. Die Türkei, Arabien, Persien, Indien waren vertreten. Man hatte die Paläste geleert, die Moscheen und die Basare geplündert. Fahlrotes Gold herrschte vor in den ausgeblichenen alten Teppichen, deren Farben noch eine düstere Hitze bewahrt hatten, eine Schmelze erloschener Glut, die schöne, mit der Zeit immer wärmer werdende Farbe alter Meister. Und Visionen vom Orient tauchten auf zwischen der Pracht dieser barbarischen Kunst, in dem starken Geruch, der den alten Wollen aus dem Land des Ungeziefers und der Sonne anhaftete.

aus: Paradies der Damen

Bereits Goethe beklagt in seiner »Italienischen Reise«, nicht viel über die Geschichte des Teppichs zu wissen.

Die Autoren Enay/Azadi schreiben, daß das erste nennenswerte Teppichbuch Julius Lessings »Altorientalische Teppichmuster nach

Bildern und Originalen des XV.- XVI. Jahrhunderts« sei. Es erschien 1877, also genau sechs Jahre vor »Das Paradies der Damen«. Zolas geographische Zuordnungen (Teppichnamen) entsprachen dem »Wissensstand« der damaligen Zeit und sind meist dichterischer Natur. Die Bewertungen der einzelnen Teppichgattungen spiegeln den Zeitgeschmack wider, haben aber heute keine Gültigkeit mehr.

Pierre Du Ponts »Abhandlung über das Knüpfen von Teppichen nach orientalischer Art« erschien 1604. Wir können mit Sicherheit davon ausgehen, daß es in dem »knüpffreudigen Europa« (siehe Seite 118f.) noch eine Unzahl weiterer Publikationen gegeben hat. Inwieweit sie für die Teppichforschung wichtig sind, bleibt fraglich. Der Löwenanteil an Teppichliteratur wurde zweifellos in der 2. Hälfte unseres Jahrhunderts veröffentlicht. Sicher dürfte auch sein, daß die Teppichforschung durch Ausstellungen wie »orientalische Teppiche« (Wien 1891) und »muhamedanische Kunst« (München 1910) den nötigen Aufwind bekam. Die Geschichte des Orientteppichs wird auf den Seiten 133–135 kurz umrissen.

Literatur
Emile Zola: Paradies der Damen, deutsch v. Hilda Westphal © 1959 Goldmann Verlag München.
M.-E. Enay, S. Azadi: Einhundert Jahre Orientteppich-Literatur 1877-1977, © Verlag Kunst und Antiquitäten, Hannover 1977.

Panait Istrati (1884-1935)

Am Ende einer Woche gab mir sein Mißgeschick zu denken, denn wenn das so weiterging, mußte vor Ablauf von drei Monaten mein Vermögen durchgebracht sein. Am selben Abend nach dieser vernünftigen Überlegung machte ich mich in Gesellschaft von zwei reichen Teppichhändlern auf den Weg nach Damaskus.

Aber vor allen Dingen machte ich die Feststellung, daß es immer gut ist, nur die Hälfte zu lügen. Bei Tisch saßen zwei Brüder, groß und stark wie die Henkersknechte, die in Galatz mit Teppichen und Damaszener Kupferwaren Handel trieben. Zu meinem Glück kannte ich Damaskus und ihr Gewerbe besser als sie selbst; ich hatte häufig Teppiche und ziselierte Kupfersachen aus der Gegend feilgeboten.

Während des Essens plaudere ich, erzähle Geschichten und Vorkommnisse aus dem Leben in Anatolien und ergehe mich hauptsächlich in dem Jammer, der sich hinter den Teppichen und den Damaszener Kupferwaren verbirgt, an deren Herstellung, die ausschließlich mit der Hand betrieben wird, man fünfjährige Kinder und fast blinde Greise arbeiten sieht; erstere verdienen zwei Metalliks am Tag, wissen fast nicht, was Kindsein heißt, und treten durch das Tor des Leids ins Leben ein; letztere erschöpfen sich in Entkräftung und haben kein Recht auf Ruhe und die Beschaulichkeit des Alters.

aus: Kyra Kyralina

Meine Geschichte entlockt dem Fräulein Tränen; aber die anderen sind hartgesotten, sie erfassen nur die anekdotische Seite.

Lange Zeit wurden die Mameluken-Teppiche fälschlicherweise als Damaskus-Teppiche bezeichnet.

Die Teppiche waren von besonderer Schönheit, ihre Muster erinnern an die irisierenden Fayencen des Morgenlandes und sie entstanden vom 15.- 16. Jahrhundert im Gebiet um Kairo. Die osmanische Invasion bereitete dieser Eigenwilligkeit ein Ende und die Teppichknüpfkunst wurde unter türkisches Patronat gestellt.

Istratis Roman ist zumindestens teilweise autobiographisch, seine Erfahrungen als Teppichhändler könnten allerdings dichterischer Natur sein. Zur Jahrhundertwende, das ist die Zeit, von der Istrati erzählt, waren die Mameluken-Teppiche schon längst museale Kostbarkeiten. Die größte Sammlung dieser Juwele besaß das österreichische Kaiserhaus, sie ist heute im Museum am Stubenring (Wien) zu sehen. Istrati kann als fliegender Händler kaum mit diesen Kostbarkeiten Handel betrieben haben.

Möglicherweise hat Istrati mit Teppichen gehandelt, die Dahl so plastisch schildert: »Ich erwähnte, daß ich ... einen Damaszener Teppich aus dem 17. Jahrhundert liegen hätte. ›Nicht möglich..., ist er aus Seide und Wolle...? Ist das Grundmuster aus Gold- und Silberfäden?‹ ›Aber mein lieber Freund! Einen solchen Gegenstand dürfen Sie doch nicht auf den Fußboden legen‹!«

Die Vermutung, daß der Begriff »Damaskus- bzw. Damaszener Teppich« lediglich ein Synonym für Teppiche aus glänzenden Materialien sein soll, wird durch die vorangegangenen Beschreibungen erhärtet.

Die Fachliteratur erzählt von Damaskus-Teppichen, die unter türkischer Herrschaft ab dem 17. Jahrhundert in Konstantinopel und Kairo entstanden sein sollen. Ihr Merkmal war der besondere Glanz, oder – wie wir aus einem Text von Dahl schließen können – die Verwendung von Gold- und Silberfäden. Diese äußerst aufwendige Herstellungsart hatten die Türken von den Persern abgeschaut, die unter dem Patronat von Schah Abbas (1587-1629) erfunden wurde. Das wichtigste Merkmal dieser Teppiche ist der mit Gold- und Silberfäden broschierte (gewirkte) Musterhintergrund (Fond). Der enorme Aufwand dieser Technik bestand darin, daß Seidenfäden mit handgehämmerter Gold- oder Silberfolie umwickelt werden mußte, ehe mit der Wirkarbeit begonnen werden konnte.

Literatur

Panait Istrati : Kyra Kyralina, deutsch von O.R. Sylvester, Edition Sven Erik Bergh, © 1978 Europabuch AG, CH-6300 Zug.

Roald Dahl: Kuschelmuschel, deutsch v. Jürgen Abel, 61.-63. Tsd. 5/77. © Rowohlt 1975.

Die Frauen fertigen Teppiche, wie es ihr Stamm von jeher getan. Die Technik dabei ist folgende: Unter einem auf Stangen, Rudern, Kibitkengittern ruhenden Sonnensegel ist die Kette, deren Fäden aus Kamel- und Ziegenwolle zusammengesponnen sind, waagerecht auf der Erde ausgespannt, vier Frauen knien vor ihr in einer Reihe nebeneinander und knüpfen die bunten Fäden, indem sie jedesmal zwei Kettenfäden, einen unteren und einen oberen hervorholen und vor sich auf die Hand legen, erst um den linken den Wollfaden schlingen, dann den rechten in die Schlinge legen und diese zuziehen. Das geht mit einer Geschwindigkeit, die es fast unmöglich macht, den Händen zu folgen, und nur übertroffen wird von der Fixigkeit, den Faden mittels eines in der rechten Hand gehaltenen Messers in demselben Zuge mit der Schlingenknüpfung durchzuschneiden. Von Zeit zu Zeit werden drei fixierende Einschlagfäden, zwei feine und ein starker, vorgewebt, zu denen nur Kamelwolle benutzt wird, und mittels des in ganz Vorderasien und Nordafrika verbreiteten kammartigen Klopfers festgeschlagen .

Dabei entwickeln die Frauen eine Kraft, die man gesehen haben muß, um die Dauerhaftigkeit der sogenannten echten Teppiche zu verstehen. Hoch hinauf wird der Schlägel geschwungen und mit aller Gewalt sausend nach unten durch die Kette gegen die Fixierfäden getrieben, in gleichmäßigem Takt, fünf bis zehn Minuten lang. Dann wird das fertige Teppichstück mit der Schere kurzgeschnitten, und das Knüpfen beginnt von neuem. Arbeitslieder habe ich nicht gehört und soll es nicht geben. Zu einem Teppich von etwa drei Meter Länge und anderthalb Meter Breite gebrauchen vier Frauen einen Monat, er erzielt einen gegen früher erheblich gestiegenen Preis von achtzig bis hundert Rubel. Bei der allgemeinen Preissteigerung ließe man sich das am Ende gern gefallen, zumal die Technik die alte vortreffliche geblieben ist, aber die Farben und Muster! Jene werden in den Läden von Fort gekauft, sind europäisches Chemieprodukt und haben nichts mehr von der Lichtbeständigkeit der alten Pflanzenextrakte und ihren vornehm diskreten Tönungen. Ein fatales Gelb und ein aufdringliches Hellblau beleidigen das Auge und wecken wehmütige Erinnerungen an die südlichen Nomadenteppiche aus den Merw-, Pendeh-, Beludschistandistrikten, deren herrliches Weiß, von der sorgfältig gereinigten Wolle ganz junger weißer Lämmer gewonnen, deren leuchtendes Rot und sattes, dunkles, träumerischtiefes Blau sich zu so köstlichen Stimmungen verbinden. Nicht weniger sind die Muster zu ihrem Nachteil verändert, in die strengen Geometrien und letzten Stilisierungen der alten haben sich unruhige, häßlich wirre Ranken geschlichen, die wohl als persische Motive gelten dürfen, denen der Umweg über Europa neues Leben gegeben, aber allen Charme genommen hat.

Für die Degeneration der Teppichwebkunst war mir charakteristisch die empörende Achtlosigkeit, mit der man die letzten wirklich guten und alten Stücke verkommen ließ; sie lagen zu Lumpen zerfetzt in den Ecken, es gelang mir nur, ein einziges relativ unversehrtes Exemplar zu erwerben, das bei ungewöhnlichen Maßen von fünf zu zweieinhalb Metern durch ausgezeichnete Harmonie der Musterung und durch feine Diskretion der Farbentöne auffiel.

Außer den auf der oberen Fläche geknüpften und kurzgeschorenen Teppichen gibt es andere, deren Fäden unten geknüpft und lang gelassen werden, so daß das Muster aus den glatt und straff liegenden Fadenlängen gebildet wird; sie dienen dem täglichen Gebrauch als gewöhnlicher Bodenbelag der Kibitke. Ferner verfertigen die Frauen Taschen für die Hüttenwände und Doppeltaschen für die Reise, die quer über das Pferd gelegt werden, sie arbeiten sie auf einer Webkette so, daß die eine Hälfte der Länge gewebt wird, d. h. daß Querfäden aus Kamelhaar eingeschossen und festgeschlagen werden, die andere Hälfte dagegen in Teppichmanier geknüpft und geschoren wird. Jene ist farblos, diese gemustert. Das fertige Stück wird in der Mitte umgelegt, und nun bildet die erste Hälfte die Rückwand, die zweite Hälfte die Vorderwand der Tasche. Bei den Doppeltaschen verfährt man genau so, nur mit dem Unterschiede, daß die Länge der Kette in vier Abschnitte geteilt wird, und die beiden äußeren geknüpft, die beiden inneren gewebt werden; jene werden nach innen umgeschlagen, und die Doppeltasche ist fertig.

aus: Unter Turkmenen und Kirgisen

Wenn Karutz vor etwa neunzig Jahren in den Läden Turkestans Anilinfarben vorfand, ist dies keineswegs erstaunlich. Seit etwa 1865 wurden Anilinfarben eingesetzt, die bereits zur Jahrhundertwende den gesamten Orient erobert hatten. Lichtbeständig waren die Farben der Anfangsphase tatsächlich nicht, mitunter verblaßten die anfänglich grellen Farben zu Beige- und Grautönen.

Literatur

Richard Karutz: Unter Turkmenen und Kirgisen, © Klinkhard & Biermann, Leipzig 1911.

Kurban Said (1905–1940)

Es war ein schönes Zimmer im zweiten Stock unseres Hauses. Dunkle Teppiche aus Buchara, Isfahan und Kaschan bedeckten die Wände. Die Linien des Teppichmusters gaben Gärten und Seen, Wälder und Flüsse wieder, so wie sie sich in der Phantasie des Teppichwebers spiegelten – unerkennbar für den Laien, hinreißend schön für den Fachmann. Nomadenfrauen aus fernen Wüsten sammelten im wilden Dornengebüsch die Kräuter für diese Farben. Schlanke Finger preßten daraus den Saft. Jahrhundertealt ist das Geheimnis der zarten Farben, und ein Jahrzehnt dauert es oft, bis der Weber sein Kunstwerk vollendet hat. Dann hängt es an der Wand, voll geheimnisvoller Symbole, Andeutungen von Jagdszenen und Ritterkämpfen, mit einem Schriftornament am Rand, einem Vers von Firdausi oder einem Weisheitsspruch von Saadi. Durch die vielen Teppiche wirkte das Zimmer dunkel. Ein niedriger Diwan, zwei kleine mit Perlmutter eingelegte Hocker, viele weiche Kissen; und zwischen all dem, sehr störend und sehr sinnlos, Bücher des westlichen Wissens: Chemie, Latein, Physik, Trigonometrie – läppisches Zeug, von Barbaren erfunden, um ihre Barbarei zu verdecken.

aus: Ali und Nino

Kurban Saids poetische Schilderung des »Geheimnisses der zarten Farben«, die übrigens äußerst kräftig und leuchtend waren, gehörten schon damals der Vergangenheit an.

Wie die Kelimfunde von Catal Hüyük beweisen, wurde bereits in der Mitte des 7. Jahrtausends vor Christus gefärbt. Ab wann man von der Kunst des Färbens sprechen kann, ist noch unklar. In der Teppichliteratur werden die Juden als geniale Färber gepriesen.

Bestrebungen der Gegenwart, wieder verstärkt Naturfarben einzusetzen, stecken noch in den Kinderschuhen. Zum einen, weil im Laufe der vergangenen 125 Jahre die »Geheimnisse« vergessen wurden, zum anderen, weil gewisse Rohstoffe (Pflanzen, Tiere und Mineralien) in der Natur nicht mehr vorkommen (wie z.B. die Cochenille-Laus in Vorderasien).

Die weitverbreitete Verehrung der Naturfarben ist eigentlich mehr eine Reminiszenz an die Zeiten, in denen Teppiche seltene Kostbarkeiten waren und kein, für jedermann erschwingliches Massenprodukt.

Literatur
Kurban Said: Ali und Nino, Fischer Taschenbuch Verlag Frankfurt, 11/81, mit freundlicher Genehmigung des Scherz Verlages, © 1973 Lucy Tal.

Adalbert Stifter (1805-1868)

Ich streichelte ihm die Locken aus der Stirn – er weinte wie ein Kind, wollte aufstehen; denn er war bisher auf dem Teppich gekniet – er wollte gehen – er weinte nicht mehr, aber seine Lippen zitterten vor Schmerz – er kam mir vor, als wäre er noch ein Knabe, der keine Mutter habe – und wie er seinen Mund reichte, küßte ich ihn; er hielt meine Hand – und wir küßten uns wieder. – Ach, Jodok, dann küßte ich ihn nicht mehr wie deinen Bruder – es wehte so heiß im Zimmer, das Fühlen seines Mundes war süß, das Drücken seines Armes süß, wie deines – mir war, als seiest du's – ach, deine arme, arme Chelion! – und dann war er fort, die Lampe brannte im Zimmer, draußen blitzte es, und mein Fasan saß auf dem Teppich und blickte mich mit den schwarzen Äuglein an – und wie ich schlief, träumte ich, du stündest vor mir und hättest ein schönes Fläschchen in der Hand – und es sei schwere Sünde, was ich getan – und es ist auch Sünde; denn siehe, dein Auge, dein gutes Auge ist so krank, es ist so krank.

... ich aber sperrte das Parthenon zu bis auf ein Gemach, in dem ich wohnte; die Pflanzen ließ ich verkommen; die Tiere nährte ich, bis sie starben, und was von Chelion übrig war, jedes Stückchen Kleid, ihr Spielzeug, ihr Bett, den Fußboden und den Teppich, auf dem sie wandelte, das Tischchen, an dem sie saß – alles, alles hütete ich, daß es blieb, wie es an dem Tage ihres Todes war; denn ich hatte niemand – mein Sohn Christoph, das Ebenbild Chelions, hatte er nun erfahren oder geahnt, was ich seiner Mutter getan, war fort und nie wiedergekommen – und als ich alt geworden und nun fürchtete, daß nach meinem Tode alles in entweihende Hände komme, da nahm ich das Geld, das ich zu diesem Zwecke zusammengespart, hinterlegte es als Ersatz und zündete das Parthenon an, daß alles und alles durch das Feuer verzehrt wurde, was von mir und ihr übrig war. – Es war eine schöne schmerzensvolle Lohe ...

aus: Die Narrenburg

Literatur

Adalbert Stifter: Die Narrenburg, 8-17. Tsd., Adam Kraft Verlag, Karlsbad & Leipzig, o. J.

Gibt man jemand den kleinen Finger ...

Arnold Vals

Im Großen Basar von Istanbul war ich auf der Suche nach einer neuen Kuriosität für meine Sammlung. In einem Laden hatte ich ein ausgefallenes Stück entdeckt, weil es aber sehr teuer war, mußte ich mir die Sache noch überlegen. Ich trank mit dem Händler und seinem Gehilfen Tee, und wir plauderten über Teppiche. Ganz beiläufig erwähnte ich, daß ich am nächsten Tag in das Teppich-Museum gehen wollte. Weder der Teppichhändler noch sein Gehilfe waren je in dem weltberühmten Museum gewesen. Teppichhändler sind mit dem Geldverdienen so beschäftigt, daß ihnen für ihre Bildung kaum Zeit bleibt. Der Gehilfe namens Sadi fragte mich, ob er mitkommen dürfte. Am nächsten Tag trafen wir uns im Museum, ich führte ihn durch die heiligen Hallen und hielt ihm einen langen Vortrag über die Geschichte des Teppichs. Sadi war von meinem Wissen kolossal beeindruckt. Als er hörte, daß ich am nächsten Tag das Kelim-Museum besuchen wollte, bat er mich, auch dorthin mitkommen zu dürfen. Im Grunde meines Herzens wäre ich zwar lieber allein hingegangen, um mich besser auf die Objekte konzentrieren zu können. Trotzdem beschloß ich, seinen Bildungshunger nicht zu bremsen, und wir verabredeten uns für den nächsten Tag.

Es war plötzlich Frühling in Istanbul geworden und so warm, daß ich über Nacht mein Zimmerfenster offengelassen hatte. Am nächsten Morgen tobte draußen ein Schneesturm und ich hatte eine fürchterliche Erkältung. Ich ließ Sadi ausrichten, daß ich krank geworden sei und nicht ins Museum kommen könnte. Am Abend rief mich der Portier an und sagte mir, daß Besuch für mich gekommen sei. Und da stand auch schon Sadi im Zimmer, mit einem Geschenk in der Hand, und wünschte mir gute Besserung. Natürlich war ich sehr beeindruckt und fand, daß man soviel Freundlichkeit nur im Orient erleben kann. Sadi setzte sich zu mir aufs Bett und sprach von den Problemen, ein muselmanischer Junggeselle zu sein.

Ich blieb einige Tage im Bett; wieder genesen ging ich in den Großen Basar, um wegen des alten Teppichs erneut zu verhandeln. Wir konnten uns allerdings nicht einigen und das Geschäft kam nicht zustande. So enttäuscht der Teppichhändler auch war, schrieb er sich trotzdem meine Adresse auf, da sie regelmäßig Weihnachtskarten verschicken würden.

Eine Weihnachtskarte bekam ich nicht, aber etwa ein Jahr später rief mich Sadi an und sagte mir, daß er in München sei. Er wollte mich gerne besuchen und ich lud ihn zu meiner Geburtstagsparty am nächsten Tag ein. Er erzählte, daß er einige kleine Seidenbrücken aus Istanbul mitgebracht habe, die er doch auf meiner Fete gleich verkaufen könnte. Obwohl er mir offenbarte, daß diese »Kostbarkeiten« sein Reisegeld darstellten, untersagte ich ihm, auf meiner Party als Marktschreier aufzutreten. Schweren Herzens fügte er sich meinem Wunsch.

Da fast alle meiner Gäste schon einmal in der Türkei gewesen waren, fand Sadi genügend Ansprache und unterhielt sich prächtig. Besonders gut mit meiner weitgereisten Freundin Charlotte, die damals etwa siebzig Jahre alt war. Die Fete löste sich auf, und ich brachte auf meinem Hundespaziergang Charlotte und Sadi zur U-Bahn.

Am nächsten Morgen rief mich eine Frau an, die sich als Freundin von Sadi vorstellte. Sie fragte mich, ob Sadi vielleicht bei mir übernachtet hätte. Ich erzählte ihr, was ich wußte, worauf sie mir ihr Herz ausschüttete. Sie hatten am Vorabend einen fürchterlichen Streit gehabt, und vermutlich sei er deshalb nicht bei ihr aufgetaucht. Mit tränenerstickter Stimme gestand sie mir, wie sehr sie Sadi lieben würde und daß sie ihm deshalb das Reisegeld geschickt habe. Denn ohne ihre Unterstützung hätte er sich nicht einmal ein Busticket kaufen können. Inzwischen hätte sie allerdings begriffen, daß er sie nur ausnützen wollte. Und genau dies wäre der Grund für den Streit gewesen. Sie heulte mir die Ohren voll, und ich versuchte, die Verzweifelte zu trösten.

Am Nachmittag rief mich Charlotte an und erzählte, den jungen Mann mit nach Hause genommen zu haben, wo sie ihm bis in die frühen Morgenstunden Türkei-Dias gezeigt hatte. Dann hätte ihr Sadi gestanden, wie attraktiv er sie fände, und daß er gerne mit ihr schlafen würde. Sie wollte weder das noch seine lächerlichen Seidenteppiche, die er ihr in regelmäßigen Abständen anpries, und machte, um die Bekanntschaft nett ausklingen zu lassen, ein herrliches Frühstück zurecht. Soweit Charlottes Informationen.

Am Abend rief mich Sadi an und erzählte mir ganz verzweifelt, daß er sich mit seiner Freundin gestritten hätte und er jetzt ohne Geld auf der Straße stünde. Schnell entschlossen bot ich ihm an, ihn bei meiner 85jährigen Tante unterzubringen. Ich fuhr zu ihr, erklärte die Situation und sie freute sich, die Gesellschaft eines jungen Mannes zu bekommen.

Er kam und eröffnete mir auf orientalische Art, daß er keine einzige Mark mehr besäße und ich die Seidenteppiche kaufen müßte, da ich sein Freund sei. Ich erklärte ihm, daß seine Teppiche vielleicht in 200 Jahren Sammlerwert besitzen würden, ich aber so lange nicht warten wollte. Als Trost wollte ich ihm 100 Mark schenken und bot ihm an, ihn in unserer Großfamilie fürstlich zu verpflegen. Unser köstliches Essen, das jeden Feinschmecker entzückt hätte, lehnte er dankend ab. Dann faselte er was von »Ehre«, und daß er Geldgeschenke nicht annehmen könnte. Nach langen, mühevollen Verhandlungen einigten wir uns darauf, daß ich ihm ein Busticket in die Türkei schenken und darüber hinaus noch 100 Mark leihen würde, damit er nicht verhungern müßte. Dieses Angebot konnte er mit seiner Ehre in Einklang bringen und er blieb einige Tage bei meiner 85jährigen Tante in der Wohnung. Am Tag der Abreise brachte ich ihn zum Autobus und überreichte ihm das versprochene Busticket.

Ein paar Tage später war ich wieder bei meiner Tante und sie meinte, inzwischen sei Sadi bestimmt in Istanbul angekommen. Sie bedauerte, daß er nicht mehr da sei, weil sie sich so gut mit ihm unterhalten hätte. Die Seidenteppiche hätte sie ihm zwar nicht abgekauft, was er ihr dringend empfohlen hatte, aber dafür bekam er von ihr 100 Mark geschenkt, damit er sich etwas Eßbares kaufen konnte. Ich war erstaunt, das zu hören, sagte aber kein Wort. Meine Tante schwärmte noch eine Weile weiter, was für ein angenehmer Gast Sadi gewesen sei und welch entzückende Komplimente er ihr gemacht hätte. Dabei sah sie mich ganz vorwurfsvoll an. Er hätte ihre Hand gestreichelt und ihr gesagt, wie hübsch sie aussähe. Und nachdem er sie geküßt hatte, meinte er, eine ältere Frau würde natürlich genauso empfinden wie ein junges Mädchen. Mir fehlten die Worte. Ich war furchtbar wütend auf diesen Strolch. Abgesehen davon, daß er selbst bei meiner Fete ständig versucht hatte, seine Teppiche zu verkaufen, wollte er auch noch meine Tante verführen. Und wenn diese Tante auch bloß ererbt war, hätte ich mir nie verziehen, wenn sie durch diesen Sittenstrolch ihre Tugend verloren hätte, die fünfzig Jahre Ehe unbeschadet bestanden hat. Mir schauderte bei dem Gedanken.

Aber ich habe daraus gelernt und mir vorgenommen, nie wieder einem Teppichhändler meine Adresse zu geben, oder ihn gar zu mir einzuladen, denn der Mensch denkt, und der Teppichhändler lenkt.

Das sehr populäre türkische Sprichwort sagt es noch viel deutlicher: »Yüz verirsin ayıya, gelir sıçar halıya« (»Wenn man einem Bären schöne Augen macht, kommt er und scheißt einem auf den Teppich.«)

In der vornehmen türkischen Gesellschaft wird der erste Teil des Sprichworts ausgesprochen, der Rest mit einem vielsagenden Lächeln oder Schweigen angedeutet. – »Wenn man jemand den kleinen Finger gibt, nimmt er gleich die ganze Hand« lautet das entsprechende deutsche Sprichwort.

Stefan George
(1868-1933)

DER TEPPICH

Hier schlingen menschen mit gewächsen tieren
Sich fremd zum bund umrahmt von seidner franze
Und blaue sicheln weisse sterne zieren
Und queren sie in dem erstarrten tanze.

Und kahle linien ziehn in reich – gestickten
Und teil um teil ist wirr und gegenwendig
Und keiner ahnt das rätsel der verstrickten..
Da eines abends wird das werk lebendig.

Da regen schauernd sich die toten äste
Die wesen eng von strich und kreis umspannet
Und treten klar vor die geknüpften quäste
Die lösung bringend über die ihr sannet!

Sie ist nach willen nicht: ist nicht für jede
Gewohne stunde: ist kein schatz der gilde
Sie wird den vielen nie und nie durch rede
Sie wird den seltnen selten im gebilde.

aus: Der Teppich des Lebens

Stefan George beschreibt an sich einen Teppich, doch läßt sich sein Gedicht auch auf die Erforschung der Muster anwenden: »Und keiner ahnt das Rätsel der verstrickten«. Die Teppichforschung hat sich seit ihren Anfängen (1877) in der Deutung der Teppichmuster versucht und es entstand eine Vielzahl interessanter Hypothesen. Wenn ihr wissenschaftlicher Wert auch gering sein mag, haben die Deutungen zumindestens bewirkt, daß die Muster nicht namenlos geblieben sind.

Die Musterverschleppungen innerhalb des Orients erklären sich aus seiner Geschichte; Jahrtausende waren die Menschen in Bewegung. Hunderterlei Ideen und Idole sind einander begegnet und nichts ist ohne Verstrickungen geblieben. Der Fall des eisernen Vorhangs wird den Archäologen Tür und Tor öffnen, man wird hoffentlich viele Schätze heben können, die es möglich machen werden, die Ursprachen zu entziffern. Und vielleicht wird es dann möglich werden, die Lösungen zu finden, über die so viele Teppichbuchautoren gesonnen haben.

Die unseligen Mustervermischungen nahmen im 18. Jahrhundert ihren Anfang, als die Europäer die orientalische Teppichproduktion zu beeinflussen begannen.

Durch die einsetzende Massenfabrikation in der zweiten Hälfte des 19. Jahrhunderts entstand ein unübersehbares »Musterdickicht«.

Überliefert wurden und werden die Muster auf verschiedene Arten: Besonders im häuslichen Bereich lernen die Mädchen die Muster von der Mutter. In der Manufaktur werden sie als Patronen aufbewahrt. Bei besonders komplizierten Entwürfen wird, ehe ein Teppich geknüpft wird, ein Musterstück (Wagireh, örnek) hergestellt, das auch der »Archivierung« dient. Da Wagirehs nur sehr selten in den Handel kommen, sind sie begehrte Sammlerstücke.

Literatur
Stefan George: Der Teppich des Lebens, Werke in 2 Bänden, 3. Auflage 1976, © Verlag Küpper (vormals Bondi).

John Jackson

Ich nahm einen Wegweiser zu mir, und wanderte durch den größten Teil der Stadt. Der Bazar ist groß und gut mit Waaren versehen, die auch, Kleidungsstücke ausgenommen, meistens um ganz leidlichen Preis zu haben sind. Die Leute kamen mir hier viel thätiger und industriöser vor, als ich sie, seit ich Ost-Indien verlassen, bisher gesehen hatte. Es waren allerhand Manufacturen getrieben, und in einigen läßt Mossul die Europäer merklich hinter sich. Die dasigen Sättel und Pferdegeschirre besonders sind überaus zierlich. Es werden auch da seidne Fußteppiche mit eingewirkten Blumen gemacht, die unseren besten Manufacturwaaren den Rang streitig zu machen scheinen. Nächstdem sind die Einwohner überaus geschickt, Kleider-Bordierungen und Besetzungen von allerley Art, sowohl für Männer als Weiber, zu machen. Ueberdies sind ihre Kupfer- und Eisen-Fabriken ungemein zahlreich...

Literatur
John Jackson: Tagebuch einer im Jahre 1797 unternommenen Landreise aus Ostindien nach Europa, 1803 im Verlage des Landes Industrie Comptoirs.

Die Frage, warum ausgerechnet Mossul bis zum Ende des ersten Weltkrieges Sammelplatz für die Teppiche der Kurden und Luren war, beantwortet sich beim Studium alter Landkarten ganz von selbst. Bis zum ersten Weltkrieg gehörte beinahe das gesamte Kurdestan zum Hoheitsgebiet des Osmanischen Reiches. Mossul war quasi das Zentrum Kurdestans und wurde deshalb zum »Sammelpunkt«. Wenn wir der Fachliteratur glauben wollen, gab es in Mossul selbst keine Teppichherstellung. Also konnten dort auch keine Seidenteppiche hergestellt worden sein. Wenn Jackson in Mossul Seidenteppiche gesehen hat, kamen diese vermutlich aus dem »fernen« Täbriz.

Teppichsammelplätze entstanden wahrscheinlich erst in der zweiten Hälfte des 19. Jhds. Die enorm gestiegene Nachfrage aus Europa machte diese »Zentralisierung« notwendig. Am berühmtesten unter all den Sammelplätzen wurde zweifellos die turkmenische Stadt Buchara. Es hing vielleicht mit dem Wohlklang des Namens »Buchara« zusammen, daß er zum Synonym der Turkmenenteppiche wurde. Leider hat auch diese Verallgemeinerung von Anfang an für Verwirrung gesorgt.

Vor 9000 Jahren war unsere Welt noch klein und erstreckte sich zwischen Ostanatolien, dem Iran und dem Irak; der Rest des Globus war fast unbewohnt. Die Menschen ernährten sich von der Jagd und den Früchten, die um sie herum wuchsen.

Dann erfanden unsere Vorfahren die Landwirtschaft: Sie rodeten den Wald, und sie bebauten das Land mit nützlichen Pflanzen und begannen Tiere einzufangen. Die wilden Ziegen, Schafe und Kühe gewöhnten sich sehr schnell an die Nähe des Menschen. Sie lieferten ihm Milch, Wolle, Fleisch und Felle. Um die Herden zu schonen – denn Herden bedeuteten Reichtum –, erfanden sie die Webkunst, wobei sicherlich das tierische Fell ihr Vorbild gewesen war. So entstanden die ersten Textilien und Teppiche.

Da durch die Landwirtschaft der Lebensraum zu eng wurde, blieb nur der jüngste Sohn im Land seiner Väter, während die Älteren fortzogen und sich in unbesiedelten Gebieten niederließen. Jahrtausendelang waren die Menschen auf Wanderschaft. Sie bauten Floße und Boote, mit denen sie sogar Meere überquerten und so beispielsweise über die Alëuten nach Amerika kamen, wo sie immer weiter südwärts wanderten.

Auch wenn die sogenannte »Alëutentheorie« eines Tages widerlegt werden würde, wäre dies der alten Textil- und Teppichkultur Amerikas keineswegs abträglich. Die Suche nach dem Besonderen führt logischerweise zu den Indianern. Diese Ureinwohner Amerikas hatten eine ungewöhnliche Tradition entwickelt, die die »Berdache-Institution« genannt wird.

Die »Berdache« waren Mannweiber, die von der Pubertät an, oder auch erst später, Frauenkleider trugen und sich mit »weiblichen« Arbeiten beschäftigten. Oft heirateten sie auch andere Männer, deren Männlichkeit daraufhin sehr an Ansehen gewann und entsprechend bewundert wurde. Die Mannweiber galten als besonders reich, da sie, wie alle Männer, der Jagd nachgehen konnten. Wenn die Dakota-Indianer von »Besitztümern, so schön wie die eines Berdachen« sprachen, dann zeugt dies davon, welchen Respekt die Indianer vor ihren Mannweibern hatten. Und wollte ein Indianer seine Frau mit dem allerhöchsten Lob für ihr Hausgerät bedenken, sagte er dasselbe. Brauchte man nun für einen ganz besonderen Anlaß entsprechende Perlenstickereien, Stoffe oder Webteppiche, ging man natürlich zum Berdachen und nicht zu den Frauen des Stammes. Vor etwa einhundert Jahren soll es einen Berdachen namens »We-Wha« gegeben haben, der der Stärkste seines Stammes war. Sowohl körperlich als auch geistig. »Sein bemerkenswertes Gedächtnis machte ihn zu einer Hauptperson im Zeremoniell und seine Stärke und Intelligenz zum Führer in jeglichem Handwerk« berichtete eine Zeitzeugin. Keiner kannte die Symbolik der Ornamente so gut wie We-Wha und es war eine große Ehre für ein Mädchen, nicht von der Mutter, sondern von dem Berdachen We-Wha in der Kunst des Webens, Stickens und Gerbens unterwiesen zu werden.

Aber nicht nur bei den Indianern gab es »Berdaches«, sondern auch in Sibirien. Dort waren die »Transvestiten« aber nicht nur führend im Teppichweben und anderen Fertigkeiten, wurden also nicht nur in diesbezüglichen Fragen hochgeschätzt, sondern waren darüber hinaus noch durch ihre übernatürlichen Kräfte als Schamanen hochverehrt.

Literatur
Ruth Benedict: Urformen der Kultur, hrsg. von Prof. Ernesto Grassi, rororo 12/55 © Mifflin & Co Boston 1955.

2. Kapitel

Lustspiele

Arnold Vals

Die Gottesanbeterin

war schwarz wie die Nacht und liebte das Weiße. Alles um sie herum war weiß, die Wände waren weiß, die Bettwäsche war weiß und ihre Liebhaber auch.

Nie hätte sie einem Mann erlaubt, ihr ins Bett zu folgen, sie fand das weiße Bett in seiner Reinheit nur für sich selbst geeignet. Ihre Wohnung war mit einem schwarzen Teppich ausgelegt, der als einziger mit der Gottesanbeterin verwandt zu sein schien. Sie liebte hellhäutige, blonde Männer mit lichten Augen, doch haßte sie es, die Verführte zu sein. Viel lieber war sie die Verführerin, und deshalb durften nur ganz schüchterne Männer ihre Wohnung betreten. Denn nur bei den scheuen Veilchen war sie sicher, ihren Spaß zu haben. Sie gab ihnen etwas zu trinken, und noch während die Männer sich am weißen Sofa festhielten, begann sie ihre Verführungskünste zu entfalten. Sie nahm ihrem Lustobjekt die Krawatte ab und knöpfte langsam das Hemd auf. Zärtlich umkreiste sie die Brustwarzen so lange, bis sie gefüllt mit Blut waren, dann saugte sich ihr Mund an ihnen fest. Während sie genüßlich daran sog, öffnete sie den Gürtel des Angebeteten, um den Stand der Dinge zu ertasten. Stand die Sache zum Besten, führte sie den weißen Mann auf den dicken schwarzen Teppich, wo sie ihn vollständig entkleidete und sanft zu Boden drückte. Nichts liebte sie mehr, als ihrem Opfer in die Augen zu schauen. Der Angebetete lag mit der Miene des stillen Genießers entspannt auf dem schwarzen Teppich und glich einem Leuchtturm in der dunklen Nacht. Die Gottesanbeterin kannte alle Arten der Liebkosung. Der Leuchtturm lag da und genoß die raffinierten Streicheleien. Sein nahendes Ende hatte er schon längst vergessen. Er ließ sich vom Meer umspülen und erlaubte dem Wind mit seinen Mauern zu musizieren. Als die Gottesanbeterin nicht mehr das Meer oder der Wind sein wollte, bestieg sie den Leuchtturm und genoß die unbeschreibliche Aussicht. Das Meer vor Augen, die Berge in ihrem Rücken, genoß sie das Wellenspiel auf dem dicken schwarzen Teppich und den leisen Wind, der ihren Körper umschmeichelte. Das Meer wurde stürmischer, der Wind stärker, grelle Blitze zuckten am Horizont und in der Ferne grollte der Donner. Der Leuchtturm

stöhnte immer lauter unter dem tobenden Unwetter, bis er erleichtert in sich zusammenfiel und in der tosenden Gischt versank. Nachdem die Wellen sich geglättet hatten, erhob sich die Gottesanbeterin von dem schwarzen Teppich und suchte sich ein neues Opfer...

Marquis de Sade machte auf ganz andere Art den Teppich zur erotischen Spielwiese:

Marquis de Sade (1740-1814)

»Einige Zeit nach diesem Abenteuer war ich allein bei einem anderen Libertin«, sagte die Duclos, »dessen Manie wohl stärker demütigte, jedoch nicht so finster war. Er empfing mich in einem Salon, dessen Boden mit einem sehr schönen Teppich bedeckt war; er befahl mir, mich nackt auszuziehen und mich dann auf alle viere niederzulassen:

»Nun wollen wir einmal sehen«, sagte er und sprach zugleich zu zwei großen Doggen, die er bei sich hatte, ›wer von euch der Flinkeste ist, die Hunde oder du? Holt!‹

Und im gleichen Augenblick wirft er geröstete Maronen zu Boden und ruft mir wie einem Tier zu:

›Apporte! Apporte!‹ ruft er.

Ich laufe auf allen vieren hinter den Kastanien her, um seine Laune mitzumachen und ihm die Kastanien wiederzubringen; aber die beiden Hunde springen hinter mir her, sind sofort voraus, packen die Kastanien und bringen sie ihrem Herrn zurück.

›Sie sind eine Erztölpelin‹, sagt der Herr daraufhin zu mir, ›haben Sie Angst, meine Hunde könnten Sie fressen? Fürchten Sie nichts; sie werden Ihnen nichts tun; aber sie werden sich innerlich über Sie lustig machen, wenn sie sehen, daß Sie ungeschickter sind als sie. Los, wetzen Sie Ihre Scharte aus ... Apporte!‹ Er warf wieder eine Kastanie und wieder kamen mir die Hunde zuvor. Das Spiel dauerte schließlich zwei Stunden, während derer ich nur einmal geschickt genug war, die Kastanien zu ergreifen und sie mit dem Munde dem zuzutragen, der sie geworfen hatte. Aber ob ich ihnen zuvorkam oder nicht, nie fügten diese abgerichteten Tiere mir irgend etwas Übles zu; sie schienen im Gegenteil mit mir zu spielen und zu scherzen, als sei ich von ihrer Art.

aus: Die 120 Tage von Sodom

Literatur
Donatien A.F. Marquis de Sade: Die 120 Tage von Sodom, deutsch von P. D. Ladiges, 18.-25. Tsd, Fischer Verlag, © 1962 Merlin Verlag Hamburg

Panait Istrati schildert in »Kyra Kyralina« die Leiden eines Lustknaben:

Er schenkte mir nach Herzenslust ein und vergaß sich auch

selbst nicht. Wir betranken uns sinnlos. Und auf allen vieren krochen wir beide im großen Rauchzimmer auf dem Teppich herum und brüllten wie die Tiere. Er vor allem war nicht wiederzuerkennen. Seine Züge hatten nichts menschliches mehr, und als er mich eines Abends in die Fußzehe beißen wollte, schlug ich ihm mit dem Schürhaken vom Kamin ins Gesicht. Er blieb regungslos auf dem Teppich liegen...

Der Teppich hat zwar die Denker zu den wundersamsten Höhenflügen inspiriert, aber nur wenige Autoren machten ihn zur Lustwiese.

Literatur
Panait Istrati: Kyra Kyralina, deutsch von O.R. Sylvester, Edition Sven Erik Bergh, © 1978 Europabuch AG, CH-6300 Zug.

Genau genommen war das der Anfang meines literarischen Teppichs. Vor vielen Jahren bekam ich ein Buch geschenkt – mit diesem Gedicht als Widmung:

Else Lasker-Schüler (1876-1945)

EIN ALTER TIBETTEPPICH

Deine Seele, die die meine liebet,
Ist verwirkt mit ihr im Teppichtibet.

Strahl in Strahl, verliebte Farben,
Sterne, die sich himmellang umwarben.

Unsere Füße ruhen auf der Kostbarkeit,
Maschentausendabertausendweit.

Süßer Lamasohn auf Moschuspflanzenthron,
Wie lange küßt Dein Mund den meinen wohl
Und Wang die Wange buntgeknüpfte Zeiten schon?

Literatur
Else Lasker-Schüler: Helles Schlafen – dunkles Wachen, 5.Auflage Okt. 1975 dtv, © Kösel Verlag München.

Der tibetische/nepalesische/chinesische Teppich ist nur bedingt dem klassischen Orientteppich zuzuordnen, da – wenn wir der »Entwicklungstheorie« (siehe Seite 23f.) folgen wollen – das Teppichhandwerk erst sehr spät in diese Region kam. Vorläufig untermauert wird diese Theorie durch die Funde der primitiven Matten, die in den ersten 300 Jahren nach Christus in Ostturkesten entstanden sind.

Aber möglicherweise wird die Teppichforschung auch diesen Punkt noch revidieren müssen und beweisen, daß das Mutterland des Teppichs nicht die Türkei und Persien sind, sondern der Großraum China.

Unter dem Teppichhimmel

Arnold Vals

Rein zufällig hatten ein holländisches Ehepaar und ich davon gehört, daß die Pension, in der wir wohnten, zu verkaufen sei.

Wir liebten die Stadt Dalya sehr und hätten unsere Zelte gerne dort aufgeschlagen, doch eine Pension zu betreiben schien uns nicht interessant genug zu sein. Ich erinnere mich nicht mehr, wer von uns auf die Idee kam, die Pension in ein Freudenhaus umzuwandeln. Wir alberten einige Tage herum und überboten uns gegenseitig an Verrücktheiten. Ein Wort ergab das andere, ein Gedanke zog gleich den nächsten nach sich. Und ehe wir denken konnten, war aus den Spinnereien ein konkreter Plan geworden. Wir plünderten kurzerhand unsere Konten und kauften die Pension. Als erstes ließen wir die vielen Schränke aus den Zimmern schleppen und noch so manch anderes überflüssige Mobiliar. Bauten das ganze Zeug im Garten auf und veranstalteten einen Flohmarkt. Dann machte ich mich auf den Weg, um in den Reparaturwerkstätten der Umgebung meine Teppiche wieder einzusammeln, die dort in Ordnung gebracht worden waren. Damit hatte ich tagelang zu tun, habe viel gewartet und geschimpft, bis ich endlich mit einem Wagen voller tadelloser Teppiche den Heimweg antreten konnte.

Die Pension war inzwischen weitgehend geleert, in den Zimmern standen nur noch die Betten. Die flotte Holländerin, die Elvira hieß, hatte inzwischen die scheußlichen Deckenlampen mit den braunen Fransen abgemacht und verkauft. Elvira hatte einen großen Posten Stehlampen erstanden, die unsere Zimmer in ein magisches rotes Licht tauchen sollten. Meine Teppiche hatten wir als Deckenabhängung gedacht, damit die Damen und Herren, die in den Betten liegen, nicht auf die kahle Decke schauen müßten. Wir hatten erst versucht, Bilder an den Decken zu befestigen, doch das sah einfach lächerlich aus. Während Teppiche an den Decken, zumindest im Orient, sehr reizvoll aussehen können. Wir bestellten also einen Schneider, der mit seiner Nähmaschine ankam und uns zimmergroße weiße Markisen nähte, auf denen wir die Teppiche befestigten. Einige geschickte Männer befestigten diesen orientalischen Himmel dann unter den hohen Zimmerdecken. Das Haus war fertig, nur von Freude war noch keine Spur. Offiziell war unser Haus immer noch eine Pension, männliche Pensionsgäste oder Paare schickten wir wieder weg, weil für uns nur alleinreisende Frauen in Frage kamen. Unseren Garten und die Terrasse öffneten wir für das Publikum; und da es sich herumgesprochen hatte, daß in unserer Pension so viele hübsche Frauen wohnen, ließen die Männer nicht lange auf sich warten. Der Polizeipräsident von Dalya kam sehr oft auf einen Tee vorbei, weil er sich bei uns vom ersten Augenblick an sehr wohl fühlte. Von einem Freudenhaus waren wir noch weit entfernt und wir fürchteten bereits das Scheitern unseres Plans. Doch da tauchte eine kugelrunde Dame aus Leoben auf, der das freudvolle Leben ins Gesicht geschrieben war. Der Polizeipräsident fand an der Dame so großen Gefallen, daß er gar nicht mehr ins Präsidium gehen wollte. Zum Glück zierte sich Leoben nicht lange und erhörte den Präsidenten. Wir waren erleichtert, als die beiden sich in das Zimmer zurückzogen. Erst genoß sie seine Verführungskünste und saugte gierig die schönen Worte auf, die sie gar nicht verstand. Dann drückte sie ihn sanft aufs Bett. Sein gewaltiges Maschinengewehr brachte sie derart in Fahrt, daß sie sich nicht mehr bremsen konnte. Der Polizeipräsident von Dalya lag unten, Leoben saß oben auf. Als sie ihre weiche Fülle über ihn stülpte, geriet beinahe die Welt aus den Fugen. Langsam ritten sie fort. Die drei Tulpen auf dem Teppich an der Zimmerdecke bewegten sich immer schneller und wurden mehr und mehr. Unter einem ganzen Meer von Tulpen jagten die beiden in den Himmel der Glückseligkeit. Aber damit war Leoben noch nicht zufrieden. Nachdem die erste Ladung verschossen war, nahm sie sich des Maschinengewehres an, streichelte es und liebkoste es mit der Zunge so lange, bis es wieder geladen war. Dann setzte sich Leoben wieder auf den Präsidenten, und fort ritten sie in ein Tulpenfeld, das noch größer und schöner als das erste war. Als der Teppich an der Zimmerdecke sich wieder heruhigt hatte und die drei Tulpen in ihrer ganzen Klarheit von der Decke blickten, sanken Pferd und Reiter müde in die Kissen. Glücklich erwachten die beiden dann wieder und verabredeten für den Abend den nächsten Ausritt in die Tulpenfelder. Der Polizelpräsident hatte für sich beschlossen, seine schützende Hand über unser Haus zu legen und versprach, uns noch mehr Männer zu schicken. Elvira und ich hatten durch den Berg- und Talritt von Leoben bemerkt, daß wir die Türen unseres Hauses besser isolieren müßten. Wenn die Teppiche an den Decken zu schaukeln begannen, quietschte es durch das ganze Haus, was die allgemeine Ruhe empfindlich störte. Am Ende lösten wir dieses Problem dadurch, daß wir die Türen auf der Innenseite mit dicken Teppichen polsterten, was ein kleines Vermögen verschlang, aber keine Geräusche mehr nach außen dringen ließ. Unser Haus erfreute sich immer größerer Beliebtheit besonders unter den Polizisten. Touristinnen kamen und gingen, ihr Liebeshunger tat unserem Geschäft sehr gut. Es wurde viel Munition verschossen, doch unser Depot war unerschöpflich.

Eines Abends, unser Haus war voll bis unters Dach, tauchte ein Mädchen auf, das Gül, Rose hieß. Elvira wollte sie gerade wegschicken, als ich dazukam. Ich hörte, daß sie Tänzerin war und ihre Schönheit faszinierte mich so sehr, daß ich gerne über ihre Magerkeit hinwegsah und ihr ein Zimmer gab. Von da an rollten wir jeden Abend einen großen Teppich auf der Terrasse aus, auf dem die

Rose sich entblätterte. Ihr Tanz war die Attraktion unserer Pension und bald wurden wir deshalb »Rosen-Pension« genannt. Wenn die Sonne hinter den Taurusbergen verschwand und unsere Welt in ein orangerotes Licht getaucht war, fiel das letzte Blütenblatt. Fast nackt sank sie auf dem großen Teppich nieder. Die Musik verstummte, zwei Männer, die im Hintergrund gewartet hatten, kamen, schlugen den Teppich zusammen und trugen die scheinbar leblose Tänzerin fort.

Die Touristinnen hatten sich als Liebesdienerinnen bewährt, unser Haus wimmelte von schußbereiten Polizisten, was manche neu angekommene Dame etwas irritierte. Doch selbst die Ängstlichsten gewöhnten sich sehr schnell an die Präsenz der Sicherheitskräfte und gaben sich hin, ohne nach dem Preis zu fragen. Die Polizisten-Schar hatte nur den Holländer verscheucht, der vor den vielen Funkgeräten und Feuerwaffen die Flucht ergriffen hatte, um zurück in die Heimat zu gehen. Elvira indes hielt mir treu die Stange und ging in der Organisation unseres Etablissements vollkommen auf. Irgendwann genügte ihr das Organisieren nicht mehr und sie wollte richtig arbeiten. In meiner Naivität hatte ich nichts dagegen. Üppig wie sie war, hielt ich sie für sehr geeignet und sie verzog sich mit einem Mann von der staatlichen Luftfahrtslinie in ihr Zimmer.

Während ich davon ausging, daß die beiden unter dem Teppichhimmel bald abheben und so bald nicht wieder auf dem Boden landen würden, kam Elvira wieder sehr schnell zum Vorschein. Nahm mich zur Seite und sagte, dieser Mann sei behandelt und sie könnte mit ihm nicht schlafen. Erst verstand ich gar nicht, wovon sie sprach. Als ich es dann endlich kapierte, erklärte ich ihr, daß alle Muselmanen behandelt seien. Damit hatte sie nicht gerechnet, sie wurde hysterisch, wir mußten uns in mein Zimmer zurückziehen. Ich redete ihr gut zu, aber es war zwecklos. Aus der Küche holte ich eine Banane, um ihr am Modell die Vorzüge dieser Behandlung schmackhaft zu machen. Alles war umsonst. Mein Vorschlag, sich doch weiter um die Organisation zu kümmern, anstatt richtig zu arbeiten, machte sie furchtbar wütend. Sie hielt mir lange Vorträge über ihre Libido und daß sie ohne Mann nicht sein könnte, die »Behandelten« seien ihr allerdings zu ekelig. Eine Woche später mußte ich ihren Anteil an der Pension übernehmen und sie kehrte reumütig zu ihrem unbehandelten Ehemann nach Holland zurück.

Ich hingegen suche immer noch eine tüchtige Organisatorin für mein Freudenhaus und habe inzwischen verstanden, daß zwar alle die Freuden der Arbeit genießen wollen, aber organisieren will offensichtlich keiner mehr ...

Der »Teppichhimmel« mag zwar eine künstlerische Verrücktheit sein; teppichbehängte Wände haben allerdings eine lange

Tradition. Uns scheint dies eine orientalische Gepflogenheit zu sein, aber dem ist nicht so.

Auch in Europa wurden Teppiche an die Wand gehängt (= Wandteppiche), die im Winter gegen die Kälte, im Sommer gegen die Hitze schützen und zugleich schalldämpfend wirken sollten. Aus diesem einfachen Bedürfnis heraus entstand die europäische Hochkultur der Bildteppiche.

Lope de Vega
(1562-1635)

Die Köpfe voll Musik und Weiberhauben
denkt kein Mensch an die Verteidigung der Stadt,
die sonst mit lautem Allahruf
Lorcas Wälle mit Wurfspießen spickten,
kosen jetzt in lockerer Liebeslust
mit Maurinnen aus Cartagena
auf weichen, seidenen Teppichen.
Fajardo, hast du heute nur Lanzen und Bogen,
so zeige ich dir ein Pförtchen, durch das kannst
du Vera in deine Gewalt bringen.

aus: Der erste Fajardo

Als einzigem europäischen Volk gelang es den Spaniern, in die Teppichgeschichte einzugehen. Die »spanischen Teppiche« sind so berühmt geworden, daß sie aus der Geschichte des Orientteppichs nicht mehr wegzudenken sind.

Mit der Eroberung Spaniens brachten die Mauren eine Teppichkultur nach Europa, die sich sowohl handwerklich als auch künstlerisch von der des Orients unterscheidet.

Neben einer eigenen Technik (spanischer Knoten) sind die wahrscheinlich in Anatolien und Ägypten beheimateten Muster charakteristisch für den spanischen Teppich. Die ältesten Stücke stammen aus dem 15. Jahrhundert. Das Muster des auf Seite ... abgebildeten Teppichs ist besonders ausgefallen. Er wurde 1515-1520 im Auftrag des Salzburger Erzbischofs geknüpft. Sein Muster zeigt das Salzburger Landeswappen und das des Erzbischofs Mathäus Lang von Wellenburg (reg. 1519-1540).

Daß bereits im 16. Jahrhundert nach »fremden« Entwürfen Knüpfteppiche entstanden sind, ist kein rein spanisches Phänomen.

Literatur
Lope de Vega: Der erste Fajardo, vom Hrsg. überarbeitet nach einer Übersetzung von Moriz Rapp, Spanisches Theater, dritter Band, Verlag des Bibliographischen Institutes, Leipzig (o. J.).

Farbtafel II

Farbtafel IV

Die Baronin

Arnold Vals

Daß Teppiche meist auf dem Boden liegen, ist eine altbekannte Tatsache und muß nicht unbedingt näher erklärt werden. Weniger bekannt dürfte sein, daß der Charme des Wiener Dialektes in seiner fremdartig nasalen Betonung liegt. Wie vielseitig diese Begabung einzusetzen ist und wie man daraus Kapital schlagen kann, will ich jetzt erzählen.

Die Dame, von der die Rede ist, beherrschte das Näseln ganz hervorragend, darüber hinaus konnte sie mit ihrem Gurren das Locken der kokettesten Taube übertreffen. Diese näselnde, gurrende Dame hielt ihre Attribute für besonders vornehm und wurde deshalb die »Baronin« genannt. Sie war recht attraktiv und sprach oft und gerne von ihrer vornehmen Abstammung, an die sie selbst zu glauben schien. Böse Zungen behaupteten zwar, daß sie ihre Vornehmheit im Liegen und nicht durch die Geburt erworben habe, die Wahrheit herauszufinden, dürfte allerdings nicht lohnen.

Die Baronin lebte mit einem Mann zusammen, der wie ein Zuhälter aussah und als »fliegender Teppichhändler« durch die Lande zog. Mit Hilfe der Gelben Seiten peilte die Baronin Ärzte, Anwälte und Unternehmer an. Sie gurrte mit ihrer betörenden Stimme so lange durch das Kabel, bis der kapitale Herr von dem Wunsch besessen war, mehr über den Zauber des echten Teppichs zu erfahren. Ihre Stimme war ein Musikinstrument, das sie so virtuos zu spielen verstand, daß sie in Konzertsälen hätte auftreten können. Das wollte sie aber nicht, weil ihr die Teppiche mehr Spaß machten. Sie kitzelte und lockte die Herren am Telefon so lange, bis sie in Erwägung zogen, einen Teppich zu kaufen. Geschäftstüchtig gurrte sie weiter, bis feststand, für welchen Zweck der Herr einen Teppich bräuchte. Dann zog sie mit dem Zuhälter durch verschiedene Teppichgeschäfte, um billig Stücke zu suchen, die allerhöchsten Profit versprachen. Sie waren in der ganzen Stadt bekannt, und da sie immer ihre Rechnungen bezahlten, bekamen sie auch Teppiche auf Pump. Die Händler waren recht froh, Abnehmer für ihre Ladenhüter zu haben und liebten die beiden sehr. Mit diesen schundigen Lappen fuhren sie zu dem willigen Kunden. Während der Mann, der wie ein Zuhälter aussah, die Teppiche als exzellente Kapitalanlage pries, spielte die Baronin mit ihrem Schlitz am Kleid. Zwischendurch offenbarte sie die Geheimnisse der Muster, die allesamt erotischer Natur zu sein schienen. Sie mußte lange über das Geschlechtsleben der Blumen nachgelesen haben, daß sie zu solchen Orgasmen der Ornamente in der Lage war. Der Zuhälter fuhr fcrt, die vernünftigen Überlegungen ins Feld zu führen, die Baronin malte ihre vollen Lippen nach, was mehr einer Aufforderung zur Paarung glich, als einer kosmetischen Korrektur. Inzwischen war der kapitale Herr überzeugt, einen dieser Teppiche besitzen zu müssen, bat aber, die Auswahl über Nacht liegen zu lassen, da er seine Frau oder Sekretärin noch dazu hören wollte. Die Baronin versprach am nächsten Abend wiederzukommen, um die restlichen Teppiche abzuholen.

Am nächsten Abend wartete der Zuhälter diskret im Auto, während die Baronin das Geschäft vollendete. So ging es viele Jahre lang. Bis sich eines Tages, aus welchen Gründen auch immer, einer der Herren betrogen fühlte und den Staatsanwalt einschaltete. Daraufhin verschwand der Zuhälter hinter Gittern, was der Baronin das Teppichgeschäft ziemlich verleidete. Sie zögerte nicht lange und verbrachte ihre einsamen Abende in sündhaft teuren Restaurants und Bars, damit die leichtsinnig geschlitzten Kleider im Schrank nicht von den Motten gefressen würden. Sie spielte mit den Stoffen, die nur das Nötigste bedeckten, und trieb mit ihrer Lippenmalerei so manchen anständigen Herrn in den Wahnsinn.

Ein uralter Fabrikant versprach sich seinen dritten oder gar vierten Frühling und bot der Baronin seine Gesellschaft an. Er war hingerissen von den sündigen Lippen, dem vornehmen näselnden Dialekt und der gurrenden Stimme und wurde schon dadurch um Jahrzehnte jünger. Die Baronin rechnete sich andere Chancen aus und beschloß, das reizvolle Abenteuer zu wagen. Um den Schein zu wahren, überging sie erst seine Liebesschwüre mit einem souveränen Lächeln. Ließ sich großartige Blumensträuße, ganze Kisten von Champagner, riesige Geschenkkörbe schicken und weidete sich am Anblick des Fisches, der an ihrer Angel zappelte. Irgendwann erhörte sie den Fabrikanten. In dem Ehebett, das schon einige Ehefrauen überlebt hatte, vollbrachte sie dann ihr nächstes Kunststück. Sie investierte viel Zeit und Mühe, das leere Horn des alten Knaben zu neuem Leben zu erwecken, und das Wunder gelang. Aber auch die Baronin war zu neuem Leben erwacht, die hochkarätigen Geschenke wirkten wie der Morgentau auf den Blütenblättern. Dann kam die Hochzeit, der freilich ein Ehevertrag vorangegangen war, und es folgten kostspielige Flitterwochen auf einer märchenhaften Insel, die dem Fabrikanten gehörte. Als sie von dem Paradies zurückkehrten, war es Winter, und sie äußerte den Wunsch, in St. Moritz skizulaufen. Sie war seinerzeit mit dem Zuhälter immer dort gewesen. So wollte sich der Fabrikant nicht lumpen lassen und kam dem Wunsch nach. Dort angekommen, stellte sich heraus, daß die Baronin nicht skilaufen konnte, also wurde ein Skilehrer engagiert, um der gurrenden Taube diese Sportart beizubringen.

Das Experiment mit dem Horn des Fabrikanten gelang nur sehr selten und die Baronin war ziemlich ausgehungert. Mit diesen Entzugserscheinungen wedelte sie auf der Piste herum und überlegte, wie sie die Misere ändern könnte. Der Skilehrer war nicht das, was sie sich erträumte, aber ein Kellner im Hotel hatte es ihr angetan. Als sie feststellte, daß dieser ein wirklicher Baron war, geriet sie vollkommen aus dem Häuschen. Er war trotz des niedrigen Adels des Lesens und Schreibens unkundig, was sie natürlich gar nicht bemerkte. Wenn der Fabrikant schlief, schlich sie in den Personaltrakt des Hotels und brauchte gar nicht lange auf das Wunder zu warten. Da gab es kein banges Hoffen vor dem Horn, der Wunschbrunnen des Barons war unerschöpflich. Noch ehe sie eine Münze in den Brunnen werfen konnte, kaum daß der Wunsch gedacht war, wurde er schon erfüllt. Nachdem sie sich an dieser Quelle gelabt hatte, eilte sie wieder zurück in die Suite, wo der Fabrikant den Schlaf der Gerechten schlief. Als der Fabrikant eines Tages nicht mehr aufwachte, weil er tot war, glaubten die beiden Liebenden am Ziel ihrer Träume angelangt zu sein. Aber weit gefehlt, der Testamentsvollstrecker verkündete der Baronin, daß in diesem großen Füllhorn nichts weiter bereitlag als eine kleine Abfindung, die höchstens für einen weiteren Skiurlaub in St. Moritz gereicht hätte. Kreidebleich verließ sie das Büro des Anwalts. Ratlos saß sie mit dem Baron in ihrer Wohnung, da klingelte es an der Tür. Der Zuhälter war wegen guter Führung eher als geplant aus dem Gefängnis entlassen worden und in sein trautes Heim zurückgekehrt. Er staunte über die sensationellen Enthüllungen, fackelte aber nicht lange rum und überzeugte das Liebespaar, daß in der Wohnung Platz für drei sei. Der Baron gefiel ihm und insgeheim hatte er immer schon von einer Beziehung zu dritt geträumt. Wahrscheinlich hatte er im Gefängnis noch einige Spielarten dazugelernt. Die Frage, wovon sie leben sollten, beantwortete er mit dem Vorschlag, ab morgen wieder als fliegende Teppichhändler tätig zu sein.

Und wenn sie in der Zwischenzeit nicht alle wegen Betrugs im Gefängnis sitzen, verkaufen sie immer noch Teppiche an liebeshungrige Herren, die nichts Besseres zu tun haben, als mit ihren Frauen oder Sekretärinnen die Teppichmuster zu diskutieren.

Sollte der Baronin, dem Zuhälter und dem Baron das Ehebett zu dritt langweilig geworden sein, sind ihnen sicher noch andere Spiele der Lust eingefallen, um den Alltag zu verschönen. Denn Phantasie besitzen die fliegenden Teppichhändler viel, was immer man auch von ihnen halten mag...

Die Hugdietrich Sage

Der schöne Hugdietrich war der Schwarm aller Mädchen. Sie träumten davon, durch seine blonden Locken zu streichen und im Himmel seiner Augen zu versinken. Doch er wollte all die Mädchen nicht, weil er sich bereits unsterblich in eines verliebt hatte. Wie es das Schicksal so wollte, hatte aber der Vater der Angebeteten andere Pläne und brachte seine Tochter ins Kloster. Dort saß sie und lernte den irdischen Wonnen zu entsagen, um sich auf ihr himmlisches Dasein vorzubereiten. Draußen vor den Mauern ging Hugdietrich auf und ab und suchte nach Mitteln und Wegen, zu seiner Angebeteten zu kommen. Der einzige Ausweg schien ihm der zu sein, selbst in das Kloster zu ziehen. Aber dies brauchte Zeit. Er ging zu einem Teppichweber in die Lehre, der ihn in die Geheimnisse des Webens unterwies. Noch nie zuvor hatte sein Lehrmeister einen Schüler gehabt, der mit einer solchen Leidenschaft webte. Hugdietrichs Muster gaben dem Meister freilich einige Rätsel auf, aber er war ein gläubiger Mann und hatte seine eigene Sichtweise der Dinge. So hielt er die runden Kugeln, die der Lehrling so gerne webte, nicht für die Brüste der Klosterschülerin, sondern sah darin das Universum. In den gespreizten Schenkeln glaubte er, das Himmelstor zu erkennen, und die sündigen Lippen hielt er nach längerem Überlegen für die Wundmale des Heilands. Hugdietrich, den sein Meister wegen seiner blonden Locken für einen Engel Gottes hielt, webte einen sündigen Gedanken nach dem anderen in die Teppiche, die reißenden Absatz fanden. Wenn der begnadete Lehrling allein war, übte er fleißig, mit hoher Stimme zu sprechen, was ihm immer besser gelang. Mit Engelsgeduld hatte er Jahre damit zugebracht, das Weberschiffchen zu lenken und sich wie ein Mädchen zu benehmen. Seine blonden Locken waren so gewachsen, daß man ihn kaum für einen jungen Mann halten konnte. Dann entließ ihn der Meister, der ihm nichts mehr beibringen konnte, in die Freiheit.

Hugdietrich zögerte nicht lange, verkleidete sich als Mädchen und klopfte an die Pforte des Klosters. Die Oberin empfing ihn und machte ihn mit einigen kleinen Regeln vertraut. Hildgund, so nannte er sich nun, gewann die Herzen der Nonnen sehr schnell. Als sie den Engel dann weben sahen, war es vollends um sie geschehen. Der gottbegnadete Weber hatte sehr schnell erkannt, daß seine sündigen Motive hier nicht am richtigen Ort waren, und dachte sich neue aus, um die Nonnen zu erfreuen. Er wob mächtige Kirchtürme in die Teppiche, die sich lüstern himmelwärts reckten. Die Kreuze, die sie krönten, sahen eher wie Blitze aus, die daraus hervorgeschossen waren. Die Kirchen selbst stellte er in ihrer Rundheit so dar, als ob sie geheimnisvolle Behältnisse wären, in denen der

Schlüssel der Menschheit versteckt liegt. Die Bräute Christi waren entzückt, so zauberhaft hatte bei ihnen noch nie zuvor jemand solche Teppiche gewoben. Doch nicht nur die Nonnen waren von den Teppichen begeistert, auch außerhalb der Klostermauern erregten sie einiges Aufsehen.

So wob Hildgund die himmlischen Teppiche und suchte des Nachts die Geliebte auf, die jeden Tag, den Gott werden ließ, nur an den Kirchturm dachte. Die Glocken läuteten mitunter ganz laut, wenn er zu ihr kam, und manchmal sangen sogar die Engel dazu. Er wob viele Teppiche und wurde gar nicht müde, sich neue Muster auszudenken, um die Nonnen zu erfreuen. Viele, viele Nächte lang war er bei seiner Geliebten gewesen, bis der Himmel das Glockengeläute und die Choräle der Engel endlich erhört hatte und die Geliebte schwanger war. Nun herrschte große Aufregung im Kloster. Hildgund wurde als Mann entlarvt und vor die Tür gesetzt. Der Vater des Mädchens wurde gerufen, und als er die frohe Botschaft vernahm, hörte auch er die Engel singen und die Glocken läuten. Aber es war nur ein Lied der Verzweiflung, das da erklang. Hatte der arme Vater doch seine Tochter dem Himmel verkaufen wollen, um sich selbst einen besonders schönen Platz im Paradies zu sichern. Und nun hatte dieses dumme Mädchen den Himmel entehrt. Er war todunglücklich, die Bräute Christi legten dem hadernden Vater nahe, seine Tochter mit dem schönen Jüngling zu verheiraten. Hugdietrich, der aus Liebe zu einem Mädchen geworden war, ging vor der Klosterpforte auf und ab und wartete. Er konnte sich nichts Schöneres vorstellen, als seine Braut nach Hause zu führen. Die Nonnen hatten den Vater überzeugt, er verzichtete auf den Logenplatz im Himmel und nahm den blonden Jüngling in seine Arme.

Das alles begab sich vor rund tausend Jahren. Inzwischen steht der Christenglaube auf festeren Füßen, und wir können mit Genugtuung feststellen, daß Ähnliches heute nicht mehr passieren könnte.

Literatur

Hans F. Nöhbauer: Von A-Z im Kinderland, Droemer Knaur, München 11/74, © 1970 Droemersche Verlagsanstalt AG Zürich.

3. Kapitel

Teufelsspiel

Bele Bachem

Meine Geliebte,

sie weiß von nichts. Manches wird nicht aufgedeckt.

Täglich sehe ich sie üben, hinter dem hohen Fenster ihres Stockwerkes. Glied um Glied.

Für sie nicht erkennbar, mein Bei-ihr-sein. Mein Fenster ist klein.

Aus der schmalen Glut, die mich erfaßt, wächst das Feuer der Gier. Langsam, bis es mitten im geschlossenen Ofen meines Körpers rast, gegen die Wände schlägt, Wunden stößt; lautes Schreien. Wer ahnt der Flammen Bisse, wer hört die Hilferufe... Meiner Geliebten Hörvermögen reicht nicht aus.

Wie sich vernehmbar machen.

Das Bild meiner Geliebten hinter meiner Stirn fixiert, leuchtet heller und heller auf. Es wird in Teile gerissen mir vorgeworfen. Beine einer Riesin, sie steigen hoch über mich hinweg, rosa bestrumpft laufen sie vom Körper gelöst. Hüften und Bauch ein weichlicher Brei, nach oben hin Form annehmend. Eine kleine Drehung und es leuchten zwei flaumfederweiße, eiförmige Brüste auf, deren rosige Spitzen sich lustvoll steif heben. Glatte Hände beginnen sich zu regen – der Kopf neigt sich ein klein wenig, die Haare gelb, fallen vor. Das Kinn liegt dazwischen, es ist klein. Der Mund ist groß, blüht heraus; feucht. Die Nase steht extra. Ihrer Flügel beständiges Beben verwirrt. Aufgeworfene Nüstern. Die schwarzen Augen stehen steil und fremd stechenden Blickes darüber.

Höre zu, Geliebte: Dein Einzelnes ist mäßig – dennoch nehme ich es Stück für Stück – ohne es zusammenzufügen – hingebungsbereit an. Berührungsloses sich Nähern, die Schenkel prall und geschlossen, der Popo von gewaltiger Größe und noch was... Zittern erfaßt mich... und: Meine Geliebte hält inne – ja, sie beugt sich vor, aus dem Fenster weit heraus – mir entgegen. Doch schaut sie unter sich, statt zu mir. Mein Fenster fast berührend – würde sie, Blickbefangen – Blick zu Blick – mir bleiben.

Die Pupillen weiten sich, ihre Augen klappen auf – sie werden groß, sie glänzen. Zu roten Flecken erglühen die Wangen. Wie soll ich mich zügeln!

Feuer umleckt mein Herz. Es springt in die Kehle. Atemlos, straucheln. Wie durch kopfhohes, stacheliges Distelfeld getrieben und das auf blankem Parkett. Mitten am hellen Tag im Dunkel sein.

Einmal wagen den Arm um sie zu legen, die Flammen übergreifen lassen – den großen Fremdkörper an sich reißen, drücken – gegendrücken, erstöhnen. Mit allen Händen und Fingern festhalten. Den Halt verlieren, hineinfallen.

Auf dem Löcherteppich liegen, vor Erregung weinen – sich in orangen und beigen Blütenblättern verbeißen. Laut schreien. Sich in den bewegten Faltenwürfen des Teppichgewebes verheddern – Geliebte, wo bist du?! In den Fransen hängen bleiben – von den Löchern zugedeckt, den ganzen Teppich über sich, endlich erblinden, lautloses Hingegossensein, kein Laut der Kehle, keine Bewegung der Zunge.

Der Geliebten unerkannt bleiben, bis es gelingen wird, sie aus unserer Zweisamkeit in meinem Körperhaus, herauszureißen und... »Hallo« rufen, in vulgärer Alltagssprache: »Hallo«! durch das offene Fenster – in ihr offenes Fenster hinein.

Alle Einzelheiten dieser Person wieder zusammengefügt, steht sie groß wie der Türrahmen in der offenen Türe.

Ihre Füße stecken in Silberschuhen. Statt eines Rockes umgürtet sie eine Schürze. In grün. Sie bewegt sich nieder zu mir. Sie flüstert in mein Ohr... Unvernehmbares... die Zunge schlüpft hinzu... ein Kuß, ein Zungenkuß! Sie läßt los. Rot ihre Bluse vor meinem Gesicht. Lose und leicht bewegt. Ich lese in auseinanderreißenden Buchstaben: »Reiche mir deine Hand!« Ich entblöße meine Rechte des Seidenhandschuhs. Welke Haut, durchpunktet von Flecken, himmelblau das Geäst der Adern. »Unterlassen Sie das Erschrecken, meine Geliebte! Greifen Sie zu und halten sie still. Lassen Sie ihr Inneres bloßlegen, meine geliebte Geliebte – zum Entzücken Ihrer selbst...«

Ihre Haut ist rosig durchpulst. Sie ist glattgesichtig und jung, meine Geliebte.

»Üben Sie weiter hinter dem hohen Fenster Ihres Stockwerkes. Glied um Glied – doch vergessen Sie nicht den Teppich unserer Ausschweifung.«

Bei Mark Twain nachgeschlagen

Auf seiner Europareise hielt der amerikanische Autor Mark Twain sich einige Zeit in Wien auf.

Die Wiener Gesellschaft war hingerissen von dem Esprit des berühmten Gastes und hofierte ihn entsprechend. Die Türen der

Wiener Salons standen ihm offen, und man genoß seinen Humor. Auf einer dieser Gesellschaften hörte Mark Twain zufällig, daß die amerikanischen Patentrechte an der Szczepanik Teppich – Webmaschine noch nicht verkauft seien. Patente hatten ihn immer schon magnetisch angezogen, weil er hinter ihnen immer »das große Geld« witterte. Dieses Patent, eine Webmaschine zur Herstellung von Teppichen, schien ihm besonders verlockend. Sein Verstand sagte ihm, daß diese Erfindung die gesamte Teppich – Industrie revolutionieren würde. Er hatte zwar keine Ahnung von Teppichen und ihrer Herstellung, dachte aber sofort an den enormen Profit, der damit zu erzielen sei. Der »Typograph«, der ihm vor kurzem noch so vielversprechend erschienen war, erschien ihm mit einem Mal belanglos.

Den 16. März 1898 verbrachte Mark Twain damit, einschlägige Statistiken aufzustöbern. Die neuesten Unterlagen, die er im amerikanischen Generalkonsulat einsah, waren bereits 18 Jahre alt. Der Korrespondent der Londoner Times kramte im Archiv und besorgte vom britischen Konsul noch weiteres Material.

Das Ergebnis seiner Recherchen waren elf dicht beschriebene Blätter mit Notizen. Mit diesem Berg von Papier zog sich der Schriftsteller in sein Zimmer im Hotel Metropol zurück, wo er den Wust durchforstete. Als um 21 Uhr der Erfinder und sein Financier erschienen, hatte sich Mark Twain in das ihm vollkommen fremde Fachgebiet eingearbeitet und war für die Verhandlungen bereit. Seine Beschlagenheit verschlug dem Bankier zunächst den Atem. Der hatte offensichtlich im geistigen Vater von »Tom Sawyer und Huckleberry Finn« einen Spaßvogel erwartet und nicht ein wandelndes Handelsregister. Allmählich erholte er sich von dem Schreck. Sie verhandelten bis Mitternacht, dann trennten sie sich.

Bis zum Frühstück überdachte Mark Twain noch einmal die Fakten und den Preis von 1,5 Millionen Dollar, bat den Bankier zu sich und schloß mit ihm einen Vorvertrag. Mit der verbrieften und besiegelten Option in der Tasche, hing sein Himmel voller Geigen, denn er sah sich bereits als Milliardär. Und als Mr. Wood, ein Repräsentant der amerikanischen Teppich – Industrie, sich bei ihm nach dem Preis der Option erkundigte, fiel Mark Twain kein Betrag ein, der ihm hoch genug erschien. Dieser gewisse Mr. Wood war angeblich einige Tage später in Wien eingetroffen, und der geschäftstüchtige Mark Twain schien ihm beim Abschluß des Vertrages zuvorgekommen zu sein. Nun fürchtete der Schriftsteller, Wood könnte ihm womöglich eine halbe Million Dollar bieten. Seine angeborene Skepsis hinderte ihn daran, sich selbst in Versuchung zu führen, denn am Ende hätte er nicht widerstehen können. Und schließlich wollte er das große Geschäft lieber allein machen, um den Gewinn nicht teilen zu müssen. So lehnte er also ab und wechselte das Gesprächsthema. Ganz zufällig entschlüpfte Mr. Wood die Bemerkung, daß er in Wien nur einen einzigen Menschen kenne, nämlich einen Mayor X, einen Amerikaner, der 32 Jahre in der österreichischen Kavallerie gedient hatte. Und genau dieser Mayor X war Mark Twains Dolmetscher bei den bisherigen Verhandlungen gewesen. Wie klein doch diese Welt ist, dachte er. Aber er schöpfte keinen Verdacht und sandte Mr. Rogers einen ausführlichen Bericht nach Amerika. Geschäftstüchtig wie er war, forderte er gleich 10 Prozent der Aktien für seine Vermittlungstätigkeit. Er bat Mr. Rogers, schnellstens nach Wien zu kommen, um das Geschäft abzuschließen. Falls er kein Interesse hätte, solle er »London« telegrafieren, da Mark Twain dann versuchen würde, die Option dort zu verkaufen.

Zur Jahrhundertwende befand sich die technische Entwicklung in einem rasenden Galopp. Buchstäblich über Nacht wurde eine Erfindung zur gefeierten Innovation. Genies tauchten aus dem Nichts auf und standen plötzlich im Mittelpunkt der Welt. Millionen wurden in revolutionäre Ideen investiert, um die Produktion zu steigern und das Kapital zu vervielfachen.

Mr. Rogers prüfte die Aussichten sehr sorgfältig und kam zu dem Schluß, daß die Szszepanik'sche Teppichwebmaschine von anderen Erfindungen bereits überflügelt war. Er investierte keinen Cent in »Mark Twain's Teppichrevolution« und riet ihm dringend, die Finger davon zu lassen. Außerdem machte der den Schrifsteller darauf aufmerksam, daß das mysteriöse Auftauchen von Mr. Wood kein seriöses Geschäft, sondern eher einen Kuhhandel vermuten ließe. Mark Twain schwärmte noch eine Weile vom Erfinder und seiner »Wundermaschine«, vergaß dann aber die ganze Angelegenheit.

Er hatte noch einmal Glück gehabt. Sein Spaß an Patenten und seine Geldgier hätten ihn beinahe um 1,5 Millionen Dollar gebracht. Oder besser gesagt, das Vermögen seiner Frau entsprechend reduziert. Szszepanik's Fincanier beging kurz nach dem Bankrott Selbstmord, der Erfinder starb Jahre später im Irrenhaus. Mark Twain wurde durch die Teppichindustrie nicht zum Milliardär, das gelang anderen klugen Köpfen, die neben dem nötigen Einblick auch noch den Weitblick besaßen, die Zeichen der Zeit richtig zu deuten.

Literatur
Mark Twain, nacherzählt vom Herausgeber (entstanden nach der 2. Auflage des »Mark Twains Notebook«, Harper & Brothers Publ., © 1935 by the Mark Twain Company).

Bereits im 15. Jahrhundert erfand das Universalgenie Leonardo da Vinci einen manuell betriebenen Teppichwebstuhl. Der wichtigste Meilenstein in der Geschichte des Industrieteppichs ist zweifellos der Jaquardwebstuhl des Joseph Maria Jaquard, der bereits wenige Jahre nach seiner Erfindung (1795) in Axminster (England) zum Einsatz kam. Die Muster der ersten Industrieteppiche waren vom Orientteppich sehr stark beeinflußt, sie sahen aus wie die »Echten«, waren aber für eine breitere Käuferschicht erschwinglich geworden. Wenn der Maschinenteppich erst nur eine Kopie war, entwickelte er doch sehr bald Eigendynamik und es entstanden Teppiche, die den europäischen Vorstellungen des Wohnens mehr entsprachen.

11. November 1830

Meinem letzten Schreiben Gegenwärtiges nachzusenden, veranlaßt mich eine häusliche Verlegenheit. Ich bedarf diesen Winter einen Fußteppich; die von Leipzig eingegangenen Muster sind alle zu prächtig und bunt und würden das Zimmer zum Zimmer hinausjagen. Wollten Sie deshalb mir einige Muster der allerbescheidensten Fußteppiche zusenden, weder auffallend, durch Farbe und Dessin, so mäßig, daß man gern darauf hingehen mag, und daß die übrigen Möbels nicht beschämt, so tun Sie mir einen großen Gefallen und geben Gelegenheit zu freundlichem dankbarem Erinnern.

Johann Wolfgang v. Goethe (1749-1832)

aus: Brief an Marianne v. Willemer

Die Orientteppiche waren für die meisten Menschen der damaligen Zeit nicht nur zu teuer, sondern auch zu exotisch. Goethes Bedenken entsprachen dem Zeitgeschmack, der sich 1830 bereits zu wandeln begann. Obwohl man im Morgenland mit der Massenproduktion von Teppichen beschäftigt war, verbreitete sich die Kunde von den europäischen Webmaschinen bis in den letzten Winkel des Orients. Man begann um das alte Teppichhandwerk zu fürchten und verbot die Einfuhr dieser Teufelsmaschinen. Auf Dauer hat die Industrialisierung vor den Toren des Orients nicht Halt gemacht und heute sind dort Maschinenteppiche beinahe so selbstverständlich wie bei uns. Und selbst in Haushalten, in denen Teppiche geknüpft werden, liegen nicht selten Maschinenteppiche auf dem Boden, um die »Selbstgemachten« verkaufen zu können. Die Krönung aller Teppichmaschinen wurde in den 20er Jahren unseres Jahrhunderts von Dr. Maurus Banyai erfunden. Diese äußerst leistungsfähige Maschine beherrschte den türkischen Knoten, aber kei allen Raffinessen sahen die Teppiche trotzdem aus wie Maschinenteppiche. Der Charme der Handarbeit, der den Zauber des »echten Teppichs« bis heute ausmacht, fehlte den Banyai-Teppichen völlig. Die Erfindung bewährte sich nicht und geriet in Vergessenheit. Heute sind die Banyai-Knüpfmaschinen im technischen Museum in Wien zu bewundern, wo sie uns daran erinnern sollen, daß technischer Fortschritt zwar wichtig, aber manchmal nicht möglich ist.

Max Frhr. v. Thielmann (1846–1929)

Tebriz, Oktober 1872

Die Auswahl, die wir im Bazar trafen, war geringer, als wir vermuthet hatten; wie uns mitgetheilt wurde, hat die letzte Hungersnoth unter den Lastthieren gewaltig aufgeräumt und aus dem Innern sind fast gar keine Karavanen eingetroffen. Doch gab eine Zusammenstellung der verschiedenartigsten Gegenstände, welche durch das Haus Ziegler & Co. für die Wiener Weltausstellung zusammengebracht worden waren, und der Absendung harrten, Gelegenheit, die Producte Persiens jeder Art und in jeder Güte kennen zu lernen. Den ersten Rang nahmen begreiflicher Weise die Teppiche ein. Die eigentlich currente Waare sind die Teppiche von Ferahan mit ihrem in stumpfen Farben gehaltenen Blumengewinde und dem mit stylistischen Figuren auf grünem Grunde geschmückten Rande; die weniger dichten Chorassaner Teppiche mit ihren lebhaften Farben sind seltener und werden in Persien selbst weniger geschätzt, während die unendlich fein gemusterten Teppiche von Senneh in Kurdistan oft hohe Liebhaberpreise bedingen; ausserdem findet man noch allerhand andere teppichartige Gewebe, vorzüglich die leichten buntgewirkten Decken aus Kurdistan, die recht billig sind, und die warmen weichen persischen Filzteppiche mit eingedruckten Mustern. Der Engrospreis der Ferahan-Teppiche bester Qualität war zur Zeit 28 Qran der Quadratpik, also wenig über 6 Thaler der Quadratmeter, und dabei sind diese Teppiche fast unverwüstlich; die übrigen Gattungen bedingen nach ihrer Güte und Seltenheit verschiedene Preise, sehr billig waren die kurdischen Decken (6 bis 8 Thaler das Stück) und die Filzteppiche. Der Europäer hat beim Ankauf von Teppichen vorzüglich darauf zu sehen, dass sie auf beiden Seiten gleich breit sind; ungleich gewebte Exemplare pflegen im Lande selbst so gut wie unverkäuflich zu sein, und werden deshalb mit Vorliebe an Fremde aufgeschwatzt; auch muss man sich vor Brüchen im Teppich hüten, wie sie durch schlechte und zu enge Verpackung entstehen. Shawls waren im Bazar kaum vorhanden, da die Karavanen aus Jezd und Kerman ausgeblieben waren, und von den shawlartigen Seidenstoffen, von welchen wir die reichste Auswahl in Tiflis gefunden hatten, sahen wir hier nur einige Stück.

aus: Streifzüge im Kaukasus, Persien und der asiatischen Türkei

Wenn Thielmann von kurdischen Decken spricht, meint er Kelims. Das Lehnwort »Kelim« (von türk. kilim) setzte sich in unserem Sprachgebrauch erst vor einigen Jahrzehnten durch, als man sich verstärkt dafür zu interessieren begann. Bis dahin wurden sie als Decken oder orientalische Gewebe bezeichnet, deshalb wird der »Kelim« in der klassischen Literatur nicht erwähnt.

Mit Ausnahme der Teppiche aus Senneh (ebenfalls Kurdestan) wurden die kurdischen Webereien lange als minderwertig angesehen. Inzwischen erfreuen sich diese ursprünglichen Produkte großer Beliebtheit und erzielen Preise, die 1872 niemand für möglich gehalten hätte.

Da der Teppichmarkt ständig in Bewegung ist, haben sich Preisangaben in der Fachliteratur nicht bewährt. Preise, die beim Erscheinen des Buches noch hochaktuell waren, hatten einige Jahre später nur noch statistischen Wert. Rückblickend gesehen sind diese Angaben natürlich interessant, da sie zeigen, welche Teppiche zu welcher Zeit »hoch im Kurs« standen. Dem Käufer jedoch können diese Preisangaben kaum eine Hilfe sein.

Thielmanns Schilderung sollte allen Pedanten eine Warnung sein. Zum einen stimmen die beiden Längen und Breiten niemals genau überein, zum anderen entstehen durch die Handarbeit weitere kleine oder größere Unregelmäßigkeiten, in denen der Unterschied zum Maschinenteppich liegt.

Es gibt aber auch gewollte »Unformen« des Teppichs. Graf Pahlen erzählt von einem Teppich, bei dem in der Mitte der Platz für einen Nephritblock ausgespart worden war. Die bekanntesten »unförmigen« Teppiche sind sicherlich die Satteldecken, die mit Rundungen und runden Schlitzen gearbeitet wurden. Die Herstellung von nicht rechteckigen Teppichen und Geweben stellt größere Anforderungen an das Können der Weber, deshalb sind vergleichbare (gut gelungene) Stücke sehr selten.

Die erwähnten Brüche entstehen nicht durch unsachgemäße Verpackung, sondern durch das ungleichmäßige Spannen der Kettfäden am Webstuhl.

Die einen lieben den unverwechselbaren Charme des Orientteppichs, die anderen die technische Perfektion des Industrieteppichs. Was Thielmann betrifft, können wir davon ausgehen, daß er in Persien keinen Teppich gekauft hat und mit leeren Händer wieder abfuhr.

Die Orientalen haben für europäische Vollkommenheitsapostel nur ein müdes Lächeln übrig. Sie sagen »nur Gott ist vollkommen« und erklären so jeden Fehler für menschlich.

Literatur
Max Frhr. v. Thielmann: Streifzüge im Kaukasus, Persien und in der asiatischen Türkei, Verlag Duncker & Humblot, Leipzig 1875.

Der bunte Teppich

Bernhard Schulze-Holthus

In der Wüstenstadt Bam in der südlichen Wüste Lut in Persien war eines Nachts die Werkstatt eines Silberschmiedes erbrochen worden. Der Dieb hatte ein Loch in das Gipsdach der Werkstatt gestemmt und sich dann an einem Seil herabgelassen. Alles, was nicht niet- und nagelfest war, hatte er mitgehen heißen, nur den alten Gebetsteppich des Silberschmiedes hatte er liegen lassen, weil er schon zu alt und abgetreten war, obwohl er mit seinem Purpurrot, Schwarz, Weiß und Braun so bunt war, wie nur ein Belutschenteppich sein kann. Gerade dieser Teppich sollte ihm zum Verhängnis werden.

Der Polizeigewaltige von Bam, dessen Aufgabe es war, den Dieb ausfindig zu machen, konnte den Täter zunächst nicht ermitteln, obwohl es nur ein Einheimischer gewesen sein konnte, denn zur fraglichen Zeit hatten keine fremden Karawanen in Bam Rast gemacht. In seiner Not ging er zum Kadi und besprach mit ihm eine List. Der Kadi ging auf seinen Vorschlag ein und ließ ausrufen, daß am nächsten Morgen zur Stunde des Sonnenaufgangs auf dem Marktplatz der Prozeß in der Diebstahlsache abgehalten werden würde, und zwar zunächst noch nicht gegen den unbekannten Dieb, sondern gegen den Gebetsteppich des Silberschmiedes wegen Mitwisserschaft. Die Leute schüttelten die Köpfe, wieso ein Gebetsteppich der Mitwisserschaft an einem Diebstahl schuldig sein könne, und wie der Kadi ihn überhaupt zum Sprechen bringen wolle. Gewiß habe ein so alter Gebetsteppich von Generation zu Generation die Gebete der Gläubigen angehört, aber mit menschlicher Stimme sprechen habe man doch noch nie einen Teppich hören können. Neugierig ob des ungewohnten Schauspiels erschienen die Männer von Bam vollzählig zur Verhandlung, nach Belutschenart ihre schwarzen Filzkappen keck auf den Hinterkopf geschoben und den vorderen Teil des Schädels über der Stirn sauber ausrasiert.

Der Kadi ließ den Gebetsteppich bringen, klagte ihn der Mitwisserschaft an und forderte ihn auf, reumütig den Namen des Täters zu nennen. Als der Teppich, wie zu erwarten, schwieg, verurteilte ihn der Kadi erst mal zu fünfundzwanzig Schlägen wegen seiner Verstocktheit. Nach dieser Prozedur kniete er auf dem Teppich nieder, sprach leise, aber eindringlich auf ihn ein, legte wiederholt sein Ohr an die Gebetsnische an seinem oberen Ende, wo die Köpfe der Beter den Teppich zu berühren pflegen, sprang dann plötzlich auf und verkündete feierlich: »Der Teppich hat mir soeben gestanden, daß der Dieb sich schon tagelang die Stirn nicht mehr ausrasiert hatte.«

In diesem Augenblick griff sich einer der Umstehenden mit einer hastigen Handbewegung an die Stirn. Der Kadi fuhr ihm an die Gurgel, brauchte aber kein Wort mehr zu sagen, denn der Dieb war so erschrocken, daß er in die Knie sank und weinend sein Verbrechen eingestand. Die Männer von Bam aber waren stolz auf ihren Kadi, der auf diese Weise einen alten Gebetsteppich zum Reden gebracht hatte.

aus: Der bunte Teppich

Literatur

Schulze-Holthus: Der bunte Teppich, © Bechtle Verlag, München 1959.

Elia Kazan
(geb. 1909)

»Nein, Mr. Fernand, hören Sie zur Abwechslung einmal zu. Sie hören nie auf zu reden. Ich und meine Familie besitzen vielleicht achtzigtausend Dollar, und wir können sicherlich ebensoviel als Kredit erhalten. Sobald auf dem Meer Friede herrscht und die Handelsstraßen offen sind, werde ich in meine alte Heimat fahren – vielleicht sogar früher. Ich werde Waren kaufen, wenn die Leute hungern und für eine Brotrinde arbeiten oder sogar umsonst, für ein Obdach. Das wird vielleicht drei lahre dauern, vielleicht auch fünf. In dieser Zeit werde ich bis zu meinem letzten Cent Waren einkaufen. Ich werde Bauern in der Türkei – und auch in Persien – das Geld geben, das sie für Webstühle, Wolle, Farben brauchen. Sie werden für mich schwer arbeiten. Sie werden mich segnen und mich fürchten. Ich trage ein hamal-Messer bei mir, sie werden also nicht versuchen, mich zu betrügen. Die Waren, die sie herstellen, werde ich auf Schiffe verladen und hierher schicken.« Stavros bemerkte, daß Mr.Aylesworth das Zimmer betreten hatte. »Sie, meine Herren, sollten mich finanzieren. Tiere wie ich werden neue Handelsimperien errichten. Sie könnten schnell eine Million Dollar investieren, und was ich dafür hierherbringe, wird ein Jahr später zehn Millionen wert sein. Ich könnte Ihre verschlafene Firma retten, Mr. Fernand. Aber Sie bleiben anscheinend lieber weiterhin auf Ihrem Geld sitzen – Ihr Bruder, meine ich. Was ist eigentlich mit ihm los, plötzlich säuft er wieder jeden Tag um fünf Uhr wie ein Bürstenbinder?«

März 1919

Es hieß nun allgemein, daß die Alliierten – die Engländer, Franzosen und Italiener – der griechischen Armee das Vorrecht eingeräumt hätten, in Anatolien einzumarschieren, aber das Datum war noch nicht festgelegt. Stavros hatte vor, zu genau der gleichen Zeit drüben einzutreffen. Für ihn stand fest daß er mit den anatolischen Teppichwebern günstigere Geschäftsabmachungen aushandeln könnte, wenn sich das Land in einem chaotischen Zustand befand. Er beabsichtigte, Michaelis möglichst bald auf die Insel Chios zu schicken, damit er die Lage erkunde und die kleine Expedition vorbereite. Sie würden am Tag nach der Landung der griechischen Armee in Smyrna eintreffen.

aus: Der Mann aus Anatolien

»Des einen Freud, ist des anderen Leid.«

Wir können dieses Sprichwort nicht einfach unter den Teppich kehren. Leider haben Kazans Äußerungen heute noch Gültigkeit.

Da sich das soziale Leben in den teppichknüpfenden Ländern nicht geändert hat, ist auch das Schicksal der Teppichknüpfer das gleiche geblieben. Sie arbeiten für wenig Geld!

Der Webstuhlbesitzer schlägt Material und sonstige Unkosten auf die Teppiche und verkauft sie zum doppelten Preis an einen

Exporteur. Dieser wiederum verkauft die Teppiche an einen Großhändler im Ausland, der auch verdienen muß. Der Einzelhandel verdoppelt logischerweise den Preis ein letztes Mal, bis die Teppiche ihre Käufer finden.

Aber gesetzt den Fall, die Teppichknüpfer würden so viel verdienen wie die Arbeitskräfte in der »zivilisierten Welt«, die Teppiche müßten natürlich den oben beschriebenen Weg auch gehen, wer könnte sich dann noch einen »echten« Teppich leisten?

Vermutlich würde es niemand gefallen, wenn der Teppich um ein Vielfaches teurer und wieder, wie bereits vor Jahrhunderten, zum Statussymbol der Allerreichsten würde.

Literatur
Elia Kazan: Der Mann aus Anatolien, deutsch v. Willy Thaler, 1.-15.Tsd, © 1984 by Droemer Knaur.

Karl Kraus
(1874–1936)

Alles, nur nicht die Gobelins!

Den Kunstschatz schützen sie, den wohlbewußten,
und jeder stöhnt und reißt sich auf die Brust.
Von eines Weltkriegs sämtlichen Verlusten
wär' dieser doch der schmerzlichste Verlust.

Denn die Kultur, sie ist ja doch das Letzte,
was bleibt uns denn, trägt man auch sie davon,
all jenes Köstliche, das uns versetzte
in eine noch weit höhere Region!

So protestieren sie aus allen Ecken,
in Sorge um die höchsten Güter nur.
Sie gönnen ja dem Volke das Verrecken,
man nehme ihnen nur nicht die Kultur!

Zwar fehlt die Nahrung, fehlen auch die Kohlen,
allein nicht dieser Umstand schafft den Schmerz.
Selbst als die Mona Lisa war gestohlen,
wars keinem Kenner weher um das Herz.

Wer schätzt sie nicht, die kostbaren Gewebe,
sie sind sogar im Ausland sehr beliebt,
und wichtiger als daß die Menschheit lebe,
ist, daß es Sehenswürdigkeiten gibt.

Nicht nötig ist es, Nahrung zu erwerben,
der Wiener kann auch so nicht untergehn.
Und andernfalls wird er in Schönheit sterben,
sonst kann ihm nix als höchstens das geschehn.

Hohn bieten die Vandalen unserm Leide
und sind für das Kulturbedürfnis blind,
indem sie für vergängliches Getreide
den Kunstschatz hinzugeben willens sind.

Wir aber schützen ihn mit reinern Händen,
das Hungerthema haben wir schon satt.
Wir lassen nimmer die Gobelins verpfänden,
wie einen Bissen Brot braucht sie die Stadt.

Von Lebensmitteln, wenn sie aufgegessen,
hat man doch zweifelsohne einen Dreck.
Der Teppich in Schönbrunn ist unterdessen
mehr haltbar und entspricht dem Lebenszweck.

Und Tag für Tag ertönt es fort im Chore:
Der Mensch, er lebt vom Brote nicht allein!
Nein, größer war fürwahr nessun dolore
und wer nicht von Kultur lebt, ist ein Schwein.

Wir haben etwas noch, woran wir glauben:
die Kunst, die nach Geschäften man genießt.
Sie wollen uns die Ideale rauben,
von denen man im Leitartikel liest.

Und jeder stöhnt und jeden hört man flennen
und jedem wird persönlich es geschehn:
Ach, von den Teppichen soll ich mich trennen?
Und hab, ich Tepp ich, keinen noch gesehn!

Während Kraus die Existenzberechtigung des Gobelins von der sozialen Seite hinterfragt, lehnt M. Proust die Wandteppiche (in Swanns Welt) zwar ab, erhebt aber seine Ansicht nicht zum Grundsatz:

Die Tapisserien mit der Geschichte der Esther mögen auch noch hingehen; ich selbst würde keinen Pfifferling dafür geben, aber Kenner stellen sie denen von Sens an die Seite.

Den Wert einer Sache kann nur der einschätzen, der über das nötige Wissen verfügt. Was für den Kenner Kostbarkeiten sind, stellt für den Laien nur »nackte Materie« dar. Nicht verwunderlich ist es, daß ein beschädigter Gobelin, den Goya entworfen haben soll, in einzelne Stücke zerschnitten wurde, um damit den Boden zu scheuern.

Literatur
Karl Kraus: Gedichte, © 1959 by Kösel Verlag, München.

Wenn ein Türke aus dem Sattel steigt,
um sich auf den Teppich zu setzen,
so ist er ein Nichts, ein Nichts!

Dieses Sprichwort ist vermutlich entstanden, als der Machtverfall des osmanischen Weltimperiums selbst innerhalb seiner Grenzen nicht mehr zu übersehen war.

Pieter Vervoort

Suleimans Sohn und Nachfolger war der erste Osmanen-Khan, der seine Janitscharen nicht persönlich in die »Länder des Sieges« führte, sondern seinen Großwesir schalten und walten ließ: er hatte sich »auf den Teppich gesetzt«, Sultan Selim, genannt der »Säufer«. Er war es, der die berühmte Seeschlacht bei Lepanto verlor. Er verlor mehr als Sieg und Flotte gegen Don Juan d'Austria, er verspielte den Glanz des Halbmonds, das Erbe der Osmanli. Sein Sohn tat es ihm nach auf dem Teppich: eine Haremspuppe mit hundertundzwölf Kindern! So begann der Niedergang der Großmacht, ein Absturz vom »Türkenschreck« der Christenheit zum »Kranken Mann am Bosporus«, wie es um die Jahrhundertwende sprichwörtlich hieß. Und mit dem letzten Sultan der Osmanen, nach dem ersten Weltkrieg, als durch das Diktat von Sèvres alles zusammenbrach und das Schicksal des türkischen Volks besiegelt schien: zurückgeworfen auf seinen Anfang als Nation, wieder ein unbedeutender Stamm von Hirten, beschränkt auf das Landgebiet um Ankara, wie es der Seldschukensultan einstmals Ertoghrul Khan geschenkt hatte – da erwies sich in Wahrheit das Erbe Osmans, die Kraft der Türken, dieses bewunderungswürdigen Volkes, in seinem märchenhaften Aufstieg wie nun im tragischen Niedergang, daraus es sich wieder erhob mit Atatürk, der verhütete, daß es ein Untergang wurde; darum es seine Vergangenheit, seine ganze Lebensgewohnheit und Anschauung wie ein Stück Fleisch sich aus dem Leibe schnitt, diesen Schmerz heroisch ertrug um des Lebens willen, eines ganz neuen Lebens, und einen modernen Staat schuf, die Türkiye, wie heute die Republik heißt.

aus: Der bunte Teppich

Diese Epopöe ist eines der bewundernswertesten Blätter im Geschichtsbuch der Völker.

Der Teppich als Symbol der Seßhaftigkeit, der Unbeweglichkeit und der Bequemlichkeit. Daß also ein Türke, ein Herrscher, sobald er auf dem Teppich sitzt, nicht mehr arbeitet bzw. keine Kriege mehr führt, um den Reichtum zu mehren, sondern sich eben ausruht und damit den Dingen ihren Lauf läßt. Etwa zeitgleich mit dem beginnenden Verfall des Osmanenreiches schreibt Fontane:

Theodor Fontane (1819–1898)

Leicht zu leben ohne Leichtsinn,
Heiter zu leben ohne Ausgelassenheit,
Mut zu haben ohne Übermut,
Vertrauen und freudige Ergebung zeigen
ohne türkischen Fatalismus –
Das ist d i e Kunst des Lebens.

Literatur
Pieter Vervoort: Der bunte Teppich © 1956, Ehrenwirth Verlag;
Theodor Fontane: Leicht zu leben ohne Leichtsinn, © Eckart Verlag Witten und Berlin 1958.

Tausend Teppiche

Arnold Vals

Jeden Abend betörte Kleopatra mit dem Tanz der sieben Schleier. Die Männer starrten fasziniert auf die schöne Erscheinung und hätten für eine Nacht mit der Tänzerin Gott weiß was gegeben. Allen voran ein Teppichhändler aus Dalya, der ihr tausend Rosen schenkte, die sie, begleitet von den Beifallsstürmen der Zuschauer, während ihres Tanzes von der Terrasse regnen ließ. Er brachte tausend Nelken, deren Blütenköpfe auf den Teppich gestreut wurden, auf dem die Schönheit aus Ägypten tanzte. In diesem Blumenmeer wurde sie nach ihrem Auftritt von der Bühne getragen. Der Teppichhändler überhäufte sie mit Juwelen, die Kleopatra nicht trug. Er schenkte ihr ein Haus, doch sie bewohnte es nicht.

Die Geschäfte des Teppichhändlers fingen an schlecht zu gehen, und er hatte den Traum schon aufgegeben, die Schöne aus Ägypten heiraten zu können, als Kleopatra vollkommen unerwartet in seinem Laden auftauchte. Die Schöne setzte sich, und nachdem sie ihren Kaffee getrunken hatte, stülpte sie die Tasse um. Nach einer Stunde hob sie die Tasse hoch und las aus dem erkalteten Kaffeesatz die Zukunft. In den Sternen steht geschrieben, daß ich dich nicht heiraten kann, weil das Schicksal mich einem Mann aus dem fernen Rom versprochen hat. Ich kann aber deine Frau werden, wenn du mir für jede Liebesnacht einen Teppich schenkst.

Der Teppichhändler überlegte. Er hatte tausend Teppiche, was ebensoviele Liebesnächte bedeutet hätte. Und vielleicht würde sich sein Geschäft auch wieder erholen. Wenn nicht, bedeutete dies, daß Kleopatra ihn nach tausend Nächten verlassen würde. Jede Nacht muß keine Liebesnacht sein, überlegte der Geschäftsmann, und rechnete sich aus, daß bei einer Liebesnacht in der Woche die Teppiche sein ganzes Leben lang reichen würden.

Die Aussicht, mit der Tänzerin sein Leben zu verbringen, war ihm jeden Preis wert. Und er sagte ja. Kleopatra und der Teppichhändler zogen in das Haus, das er ihr vor langer Zeit geschenkt hatte. Die erste Liebesnacht war nur mit dem Augenblick zu vergleichen, als vor tausenden von Jahren Euphrat und Tigris ineinander flossen. Und der Händler verstand die Größe des Augenblicks.

Am zweiten Abend erzählte er Kleopatra ein Märchen. Die Tänzerin lag auf dem Teppich und spielte versonnen mit ihren Schleiern. Während der Teppichhändler das Ende des Märchens hinauszuzögern versuchte, streichelte Kleopatra erst seine Zehen und dann wanderten ihre Finger seine Beine hoch. Er wollte sich nicht verführen lassen und erzählte das endlose Märchen weiter, unterdessen zog sie ihn aus. Sein Verstand weigerte sich, doch sein Körper war unregierbar geworden und die Schöne führte ihn in den Garten Eden, den er wünschte, nie verlassen zu müssen. Und es war so, als ob es mitten in der Nacht hellichter Tag würde. Am dritten Abend, als der Teppichhändler nach Hause kam, war Kleopatra nur mit ihren Juwelen bekleidet. Er setzte sich und begann ein Märchen zu erzählen. Die Tänzerin saß zu seinen Füßen auf dem Teppich und der goldene Schmuck leuchtete schöner als Mond und Sterne in einer klaren Nacht. In Gedanken versunken saß sie da und lauschte dem Märchen aus längst vergangenen Tagen. Plötzlich erwachte die Schöne aus ihren stillen Träumen und begann sich selbst zu liebkosen. Sie strich sich mit ihren reich beringten Fingern über die Arme, löste die Haarspange und ließ die nachtschwarzen Locken herabfallen. Sank langsam auf den Teppich zurück, wo sie ihr Haar zu einem großen Fächer ordnete. Sie streichelte ihr Gesicht, dann ihren Nacken, vom Hals glitten ihre Hände weiter zu den Brüsten, die sie besonders zärtlich liebkoste. Zu jeder ihrer Bewegungen schien es, als ob der goldene Schmuck eine andere Melodie spielen würde. Die Stimme des Teppichhändlers war ziemlich brüchig geworden, er konnte den Blick nicht von der Schönen wenden, die inzwischen ihre kunstvoll in die Luft gereckten Beine mit ihren Fingerspitzen bereiste. Als der Teppichhändler das Tor zum Paradies sah, kam er mit seiner Geschichte ins Stocken und gab es auf, der Verlockung zu widerstehen.

Sie wurden eins und es war so, als ob nach einem langen Sonnenuntergang die Sonne auf das Firmament zurückschnellte.

Für den vierten Abend hatte sich der Händler ein besonders schönes Märchen ausgedacht. Er kam nach Hause und fand Kleopatra in ein kostbares langes Tuch gehüllt. Er sagte, erst ein Bad nehmen zu wollen, bevor er ihr die neue Geschichte erzählen könne. Der Teppichhändler genoß das warme Wasser, aus dem Nebenraum drang Musik. Da tauchte die Tänzerin auf, die zu den aufpeitschenden Klängen die Zimbeln schlug. Unter dem großen Tuch wiegte sie ihren zarten Körper im Rhythmus der Musik. Als die Weise langsam verstummte, fiel die Hülle von ihr ab, und sie stieg zu ihm ins Bad.

Und es war so, als ob mit dem ersten Tropfen Wasser, der auf einen Samen fiel, ein prächtiger Baum enstanden wäre.

So vergingen viele, viele Nächte und in keiner war es dem Teppichhändler gelungen, sich den Reizen der Schönen zu entziehen. Und jede Liebesnacht hatte er mit einem Teppich bezahlt. In dem Haus türmten sich die Liebesgaben zu Bergen und erzählten von der großen Liebe des Teppichhändlers.

Als Kleopatra den letzten Teppich in Empfang nahm, hatte sie ihre Abreise schon bestens vorbereitet. Am Morgen des 1001. Tages hielt eine Karawane von Kamelen vor dem Haus, das sie längst verkauft hatte. Die tausend Teppiche wurden eingepackt und mit den Möbeln aus reinem Silber auf die Rücken der Kamele geladen. Bei Sonnenuntergang setzte sich die Karawane in Bewegung.

Und als Kleopatra Dalya verließ, war es so, als ob die Sonne an diesem Abend ein zweites Mal unterginge.

Der Teppichhändler weinte viele Nächte lang und verbrachte einige Jahre im tiefsten Elend. Eines Morgens verstand er, daß ein kleiner Teppichhändler niemals in der Lage sein könne, eine Frau davon abzuhalten, Königin zu werden.

Kurz darauf heiratete er ein einfaches Mädchen vom Lande. Jeden Abend, wenn über Dalya die Sonne unterging, dachte er an die Liebesnächte mit Kleopatra und ging nach Hause zu seiner Frau, die ihm inzwischen schon viele Kinder geschenkt hatte.

Für die »zivilisierten« Völker war der Orientteppich immer etwas Besonderes. Sie verbanden und verbinden mit ihm den Zauber von 1001er Nacht und verleihen so ihrem Wohnzimmer den Flair der großen weiten Welt. Aus diesem Grund waren die echten Teppiche nicht nur für Thornton Wilder begehrenswert:

Thornton Wilder (1897-1975)

Was ist nur los mit diesem Ihrem zwanzigsten Jahrhundert?

... Sie wollen, ich soll euch Komplimente machen, weil ihr das Atom zertrümmert und das Licht gebogen habt? Nun schön, mein Kompliment, mein Kompliment!

– Sie können Ihren reichen Freunden sagen, taktvoll, versteht sich, daß ich zum Geburtstag einen kleinen chinesischen Teppich haben möchte, der gegenwärtig im Schaufenster eines Ladens auf dem Corso ruht. Es wäre unziemlich für mich, mehr zu sagen, als daß der sich auf der linken Seite befindet, wenn man sich der Porta del Popolo nähert. – Der Fußboden meines Schlafzimmers wird jeden Morgen kälter, und ich habe mir schon immer versprochen, wenn ich achtzig würde, einen Teppich in meinem Schlafzimmer zu haben.

aus: Die Cabala

Graf Pahlen erzählt in seinem Buch von einer anderen Variante des Teppichgeschenkes:

»Es gelang mir tatsächlich, eine Vergleichsmöglichkeit zu finden und diese naiven und ritterlichen Kinder der Wüste miteinander zu versöhnen. Zum Dank wollten sie mich nach orientalischer Sitte mit Teppichen und Geschenken überschütten. Sie waren enttäuscht, als ich nichts annahm.«

Ganz gleichgültig, ob der Teppich der Lohn für eine Liebesnacht oder eine »kleine« Aufmerksamkeit ist, die Illusionen sind immer die gleichen.

Literatur

Thornton Wilder: Die Cabala, Fischer Taschenbuch Verlag, Frankfurt 9/57, © S. Fischer Verlag;

Constantin Graf von der Pahlen: Im Auftrag des Zaren in Turkestan, Lizenzausgabe mit Genehmigung des S. Fischer Verlages (o. J.).

Leo Putz
(geb. 1952)

Im Traum
ging ich über
einen weichen Teppich
aus Wüstensand,
der zwar warm
und anschmiegsam,
aber gefährlich war.
Aus dem
sandigen Weg wurde
ein Teppich aus Steinen,
dessen Spitzen
meine Fußsohlen
zerschnitten.
Als ich mich
an den steinigen Pfad
gewöhnt hatte,
verwandelte er sich
in einen Blumenteppich.
Jede Blume
ein Versprechen,
doch bevor ich
sie pflücken konnte,
waren sie verblüht.
Dann kam ich an's Meer,
dort wartete
ein Schiff auf mich,
mit dem ich
über den Wellenteppich
schaukelte.
Da erwachte ich
und trieb in einer
Nußschale
auf dem offenen Meer.
Und da erkannte ich,
daß all die Teppiche
von denen
ich geträumt hatte,
keine Teppiche gewesen sind,
sondern in Wahrheit
nur kleine Fragmente
aus meinem
unüberschaubaren
Lebensteppich.

4. Kapitel

Zauberspiele

Pedro Calderon de la Barca (1600-1681)

aus: Das Festmahl des Belsazer

Doch halt! Was seh' ich? Ist's kein
Zauberbild?
Ein Weib göttlicher Schönheit, stolz
und herrlich!
Für eine Legende zu viel der Ruhe,
Doch für'ne Todte zu viel Seele noch.
Hier auf dem bunten Blumenteppich,
der ihr
Smaragdnes Bett ist, liegt sie hinge-
streckt.
Mein Leben noch sah ich kein
schöner Weib!
Wär' ich ein Heid' und nicht des Maurenglaubens,
Hätt' ich ein Recht, dies Waldgebüsch der Venus
Oder Göttin Diana zuzuschreiben.
Ich weiß nicht, wag' ich es, ihr nah zu treten?
Mir wird nie bang, und wahrlich nicht umsonst;
Denn was steht in der Nähe mir bevor,
Wenn die mich aus der Ferne schon entzündet?

Literatur:
Pedro Calderon de la Barca: Das Festmahl des Belsazer, Deutsch von Ludwig Braunfels, Spanisches Theater, Bd. 6, Leipzig (o. J.).

Bei Aleksandr Afanasev entdeckt

Geh irgendwohin – hol irgendwas

Eines Tages schoß Fedot auf eine Taube und sie fiel getroffen vom Baum. Sie versprach, ihn reichlich zu belohnen, wenn er sie am Leben ließe. Die Taube erklärte Fedot, was er zu tun hätte, und er nahm die Taube mit nach Hause. Er befolgte ihre Worte ganz genau. Als sie auf der Fensterbank eingeschlafen war, schlug er ihr auf den Kopf und da stand ein wunderschönes Mädchen vor ihm, das ihn bat, es zu heiraten. Fedot war zwar ein wenig einfältig, erkannte aber das Gebot der Stunde und sie heirateten.

Er genoß die Wonnen der Ehe und blieb viel lieber bei seiner schönen Frau zu Hause, als im Wald herumzustreifen. Die Frau bemerkte sehr schnell, daß ihrem Fedot die Jägerei keinen Spaß mehr machte, und schlug ihm vor, er solle sich zweihundert Rubel leihen und dafür Seide kaufen. Sie wolle daraus einen Teppich weben, da sie damit viel Geld verdienen könnte. Er solle nur Vertrauen zu ihr haben. Fedot borgte sich an allen Ecken Geld und kaufte die gewünschte Seide. Mit den Worten »der Morgen ist weiser als der Abend« schickte die Frau ihren Fedot ins Bett und zauberte zwei Gesellen herbei. Diese verwebten die Seide in kurzer Zeit zu einem märchenhaften Teppich. Nie zuvor hatte es ein Gewebe gegeben, in dem die Städte und Flüsse des Kaiserreichs so meisterhaft dargestellt worden waren.

Am nächsten Morgen schickte die Frau ihren Mann mit dem Teppich zum Handelshof. Sie trug ihm auf, ihn zu dem Preis zu verkaufen, den man ihm bieten würde. Da sich niemand erinnern konnte, je ein so schönes Seidengewebe gesehen zu haben, stand der Teppich schnell im Mittelpunkt des Interesses. Die Dörfer und Wege waren so zauberhaft in Seide gewebt, daß die Kaufleute staunend vor dem Teppich standen und ihnen überhaupt kein Preis einfiel. Da kam der Palastaufseher, der die Ratlosigkeit der Kaufleute ausnützte und für zehntausend Rubel das Gewebe kaufte. Bevor er aber mit dem Teppich nach Hause ging, erkundigte er sich noch nach der Weberin. Fedot sagte voller Stolz, daß seine Frau die Künstlerin sei.

Der Palastaufseher war noch am selben Abend beim Zaren eingeladen und zeigte ihm den Teppich. Der Zar war von seiner Schönheit überwältigt und zahlte dem Beamten fünfundzwanzigtausend Rubel, um das wunderbare Gewebe sofort im Palast aufhängen zu können. Bereits am nächsten Tag machte sich der Palastaufseher auf die Suche nach der Weberin, um einen neuen Teppich zu erwerben. Nach längerem Suchen fand er das Haus, doch als er die schöne Frau erblickte, hatte er den Grund seines

Kommens vergessen und war der Schönheit dieser Frau verfallen. Tag und Nacht sann er nach, wie er diese Frau für sich gewinnen könne.

Dem Zaren fiel die Veränderung an seinem Beamten auf und er entlockte ihm sein Geheimnis. Durch die Erzählung neugierig geworden, ritt der Zar gleich am nächsten Tag zu dem Haus und auch er verfiel dieser unbeschreiblich schönen Frau. Besessen von der Idee, sie zur Zarin zu machen, befahl er dem Beamten, Fedot verschwinden zu lassen. Der Palastaufseher irrte in der Stadt herum, da begegnete ihm die Hexe Baba Jaga, die Rat wußte. Der Zar solle Fedot mit einem alten morschen Schiff auf die Suche nach dem Hirsch mit dem goldenen Geweih über das Meer schicken. Fedot erzählte am Abend seiner Frau von dem Befehl des Zaren, sie tröstete ihn und schickte ihn mit den Worten ins Bett: »Der Morgen ist weiser als der Abend«. In der Nacht zauberte sie die Gesellen wieder herbei, die den Hirsch an Bord des Schiffes versteckten. Dort fand Fedot ihn, und als er nach einigen Tagen von seiner Reise, die eigentlich Jahre hätte dauern müssen, wiederkam, war der Zar schrecklich wütend. Er drohte dem Palastaufseher mit der Hinrichtung, falls Fedot nicht bald für immer verschwinden würde.

Wieder irrte der Beamte in der Stadt herum und erneut lief ihm Baba Jaga über den Weg. Diesmal gab sie ihm den Rat, der Zar solle Fedot auf die Suche nach »ich weiß nicht was, ich weiß nicht wohin« schicken. Fedots Frau wußte Rat und drückte ihrem Mann ein Wollknäuel in die Hand, das ihm den Weg zeigen sollte. Kaum war Fedot unterwegs, ließ der Zar die Schöne in den Palast bringen. Als sie sich seinen Wünschen nicht mehr widersetzen konnte, verwandelte sie sich in eine Taube und flog davon. Fedot ging gehorsam dem Wollknäuel hinterher und es passierten ihm allerlei seltsame Dinge auf diesem Weg. Er fand »ich weiß nicht was« und flog mit einem Zauberer zurück in seine Heimat. Unter ihm zog das Kaiserreich mit seinen Flüssen und Städten vorbei, das genauso aussah, wie es auf dem wundervollen Teppich abgebildet gewesen war.

Auf der anderen Seite des Meeres, gegenüber dem Zarenpalast, endete seine Reise. Der Zauberer baute ihm in wenigen Minuten einen Palast, umgeben von herrlichen Gärten, der viel größer und schöner war als der des Zaren. Da kam eine Taube zum Fenster hereingeflogen, die sich in Fedots Frau verwandelte.

Der Zar ahnte die Gefahr, die von dem Palast ausging und stellte sich an die Spitze seiner Armee, um die Gefahr zu beseitigen. Durch eine weitere Zauberei kamen Heere herbei, die den Zaren töteten und seine Truppen schlugen.

Auf diese Weise wurde Fedot zum neuen Zaren über das Reich, das seine Frau seinerzeit in Seide gewebt hatte.

Aleksandr Afanasev (1826-1871), der für Rußland das war, was die Gebrüder Grimm für Deutschland waren, benutzte das Teppichmotiv in einigen seiner Märchen. Das Zaubermärchen »Geh irgendwohin« ist seine schönste Liebeserklärung an den Teppich. In Hinblick auf Seitenzahl und Thematik der »Lust am Teppich« konnte das (17seitige) Märchen nur in Form einer freien Nacherzählung (entstanden nach einer Rohübersetzung aus: Narodnye ruskie skaski [Russische Volksmärchen], 8 Bände, Moskau 1863) abgedruckt werden.

In dem Märchen »Die drei Federn« haben auch die Gebrüder Grimm den Teppich zum literarischen Motiv gemacht, allerdings ohne ihn näher zu beschreiben.

Christoph Ransmayr (geb. 1954)

Das Seilerhaus war stets ohne Licht und lag in tiefer Stille, wenn Cotta an solchen Abenden in seine Kammer zurückkehrte. Manchmal hockte er dann stundenlang in einem brüchigen Korbstuhl und starrte im Schein der Petroleumlampe auf die Wandteppiche, die abbröckelnden Putz und Feuchtigkeitsflecken verbargen, und verlor sich in den fein gewirkten Bildern schwarzgrüner Urwälder, aus denen Flamingos und Sumpfhühner aufflogen, verlor sich in Gewitterwolken und den Kronen von Platanen, die eine weiße Straße säumten; die Straße führte in die Nacht. Jeder Waldsaum, jeder Tümpel und Flußlauf auf diesen Behängen war durch die Hände der Weberin Arachne geglitten, der Taubstummen, von der Echo gesagt hatte, ihr sei der Webrahmen ein von Kettfäden vergittertes Fenster in eine grellbunte, lautlose Welt.

In den kalten Jahren der Vergangenheit waren die Menschen der eisernen Stadt nur selten an diesen tosenden Ort gekommen, an dem im Frühling Eisberge strandeten und in den Wochen nach großen Stürmen manchmal auch die ausgelaugten, zerschlagenen Reste eines Schiffs. Lange Zeit war die Weberin Arachne die einzige Bewohnerin Tomis gewesen, die regelmäßig hierherkam; Echo erinnerte sich, daß sie Arachne selbst an Jännertagen in die Bucht begleiten mußte, wo die Alte dann in Felle gehüllt auf einem der tiefer gelegenen Balkone saß und auf die fließenden, gleißenden Muster starrte, die eine kalte Sonne auf dem Spiegel des Meeres hinterließ; Lichtspiele, die sie später mit weißer Seide und Silberfäden aus Cythera in ihre Teppiche einzuweben versuchte.

Die taubstumme Weberin zum Beispiel hatte die Küste Tomis auf dem Schiff eines Purpurfärbers erreicht, eines Griechen, der zwischen den Riffen nach Brandhörnern suchte, unscheinbaren Stachelschnecken, aus deren Schleim er die Farbe der Imperatoren gewann, ein wunderbares, tiefes Rot, das man ihm in den Hafenstädten Italiens mit Saphiren aufwog. Aber das Färberschiff war vo der Bucht der Balustraden in einen Sturm geraten, auf ein

Riff gelaufen und gesunken – und die Taubstumme an eine Korkboje geklammert an den Strand getrieben. Als einzige der fünf oder sechs Geretteten dieses Untergangs blieb Arachne am Ort ihrer Rettung...

In der Nacht plagte ihn die Schlaflosigkeit. Er hockte in seiner Kammer und starrte die Wände an, die Behänge: Hatte er seit dem Tag seiner Ankunft zwischen gewebten Flußläufen, Urwäldern, Meeresbuchten und blühenden Ebenen gelebt, ohne eine einzige Landschaft der Phantasie des Verbannten wiederzuerkennen? zwischen diesen verschilften Ufern, Flamingoschwärmen und glitzernden Wasserarmen aus Seide, Wolle und Silbergespinst geschlafen, gewacht ohne einen Gedanken daran, daß die Teppiche an den Wänden seiner Kammer den Kulissen der Metamorphoses glichen?

Unter der Hitze des nächsten Tages erhob eine Generation von Zikaden im Stroh der Terrassenfelder ein so schrilles Gezirp, daß die Hunde der Erzkocher wütend wurden und gegen den ungewohnten Lärm anschlugen und heulten, bis man sie in die Keller prügelte oder ihnen das Maul zuband. Cotta verließ das Seilerhaus an diesem glühenden Tag nicht, saß in seinem Korbstuhl und folgte den mäandrischen Windungen der Flußläufe auf den Tapisserien. Die Uferwiesen, die Urwälder und Steppen waren erfüllt von Scharen jagender, äsender, flüchtender oder schlafender Tier – aber sie waren menschenleer.

Ein Paradies? Der Seiler hatte längst vergessen, was auf den Teppichen unter seinem Dach zu sehen war; sie bedeckten die Wände, um die Winterkälte abzuhalten, die Wärme zu bewahren und die vom Frost ins Mauerwerk gesprengten Risse zu verhüllen; zu welchen Idyllen sich das Muster der Fäden schloß, war für den Seiler ohne Bedeutung. Er hatte die Teppiche von der Weberin für das Wohnrecht in einem Haus erhalten, das er besaß und dem Verfall überließ.

Arachnes Haus stand auf einer Klippe am Nordrand der Stadt im Schatten eines aus weißen Quadern errichteten Leuchtturms, dessen Signalfeuer schon vor Jahrzehnten erloschen war und dessen Eingang längst unter den Trümmern eingestürzter Zwischenböden und Treppen begraben lag. Rissig, schief lehnten die Steinmauern des Weberhauses an diesem Turm, das Dach tief eingesunken, an vielen Stellen aufgebrochen und notdürftig geflickt, überwachsen von Moospolstern, die in der Hitze dieser Tage verdorrten. Jeden Morgen verschwand dieses Haus in einer Wolke von Möwen, die unter gellendem Geschrei um die Abfälle kämpften, die ihnen die Taubstumme stets zur gleichen Stunde aus einem Fenster zuwarf.

Vom Rost zerfressene Eisenläden schlugen im Wind, ein Gatter sprang kreischend auf und wieder zu – die Taubstumme wußte nichts vom Lärm ihres Hauses, hörte die Tonleitern des Verfalls ebensowenig wie Cottas Schläge ans Tor: Wieder und wieder ließ er einen Eisenring gegen die Beschläge klirren, bis er sich endlich an das Gebrechen der Weberin erinnerte und das unverschlossene Haus ohne ein weiteres Zeichen betrat.

Er fand die Alte in einer sonnigen, weißgetünchten Stube über die leeren Kettfäden des Webstuhls gebeugt; mit ihren von der Gicht gekrümmten Händen griff sie in diese Fäden wie in Saiten, bewegte dazu die Lippen und sah manchmal über den Brustbaum und die Schäfte des Webstuhls hinweg auf das Meer vor den weit geöffneten Fenstern, auf die Gischtkrägen der Küste, die Brandungslinie, die sich lautlos und weiß im Glast der Ferne verlor. Was vor diesen Fenstern wogte und stampfte, hätte die Ägäis sein können oder das adriatische Meer. Das unruhige, tiefe Blau dort draußen glich der Farbe jener See, deren Lagunen Arachne in ihre Teppiche einwebte, glich der Farbe jener Wellen, die gegen Roms schöne Küsten schlugen.

Ein salziger, nach Hibiskus und Rosmarin duftender Windstoß fegte durch die Stube der Alten, strich ihr das Haar aus der Stirn und schlug die Tür hinter Cotta zu. Die rotfellige Katze, die auf einem Stapel Schnittmusterbögen und vergilbter Journale zu Arachnes Füßen geschlafen hatte, war mit einem Satz am Fenster und huschte ins Freie. Der Schatten des Römers fiel auf die Weberin. Mit einem Ruck wandte sie sich vom Anblick der Küste ab, sah ihrem Besucher überrascht ins Gesicht, las darin die Verlegenheit eines ertappten Eindringlings und von seinen Lippen eine Entschuldigung, einen Gruß, eine Frage: Ob ihm die Weberin ihre Teppiche zeigen würde?

Wie krumm und zerbrechlich Arachne geworden war, wie dürr ihre Arme. Cotta hatte sie seit jenem Morgen nicht mehr gesehen, an dem sie einer verstörten, an der Mole zusammengelaufenen Menge das schwefelgelbe Wasser der Bucht als den Blütenstaub von Pinienwäldern gedeutet hatte. Seit mit Echo die einzige Stimme verlorengegangen war, über die Arachne jemals verfügt hatte, gab es in der eisernen Stadt niemanden mehr, der ihr Fingeralphabet lesen konnte. Man verstand wohl, wenn sie um Salz in Famas Laden kam oder in Phineus Keller eine Flasche Weingeist verlangte, um darin Walnüsse einzulegen – was die Weberin aber dachte, was sie empfand, wurde nun allein durch ihre Webbilder verständlich, deren Farbenpracht und Lebendigkeit in manchen Bewohnern Tomis eine heimliche Sehnsucht nach einer fremden Welt hervorriefen; denn die Schönheit dieser Behänge, die man schon gegen ein Schaf, ein paar Hühner oder geschmiedeten Hausrat eintauschen konnte, war mit keinem Garten und auch keiner blühenden Halde dieser Küste vergleichbar.

Daß einer zu ihr kam, um Teppiche nur zu betrachten, machte

Arachne so mißtrauisch, daß sie Cotta schon die Tür weisen wollte, als sie sich wieder an sein Gesicht erinnerte: Der kam doch auch aus Rom. Der war mit dem gleichen Schiff gekommen, mit dem die Post, auf die sie acht Monate lang gewartet hatte, endlich eingetroffen war, eine Sendung mailändischer Journale. Der hatte sie damals nach dem Verbannten gefragt. Aus Rom! Also erhob sich die Weberin und bot Cotta einen Stuhl; ihr Haus war das einzige in der eisernen Stadt, in dem ein Römer nicht nur geduldet, sondern willkommen war.

Mit huschenden Fingerzeichen schrieb Arachne dem Besucher ihre Sehnsucht nach den Wundern der Residenz in die Luft, nach Prachtstraßen und Palästen, die sie nur aus ihren Journalen und einem stockfleckigen Album der Sehenswürdigkeiten kannte, das ihr ein Matrose der Trivia vor Jahren geschenkt hatte. Cotta verstand nichts von allem, glaubte aber doch zu spüren, was die Alte von ihm hören wollte, und sprach von Nasos Berühmtheit, von seiner eigenen Reise ans Schwarze Meer und lobte den schönen Blick aus ihrem Fenster. Arachne las von seinen Lippen, behielt im Gedächtnis, was ihr zur römischen Herrlichkeit zu gehören schien, und vergaß den Rest, noch während Cotta davon sprach.

Bereitwillig führte sie den Römer dann in einen stickigen, durch die geschlossenen Fensterläden völlig verdunkelten Raum. Als sie die Läden aufstieß, erhob sich draußen das ohrenbetäubende Gezeter der Möwen, die ihren Fraß erwarteten; die Schatten der vielen Vogelschwingen irrten über den Steinboden und über alles Gerümpel, mit dem dieser Raum vollgestellt war. Vom plötzlichen Lichteinfall geblendet, sah Cotta zunächst nur mit Tüchern und Decken verhängte Möbel, an die Wand gelehnte Ruder, leere Korbflaschen, einen zerfetzten Paravent – dann erst die zwischen Kisten, Papierstapeln und Truhen abgelegten, zusammengerollten Teppiche, manche kaum breiter als ein Handtuch, andere ihrer Länge wegen geknickt und gewiß zu groß für irgendeine Wand der eisernen Stadt; verrottet schienen die meisten, durchtränkt von der Feuchtigkeit der unverputzten Mauer und vom Schimmel weiß gefleckt.

Es mußten dreißig, vierzig oder mehr Rollen sein, die Arachne hier achtlos wie morsche Prügel verwahrte; allein Echo wäre imstande gewesen, die Erklärung dafür zu verstehen und dem Römer zu übersetzen, daß für die Taubstumme ein Teppich nur so lange von Wert war, solange er wuchs und eingespannt blieb in das Gerüst der Bäume und Schäfte ihres Webstuhls. Was dann vollendet in diesen modernden Raum geriet, wurde daraus nur noch einmal hervorgezogen, wenn ein Erzkocher oder Bauer seine verrußten Wände mit einer schönen Landschaft schmücken wollte und dafür ein Schaf hergab, dem Arachne doch nur den Fesselstrick von den Läufen schnitt, um es auf den steinigen Terrassen ihrer Klippe verwildern zu lassen.

Während die Weberin Bahn für Bahn ihres Werkes vor dem Römer entrollte und der schmutzige Boden der Kammer und alles Gerümpel unter einer langsam wachsenden Schicht paradiesischer Welten verschwand, begann Cotta zu begreifen, daß an diesen Panoramen nicht die Erde oder das Meer das Bedeutsame war, sondern der Himmel, – auf allen Tapisserien der Himmel, leer, blau, bewölkt oder stürmisch verhangen, immer aber belebt, gemustert von Vögeln im Flug und unterteilt von ihren Schwärmen.

Selbst was auf dem festen Land oder im Meer lebte, was dort kroch, schwamm, hetzte oder floh, schien sich nach der Kunst des Fliegens zu sehnen. Hoch über den Rudeln und Meuten waren die vielen Figuren des Vogelflugs die Zeichen der Befreiung von aller Schwere: War ein Meer vom Sturm aufgewühlt, die Routen unschiffbar, die Küsten zerklüftet oder von einer Springflut bedrängt, dann strichen Rosenmöwen, Sturmtaucher und Trauerseeschwalben über die Schaumkronen und Riffe dahin, als steigere die Gewalt der Flut nur ihre eigene Lust an der Leichtigkeit. Über schwarzgrünen, unbetretbaren Wäldern zogen Gerfalken und Milane ihre Spiralen, stießen über Grate und Felsenkämme hinaus, lächerliche Barrieren – und zerfleischte ein Raubtier im Dornengestrüpp seine Beute, standen Lerchen im Singflug über dem Land. Wie abgründig die Erde auch war, stets zogen Vögel hoch oben über alle Hindernisse und Fallen hinweg; heiter, schwerelos überließen sie sich den Luftwirbeln, warfen sich aus dieser scheinbaren Überwältigung plötzlich auf den Wind, stießen in die Tiefe und stiegen wieder auf, als sei ihr Flug eine einzige, variantenreiche Verspottung der Erdgebundenheit und des aufrechten Ganges.

Erst unter den letzten Bildern, die Arachne vor ihm entrollte, entdeckte Cotta einen Zweifel an der Großartigkeit des Fliegens, die Darstellung eines Sturzes; ein seltsames, fast boshaftes Gegenstück zur paradiesischen Entrücktheit der Schwärme. Es war ein Bild der leeren Weite, gewebt aus Fäden blauer, weißer und silbriger Farbschattierungen, ein Blick auf das ruhig unter der Sonne liegende Meer, der Himmel sommerlich heiter bewölkt, die Dünung sanft, darüber vereinzelt Möwen, aber keine Küste, keine Insel, kein Schiff.

Sehr fern, hart an der Schneide des Horizonts, sah Cotta zwei graue Schwingen wie die Arme eines Ertrinkenden im Wasser verschwinden, hochgereckt, hilflos, die Spannweite groß wie die eines Kondors, sah aber keinen Schnabel, keinen Kopf. Die Fontänen des Aufschlags stiegen um diese Schwingen hoch, weiße Lanzen, und aus der Höhe schaukelten und taumelten verlorene Federn, feine Flügelbinden und Daunen, die sich dem Meer langsamer nähern durften als der schwere Körper, den solche Schwingen getragen hatten. Dort in der Ferne war etwas Großes, Gefiedertes in die Wellen gestürzt, während Möwen ungerührt im Aufwind standen und das von einer leichten Brise ziselierte Wasser das Sonnenlicht in den Himmel zurückwarf.

Icarus. Der Name jenes gestürzten Wesens, das im Geglitzer versank, war eines von vielen Fingerzeichen der Taubstummen, die Cotta aus ihren Händen auffliegen sah und nicht verstand.

Arachne bemühte sich sehr um den römischen Gast und nickte zu allen Fragen, die sie von seinen Lippen las. Wer hatte ihr diese Urwälder und Palmenhaine beschrieben, und von Vogelarten erzählt, die an der Küste der eisernen Stadt noch nie gesehen worden waren? Hatte Pythagoras die Wahrheit gesagt und die Weberin tatsächlich Nachmittage an Nasos Seite auf den Steinbalkonen verbracht? – Erst als Cotta die Alte fragte, ob ihr der Verbannte jemals von etwas anderem erzählt habe als von der Kunst des Fliegens und der Vogelwelt, von Kristallen etwa, von Versteinerungen und Erzen, schüttelte sie den Kopf.

Niemals?

Niemals!

Plötzlich hatte die Alte es eilig, dem Römer Beweise ihrer Gastfreundschaft anzubieten, drängte ihn sachte aus dem Raum, verriegelte die Eisenläden wieder, ohne sich weiter um die Teppiche zu kümmern, und setzte ihm in der Stube Walnußlikör und Gebäck vor.

Als ein weißglühendes Bild allen Feuers stieg die Sonne in den Zenit. Phineus, der Holzasche auf ein Rübenbeet streute, tippte sich an die Stirn, als er den Römer durch die Gassen gehen sah: Der war verrückt; der mußte verrückt geworden sein; in ein murmelndes Selbstgespräch versunken schritt er dahin; um den Hals trug er ein Geflecht aus Ranken, Fetzen und Schnüren und schleifte Lumpengirlanden wie papierene Drachenschwänze hinter sich her.

Cotta hörte die Worte nicht, die man ihm zurief, und bemerkte auch keine Hand, die ihm winkte; hörte wohl das Gezeter der Lachmöwen, die Brandung, auch Vogelsang und das Rascheln von Palmfächern im Wind – aber keine menschliche Stimme mehr; hatte allein die Bilder vor Augen, die ihm die Inschriften auf seinen Lumpen verhießen: Das Schlachthaus war nur noch ein bemooster Felsen, an dem eine Schar Nebelkrähen ihre Schnäbel schärfte; die Gassen waren Hohlwege durch dorniges, blühendes Dickicht und ihre Bewohner in Steine verwandelt oder in Vögel, in Wölfe und leeren Hall. Über Arachnes Klippe rauschte ein ungeheurer Möwenschwarm auf; befreit aus den Kettfäden verschimmelter Webbilder stürzten die Vögel in einen Himmel, dessen Blau wolkenlos war.

aus: Die letzte Welt

Literatur
Christoph Ransmayr: Die letzte Welt. © 1988 by Greno, Nördlingen (o. J.).

Merkwürdige Gäste

Arnold Vals

Es war eine von den Sommernächten, in denen die Luft voller Geheimnisse zu sein scheint.

Im Grunde war es jedes Jahr dasselbe. Aus der ganzen Gegend waren sie gekommen, geladene und ungeladene Gäste, um bis in die frühen Morgenstunden den Sommer zu feiern.

Aus dem Hintergrund erklang Zigeunermusik. Die Geigen sangen das Klagelied eines rechtlosen Volkes. Ganz plötzlich und unerwartet wurde der wehmütige Gesang zur höchsten Ekstase des Glücks. Die Menschen hörten die Fiedeln weinen und jauchzen, verstanden aber weder ihre Traurigkeit noch ihre Lebensfreude und blieben von der Musik vollkommen unberührt. So, als ob sie sich an das Rauschen des Meeres gewöhnt hätten und nicht mehr über seine Größe nachzudenken bräuchten. Nur der blutrote Wein schlug in Wellen an den Rand der Gläser, so als ob er verstände, wovon die Geigen erzählten.

Jedes Jahr trafen sich die Menschen im Park des alten Schlosses, um zu feiern. Die meisten kannten sich, manche aber waren zum ersten Mal gekommen. Es waren so viele Gäste da, daß niemand ihre Zahl überblicken konnte.

So ist es auch nicht verwunderlich, wenn kaum jemand einen Mann beachtete, der sich mit einem halbwüchsigen Mädchen unter das feiernde Volk mischte. Der eine oder andere hatte sich vielleicht Gedanken gemacht, wer der Fremde sein könne oder wo die beiden wohnen mochten, und manchen mag die Ähnlichkeit zwischen den beiden aufgefallen sein. In dem Ort, der nur aus einem kleinen Schloß und knapp tausend Häusern bestand, kannte zwar jeder jeden, fremde Gesichter indes setzten dort niemanden in Erstaunen.

Die Nacht war schön und die Geigen der Zigeuner flüsterten ihr trauriges Lied, um plötzlich ihre Lebensfreude in den Himmel zu schreien. Wenn sie so laut in die Unendlichkeit hinausgeigten, mußte man um die Saiten zittern. Doch sie rissen nicht und erzählten immer wieder vom Glück und Leid des Zigeunervolkes. Keiner beachtete die beiden Fremden. Deshalb fiel es niemand auf, daß sich das Mädchen in das Haus geschlichen hatte. Der Fremde, der selbst auch wie ein Zigeuner aussah, stand an einen Baum gelehnt und trank Wein. Doch als mit lautem Knarren die Tür des Hauses aufging und das Mädchen heraustrat, schauten alle wie gebannt in seine Richtung. Eigentlich konnte man die Kleine kaum sehen, da ihr Gesicht von einem riesigen Blumenstrauß verdeckt wurde, den es mit seinen Armen umklammerte. Man konnte sie nur noch an ihrem Kleidchen erkennen, aus dem dieser Blütenbusch herauszuwachsen schien. Viele der Gäste waren empört, daß die kleine

Fremde so respektlos in das Allerheiligste vorgedrungen war. Nur wenige hatten es bisher betreten dürfen. Zwar wußte der ganze Ort, wie wunderbar das Haus auch drinnen aussah, aber man respektierte die Scheu der Hausherren, die nie Besuch empfangen wollten. Einmal im Jahr gaben sie ihre Zurückgezogenheit auf und luden zu diesem Fest. Das Mädchen stand immer noch am Eingang, gerade so als wollte sie von jedem gesehen werden. Dann setzte sie sich in Bewegung. Langsam, denn der Blumenstrauß war sehr schwer, ging sie zu ihrem Vater, der ihn ihr abnahm. Darauf verschwanden die beiden.

Sprachlos blieben die Feiernden zurück. Die Gastgeber sagten ein paar nette Worte zu dem Vorfall und er verlor schnell wieder an Bedeutung.

Später als sonst gingen die Gäste. Die Zigeuner packten ihre Instrumente ein; sie waren die letzten, die verabschiedet wurden. Das Gartentor wurde geschlossen, müde aber glücklich betraten die Hausherren die Halle ihres Hauses.

Und wie sehr erschraken sie, als sie den großen Teppich sahen. Dort, wo früher tausende von Blumen blühten, waren jetzt tiefe Löcher. Eine Weile suchten sie vergeblich nach einer Erklärung, doch dann fiel ihnen das kleine Mädchen mit dem riesigen Blumenstrauß ein. Die Blüten in ihren Armen waren die Blumen aus ihrem Teppich gewesen!

Wie Kinder eben so sind: sie hatte die Blumen einfach von der Teppichwiese gepflückt und war damit verschwunden.

Der »Blumenteppich« breitet sich über die gesamte Literatur aus. Goethe, Heine und auch Gerhard Hauptmann verwenden dieses beliebte Motiv:

Gerhart Hauptmann (1862-1946)

Die Luft ist feucht. Der Garten, in den ich eintrete, braust laut. Der Garten der Kirke, wie ich den Garten des Königs jetzt lieber nenne, braust laut und melodisch und voll. Düfte von zahllosen Blüten dringen durch dunkle, rauschende Laubgänge und strömen um mich mit der bewegten Luft. Es ist herrlich ! Der Webstuhl der Kirke braust wie Orgeln: Choräle, endlos und feierlich. Und während die Göttin webt, die Zauberin, bedeckt sich die Erde mit bunten Teppichen. Aus grünen Wipfeln brechen die Blüten: gelb, weiß und rot wie Blut. Das Zarteste der Schönheit entsteht ringsum. Millionen kleiner Blumen trinken den Klang und wachsen in ihm. Himmelhohe Zypressen wiegen die schwarzen Wedel ehrwürdig. Der gewaltige Eukalyptus, an dem ich stehe, scheint zu schaudern vor Wonne, im Ansturm des vollen, erneuten Lebenshauchs. Das sind Boten, die kommen! Verkündigungen!

aus: Griechischer Frühling

Oft wird der Blumenteppich zum abendländischen Gewebe. Hauptmann hat die griechische Mythologie mitverwoben.

Literatur
Gerhart Hauptmann: Griechischer Frühling, © Ullstein Verlag, Frankfurt/M, 1966.

Edith Nesbit (1858–1924)

Anthea riß hastig eine Seite aus ihrem Rechenheft, und Cyril schrieb in großen runden Buchstaben darauf:

»Wir wünschen uns, daß du in dein Heimatland fliegst und seine schönsten Produkte zu uns bringst – und daß du bitte nicht zu lange ausbleibst.und daß du bitte nicht zu lange ausbleibst.

Gezeichnet: Cyril, Robert, Anthea, Jane.«

Dann legten sie den Zettel auf den Teppich.

»Mit der Schrift nach unten, bitte schön«, befahl der Phönix. »Wie soll der Teppich denn einen Zettel lesen, wenn er die Schrift nicht sehen kann!«

Nachdem Tisch und Stühle beiseitegerückt waren, wurde der Zettel gut festgesteckt, und dann war der Teppich im Bruchteil einer Sekunde verschwunden, so schnell wie ein Wassertropfen auf einer glühenden Herdplatte verzischt.

»Es kann eine Zeitlang dauern, bis er die schönen Gegenstände eingesammelt hat«, sagte der Phönix, »ich würde unterdessen abwaschen.«

Das taten sie gemeinsam, selbst der Phönix half, indem er die Tassen mit seinen geschickten Klauen ergriff, einmal im heißen Spülwasser schwenkte und dann verkehrt herum vor Anthea stellte, damit sie sie abtrocknen konnte. Die Arbeit ging ihm allerdings recht langsam von der Hand, oder besser: von der Klaue, weil er noch nie zuvor Teetassen im heißen Spülwasser geschwenkt hatte. Schließlich war alles ordentlich abgewaschen und abgetrocknet, das Geschirr war weggeräumt, und die feuchten Geschirrtücher hingen auf dem Trockengestell. Da ertönte hinter der Küchenwand, die an das Kinderzimmer grenzte, ein sonderbares Geräusch. Es klang anders als alles, was die Kinder je gehört hatten: am meisten erinnerte es wohl noch an das Zischen einer Dampflokomotive oder das Heulen einer Fabriksirene.

»Der Teppich ist zurück«, sagte Robert.

»Aber was hat er bloß mitgebracht?« fragte Jane. »Das klingt wie ein feuerspeiender . . .«

»Ob er vielleicht aus Indien stammt? Ob das Elefanten sind? Na, in unserem Zimmer wäre selbst ein Elefantenbaby eine Katastrophe«, sagte Cyril, »ich schlage vor, wir gucken erst mal abwechselnd durchs Schlüsselloch.«

Das taten sie.

Und Cyril durfte als erster hindurchschauen. »Ich sehe etwas Graues, das sich bewegt«, verkündete er.

»Ich wette, es ist irgendwas aus einem Zoo«, sagte Robert, nachdem er an der Reihe gewesen war. Von drinnen drang ein sanftes Purren und Schnurren und Knurren nach draußen.

»Ich kann gar nichts sehen«, beklagte sich Anthea.

Zum Schluß kam Jane dran, und sie preßte ihr Auge fest an das Schlüsselloch. »Das ist eine riesige Muschikatze«, sagte sie, »und sie hat sich auf dem Fußboden ausgestreckt.«

»Tiger sind Riesenkatzen – das hat wenigstens Vater gesagt.«

»Nein, gar nicht. Er hat gesagt, Tiger seien Raubkatzen.«

»Es hat keinen Sinn, Teppichen zu befehlen, euch kostbare Dinge zu bringen, wenn einem dann der Mut fehlt, sich diese Gabe auch zu betrachten«, sagte der Phönix ruhig. Und weil Cyril der Älteste war, befahl er: »Los!« und drückte die Klinke nieder.

Sie hatten das Licht auch im Kinderzimmer brennen lassen, und deshalb konnten sie von der Tür aus alles genau erkennen. Das heißt, nicht alles: denn obgleich der Teppich zurückgekehrt war, blieb er unsichtbar, weil er von den hundertundneunundneunzig wunderschönen Gegenständen vollkommen bedeckt war, die er aus seiner Heimat mitgebracht hatte.

»Gute Güte!« platzte Cyril heraus. »Das wär' mir nie in den Sinn gekommen, daß er ein Perserteppich ist.«

Jetzt war die Tatsache allerdings sonnenklar, denn die wunderschönen Gegenstände, die er zurückgebracht hatte, waren Katzen, Perserkatzen, graue Perserkatzen, und zwar – wie ich schon gesagt habe – einhundertundneunundneunzig. Sie saßen alle miteinander dichtgedrängt auf dem Teppich. In dem Augenblick, in dem die Geschwister das Zimmer betraten, erhoben sich die Katzen und reckten und streckten sich und quollen vom Teppich auf den Fußboden, und im Nu war das ganze Kinderzimmer ein Meer von maunzenden und katzbuckelnden und schmusenden Katzen. Die Kinder sprangen mit einem Satz auf den Tisch, und die Leute im Nachbarhaus klopften gegen die Wand, was sicherlich berechtigt war, denn das Gemaunze war persisch und durchdringend.

»Das ist ja vielleicht ein Witz!« sagte Cyril. »Was ist denn mit den Viechern los?«

»Wahrscheinlich haben sie Hunger«, sagte der Phönix. »Wenn ihr sie füttern würdet...«

»Wir haben nichts, womit wir sie füttern können«, sagte Anthea verzweifelt und strich der nächsten Perserkatze über den Rücken. »Ach Muschimusch, seid doch still, bei dem Lärm kann ja keiner nachdenken !«

Den nächsten Satz mußte sie schon schreien, denn der Katzenlärm schwoll weiter an und wurde im wahrsten Sinne des Wortes ohrenbetäubend. »Und Futter für so viele Katzen würde ja Hunderte und Hunderte von Shilling kosten!«

»Dann bitten wir eben den Teppich, daß er sie alle wieder zurückschafft«, schlug Robert vor.

Da riefen die beiden Schwestern: »Nein!«

»Sie sind so süß und kuschelig«, sagte Jane.

»Und wertvoll«, setzte Anthea hastig hinzu. »Wir können sie verkaufen und Berge von Geld dafür bekommen.«

»Warum schickt ihr nicht den Teppich aus, daß er euch Katzenfutter bringt?« schlug der Phönix vor.

Daraufhin schrieben die Geschwister auf einen Zettel, daß der Teppich für einhundertundneunundneunzig Perserkatzen Futter bringen sollte, und steckten den Zettel wie vorher am Teppich fest.

Der Teppich schien sich zusammenzuziehen, so daß die Katzen wie Regentropfen von Ölzeug herabkullerten, und dann war er verschwunden.

aus: Feuervogel und Zauberteppich

Literatur
Edith Nesbit: Feuervogel und Zauberteppich, deutsch von S. Gräfin Schönfeldt, © 1972 by Cecilie Dressler Verlag, Berlin.

5. Kapitel

Wechselspiel

Das Spiel der Farben

Arnold Vals

Er erzählte mir von den Teppichen eines kleinen Stammes, der versteckt in den Bergen hauste. Sie würden die Garne auf die geheimnisvollste Art färben, von der er je gehört hatte. Dort in den Bergen gäbe es einen Stein, den sie zu Staub zerrieben, mit dem sie die Farbe der Saphire übertreffen könnten. Sie rösteten eine Wurzel im heiligen Feuer, aus deren Pulver sie eine Farbe gewännen, die heller als die Sonne leuchten würde. Den Rauch der glühenden Lava würden sie dazu benutzen, die Garne zu schwärzen. Aber, das wäre kein Schwarz, wie ich das kennen würde, sondern ließe sich nur als schwarzes Licht erklären. Von einer Seite betrachtet, wäre es mit den irisierenden Flammenspitzen zu vergleichen; von der anderen Seite aus gesehen, würde es der Oberfläche des Bergsees ähneln, der rätselhafte Muster malte. Wirkliche Muster hätten diese Teppiche nicht eingeknüpft, und trotzdem schiene es dem Beschauer, als läge ihnen eine Zeichnung zugrunde.

In Wahrheit aber bildete sich das Muster nur durch den Lichteinfall; je höher die Sonne stände, desto strahlender würden die magischen Ornamente leuchten. Mehrere Male am Tag würden die Teppiche ihr Gesicht ändern und dem stillen Betrachter viele Fragen beantworten, die sonst unbeantwortet blieben.

Auf meine Frage, wo ich einen solchen Teppich kaufen oder zumindestens sehen könnte, sagte der Alte zu mir:

»Vielleicht wird mir eines Tages jemand begegnen, der nicht wie du fragen, sondern mir einfach folgen wird und dem werde ich einen Teppich schenken. Dir aber brauche ich die Teppiche nicht einmal zu zeigen, weil Du sie gar nicht sehen könntest.«

Der Alte erhob sich und verschwand in der dunklen Nacht...

Das Wechselspiel der Farben kann durch eine optische Täuschung sowohl die Färbung eines Teppichs verändern, als auch seine Umgebung.

Marcel Proust

Ihre Augen wurden so blau wie ein Sinngrün, das man nicht pflücken kann und das sie mir zum Geschenk gemacht hätte; und die Sonne, die von einer Wolke bedroht war, aber noch mit aller

Kraft auf den Platz und in die Sakristei hineinprallte, färbte die roten Teppiche, die für die Feierlichkeit auf dem Boden ausgebreitet waren und auf denen Madame de Guermantes lächelnd einherschritt, mit leuchtendem Geranienrot und überdeckte gleichzeitig das Wollgewebe, aus dem sie bestanden, mit etwas rosig Samtigem, einem Überzug von Licht, jener Art von warmer Zärtlichkeit des Tons, von ernster Süße im Prunk und in der Freude, die für einzelne Stellen im Lohengrin und gewisse Bilder Carpaccios charakteristisch ist und die verstehen läßt, weshalb Baudelaire den Klang der Trompete mit dem Epitheton ›köstlich‹ versehen hat.

aus: In Swanns Welt

Allen jenen, die an das Wunder der Farbe nicht glauben wollen, sei empfohlen, das zu tun, wovon Morgenstern erzählt:

Christian Morgenstern (1871–1914)

In ein Zimmer, dessen rosa getünchte Wände in einer breiten bunten Zierleiste auch ein kleines kaum bemerkbares blaues Muster aufweisen, wird eines Tages ein großer blauer Teppich gehängt. Und nun sollte man die kleinen blauen Muster sehen, wie sie mit einem Male leben und leuchten!

aus: Kunst, 1913

Dieses Experiment beseitigt jeden Zweifel und macht die Veränderungen deutlich, die durch das Spiel mit den Farben möglich sind.

Literatur

Christian Morgenstern: Stufen, 66.-75. Tausend, Piper Verlag München (1940);
Marcel Proust: In Swanns Welt, 5.-7. Tsd., © Suhrkamp Verlag, Frankfurt 1954.

Das Lied der Teppichknüpfer

Herbert Jobst (1915–1989)

In den Fischerdörfern des Kreises Wolgast wurden bisher siebentausend Teppiche und Brücken mit einer Fläche von zwanzigtausend Quadratmetern geknüpft. Die Anfänge dieser Volkskunst liegen in den Jahren der großen Weltwirtschaftskrise. Daß sich aus einem anfänglichen Nebenerwerb echte Kunst entwickeln kann, ist nicht neu. Weniger bekannt dürfte sein, daß die Ostseefischer eine vergessene Tradition neu belebten. Die Knüpferei ist in den nordischen Ländern von alters her beheimatet, als bäuerliche Kunstübung hat sie sich vorwiegend in Schweden und Finnland erhalten. Freilich sind die dichtverknüpften Fußbodenteppiche der Ostseefischer den grobzottigen farbenprächtigen Rya-Decken nicht vergleichbar; Berührungspunkte finden sich lediglich in der Ornamentik. Hierin versinnbildlicht sich die geschichtlich begründete Verwandtschaft aller Ostseeländer.

Heute leitet der inzwischen dreiundsiebzigjährige »Wundermann« Rudolf Stundl die weit über unsere Grenzen hinaus anerkannte handwerkliche Produktionsgenossenschaft »Volkskunst an der

Ostsee«. Fischerteppiche sind Reiseteppiche. Sogar im Orient findet man Stücke aus dem reichhaltigen Angebot unserer Fischer.

Das Leben Rudolf Stundls schillert bunter als der bunteste Orientteppich. Sein Daseinszweck scheint zu sein, vielfältige künstlerische Ideen aufzunehmen, zu verarbeiten und weiterzuvermitteln. In Wien geboren, in Budapest, Zagreb, Bukarest, Belgrad und Berlin beheimatet, verschlug ihn 1928 ein guter Wind an die Gestade der Ostsee. Die allgemeine Krise hatte damals ihren Höhepunkt erreicht, der Landrat wollte die Not der Fischer durch Heimarbeit mildern.

»Der Bürgermeister Johann Lüders fragte mich damals, was man wohl beim Knüpfen von Teppichen verdienen könne. Was sollte ich darauf antworten? Erfolg oder Mißerfolg hingen von Umständen ab, die schwerlich vorauszusehen waren. Er meinte, Männer und Frauen arbeiten zur Winterszeit im Wald. Dabei verdienen sie bei Regen, Schnee und Kälte zwei Mark pro Tag. Wenn sie die gleiche Summe am warmen Ofen erarbeiten könnten, ginge alles in Ordnung.«

Frau Tabel: »In Lubmin waren sie schon beim Lernen. Allen voran Hulda Breitsprecher, Anna Beuge und die sechzigjährige Frau des Schusters. Es wurde viel gelacht, mitten im Faden- und Wollgewirr stand Herr Stundl. Er verwendete viel Mühe, uns Frauen die Funktion von Vorder- und Hinterfaden plausibel zu machen. Man mußte schon sehr verzagt und hoffnungslos sein, um sich vorzustellen, daß eine solche Arbeit, die eher nach Spielerei aussah, etwas einbringen sollte.«

Rudolf Stundl: »So standen wir uns damals gegenüber. Frauen, die ein paar Mark dazuverdienen wollten, und ich, der davon träumte, daß aus diesen Anfängen eines Tages echte Volkskunst würde. Von Anfang an bedrückte uns eine große Sorge. Wenn ein Fischhändler nach eigenem Ermessen über Wohl und Wehe zweier Dörfer entscheiden konnte, würden die Teppichhändler kaum glimpflicher mit uns verfahren. Der Handelsprofit bestimmte den Wert der Ware. Der Markt war mit orientalischen Stücken überfüttert, Teppichen mit fünfhunderttausend Knoten pro Quadratmeter, jahrhundertealte, ausgereifte Muster, billige Teppiche, vergleichsweise so billig wie das Pfund Heringe. Gegen diese allmächtige Wand mußten wir anrennen, mit fünfundsechzigtausend Knoten pro Quadratmeter, mit Anfängerarbeiten, mit Fischmustern, die wir uns überall zusammensuchten. Ein verwegener Traum, beinah ein Hirngespinst.«

Frau Tabel: »Wenn wir Herrn Stundl fragten, was bei unserer Arbeit herausspringen könnte, meinte er, wir würden so etwa auf fünf Mark am Tag kommen. Das war mehr, als wir erhofft hatten. Ohne Fleiß kein Preis, dachten wir, und weil der Preis zufriedenstellend ausfiel, fand sich auch der Fleiß ein. In Lubmin wurden

Waldmuster geknüpft, in Preest Fischmuster. Mein erstes Motiv waren Fischköpfe, die aus den Wellen schauten. Ein schönes Muster, ein schöner Teppich. Wir saßen lange darauf fest. Herr Stundl meinte, solcherlei Entwürfe seien keine echte Volkskunst, er habe sie sich nur ausgedacht, um uns den Anfang leicht zu machen und den Betrieb in Gang zu bringen. Hernach hat er den ganzen Bezirk abgeklappert, nichts und niemand war sicher vor ihm. Mochten es Sticktücher, Mangelhölzer, Tonscherben, Zäune, Häuser, Webebretter oder Krüge sein, die Museen in Stralsund und Greifswald, Bauernstuben und Fischerboote. Seine Streifzüge zahlten sich aus. Heimatliche Motive, von unseren Vorfahren ersonnen und jahrhundertelang in Vergessenheit geraten: das Dreifischmuster, die Möwe, das Roggenmotiv, der Donnerbesen und die Mühle. Von einem Fisch meinte Herr Stundl, diese Darstellung stamme aus der Steinzeit. Wir nannten ihn deshalb Steinfisch oder einfach Flunder. Den Donnerbesen und die Mühle entdeckte er im Fachwerk bei Gärtner Malchow in Kröslin und im Stall bei Albert Lettow, den Dreifisch hat ihm der alte Krischan Lenz aus der Erinnerung aufgezeichnet. In das Altarbild der Kröslіner Kirche, um nur ein Beispiel zu nennen, wurde der einköpfige Dreifisch eingeknüpft. Aber das geschah später, als wir bereits über den Berg waren. Da wurden in der Preester und Lubminer Schule von unseren Kindern Muster entworfen.«

Zunächst aber hieß es Verkaufen. Es waren nicht wenige Teppiche, die auf Absatz warteten. Einen langen Winter hindurch hatten die Fischerfrauen fleißig geknüpft, von vier Uhr morgens bis abends spät, wenn Mann und Kinder längst schliefen. Im Frühjahr endlich verpackte Herr Stundl die monatelange Arbeit vieler Familien in ein Segelboot. »Umschmider« nannte sich das Dingelchen, und so sah es auch aus. Kein Mensch mochte daran glauben, daß er damit jemals in Misdroy ankommen würde. Der Traum vom Teppichknüpfen ist ausgeträumt, dachten die Fischer, als er absegelte. Zum ersten Male wurde ihnen bewußt, daß Arbeit nicht nur Geldverdienen bedeutet, sondern auch Freude bereitet. Gähnend langweilige Winterabende waren durch den Knüpfstuhl sinnvoll genutzt worden. Die Lampen hatten länger gebrannt, die Männer Wolle geschnitten, die Frauen geknüpft, die Kinder phantastische Entwürfe gemalt. Straßauf straßab hatte man das Dröhnen der Klopfer gehört. Vorbei, alles vorbei!

Ans Umschmeißen hat Herr Stundl an jenem Frühjahrsmorgen wahrlich nicht gedacht, trotzdem war seine Stimmung nicht allzu heiter, segelte er doch einer Kraftprobe mit dem allmächtigen Profitdenken der Teppichhändler entgegen. Rudolf Stundl war Realist genug, sich seine Chancen auszurechnen. Es mußte schon etwas Unerhörtes hinzukommen, um Boot und Ladung, um die vielen Wünsche und Hoffnungen der Fischer und eine soeben erst den

Kinderschuhen entwachsene Volkskunst in einem sicheren Hafen anzulanden.

In den vorangegangenen Wochen waren die Teppiche bei Bamberg in Greifswald und im Stralsunder Museum einer mehr oder weniger interessierten Öffentlichkeit vorgestellt worden. Einige Stücke fanden Abnehmer, aber mehr dem Landrat und dem Regierungspräsidenten zuliebe. Es hatte sich nämlich herumgesprochen, daß beide wohlwollend dem Unternehmen gegenüberstanden. Zwei weitere Ausstellungen im Binzer Kurhaus verursachten aber nur Unkosten. Ein Gönner und Kunstliebhaber vermittelte die Aula einer Swinemünder Schule, man erhoffte sich Verständnis bei den dortigen Badegästen. Ein Schlag ins Wasser, wie sich bald herausstellte. Vielleicht, weil das Schulgebäude abseits des Badebetriebes in einer Nebenstraße stand, vor allem aber, weil ein Bankkrach am gleichen Tage sämtliche Badegäste durcheinanderscheuchte. Mehrstellige Gästekonten wackelten. So etwas geht tiefer unter die Haut als weltweite Not.

Das Bootchen verhielt sich wackerer als sein Name. An der Seebrücke in Misdroy wurde es von einem Vertreter der Gemeindeverwaltung erwartet. Aus Böcken und Platten hatte man Tische improvisiert, um Ausgaben zu vermeiden, Werbung und Absatz waren dem Zufall überlassen.

Herr Stundl: »Eine primitive Ausstellung, mir war nach Abreise zumute. Aber ich hatte noch nicht richtig ausgepackt, da kamen die ersten Interessenten. Der Bankkrach schien überwunden zu sein, das Wetter war prächtig, die Badegäste bei bester Laune. Ich versuchte, mich den Gepflogenheiten des Publikums anzupassen und mimte den ausgekochten, mit allen Wassern gewaschenen Teppichfuchs. Wir brauchten Aufträge, dringend und viel. ›Bestellen Sie schon jetzt ihr Weihnachtsgeschenk‹, rief ich, ›wenn Sie Glück haben, können wir Ihren Auftrag noch berücksichtigen.‹ Noch heute ist mir rätselhaft, wieso durchaus vernünftige Leute billige Tricks eher akzeptieren als vernünftige Argumente. Die Modekrankheit Snobismus wurde aus den Salons der Großstädte in die Bäder importiert, arme Schlucker waren in Misdroy ohnehin nicht gefragt«.

Den Teppichen mochte es gleichgültig sein, wer sie mit Füßen trat. Es ging um das tägliche Brot vieler Familien. Herr Stundl brachte Aufträge in die Fischerdörfer, mehr, als man erhofft hatte.

Frau Tabel: »Alle freuten sich, ganz besonders der Bürodirektor des Kreisausschusses. Wenn er vorher gewußt hätte, was man bei solch einer Sache alles bedenken müsse, hätte er die Finger davon gelassen, meinte er. Die Leute im Landratsamt hatten sich die Sache zu einfach vorgestellt. Irgend jemand bringt den Fischern das Knüpfen bei, man kopiert orientalische Muster, und ein Fachgeschäft in Berlin verkauft sie.«

Herr Stundl: »Es war unser erster großer Erfolg. Die Fischer spürten, daß wir den einzig richtigen Weg eingeschlagen hatten. Aus anfänglichem Mißtrauen wurde Zuversicht. Eine echte Volkskunst zeigte erste zarte Blüten, es galt, sie zu hegen und zu pflegen.«

Und dann kam der Faschismus. Nordischer Mythos, oder das, was die Leute von Rosenberg, Darre und Himmler darunter verstanden, wurde offiziell gefördert. Volkskunst mit heroischem Akzent. Sonnenräder, Runen, Hakenkreuze, Götter und Helden. Und eines Tages hieß es lakonisch: Kanonen statt Butter, jedes Gramm Wolle für die Front! – Wir wollen es uns ersparen, dieses düstere Kapitel auszuleuchten.

Seit Kriegsende sitzt nun die zweite und dritte Generation an den Knüpfstühlen. Die Not der Vergangenheit ist überwunden. Die Fischer haben sich zu Genossenschaften zusammengetan, das Risiko wurde kleiner, die Einnahmen größer. Wenn die Frauen nach wie vor Teppiche knüpfen, so geschieht es weniger des zusätzlichen Verdienstes wegen als aus Freude an künstlerisch-schöpferischer Tätigkeit. Ein guter Nebenverdienst ist auch im Sozialismus willkommen, aber Geld ist nicht mehr ein und alles.

Das große Beispiel für die Weiterentwicklung einer nationalen Volkskunsttradition unter sozialistischen Bedingungen bietet die Sowjetunion. Die Meister des Kunsthandwerkerdorfes Palech in der Nähe von Moskau haben sowohl in der Organisation der Arbeit wie in der Verwendung vielfältiger alter Ornamente der russischen Folklore ein bemerkenswertes Beispiel gegeben. Auch die Volkskunst der anderen Ostseeländer, der Volksrepublik Polen, Finnlands und Schwedens, fordert zu interessanten Vergleichen heraus. Die Teppiche der PGH mit dem langen Namen, der Ostseefischer-Teppichheimknüpfer-Produktionsgenossenschaft, können daneben durchaus bestehen. Unverwechselbar in ihrer regionalen Ornamentik, fest verwurzelt in der Landschaft und Kultur der Ostseeküste, traditionsverpflichtet und doch höchst modern, stellen sie im kunsthandwerklichen Schaffen unserer Republik eine besondere Erscheinung dar.

aus: Die große Walz

Die sogenannten »Fischlandteppiche«, von denen der Autor erzählt, sind nur ein Teil aus der Geschichte des europäischen Knüpfteppichs. Sehr vereinfacht könnte man sagen, daß überall in Europa Teppiche geknüpft worden sind.

Das Juwel unter den »deutschen Teppichen« stellt ein geknüpfter Wollteppich aus dem 12. Jahrhundert dar. Agnes II. von Meißen, die als Äbtissin von 1186-1203 im Quedlinburger Reichsstift gelebt hatte, ließ Teppiche knüpfen. Im Gegensatz zu den orientalischen Teppichen, die nach einer Patrone oder aus dem Gedächtnis geknüpft wurden, bediente man sich in Quedlinburg eines anderen »Tricks«, um das Muster zu realisieren. Die gespannte Kette (Längsfäden) wurde mit Figuren bemalt und anschließend wurde auf die »bebilderte« Unterlage geknüpft. Der Teppich war eigentlich als Geschenk für den Papst gedacht, blieb aber ein Teil des Quedlinburger Domschatzes.

Erwähnenswert sind natürlich auch die ostpreußischen Brautteppiche (siehe Farbtafel VI, S. 128f.), sowie die finnischen und schwedischen Teppiche, die zur nordischen Bauernkunst gezählt werden. Bereits in der zweiten Hälfte des 19. Jahrhunderts war die bäuerliche Teppichkunst im Aussterben begriffen. Fahrende Händler kamen in die entlegendsten Gegenden und boten auf Jahrmärkten und Messen Industrieteppiche an.

Literatur

Herbert Jobst: Das Lied der Teppichknüpfer. Aus: Die große Walz, Anthologie, 2. Auflage, © 1976 Verlag der Nation, Berlin.

Christian Morgenstern (1871–1914)

Mägde am Sonnabend.

Sie hängen sie an die Leiste,
die Teppiche klein und groß,
sie hauen, sie hauen im Geiste
auf ihre Herrschaft los.

Mit einem wilden Behagen,
mit wahrer Berserkerwut,
für eine Woche voll Plagen
kühlen sie sich den Mut.

Sie hauen mit splitternden Rohren
im infernalischen Takt.
Die vorderhäuslichen Ohren
nehmen davon nicht Akt.

Doch hinten jammern, zerrissen
im Tiefsten von Hieb und Stoß,
die Läufer, die Perserkissen
und die dicken deutschen Plumeaux.

aus: Palma Kunkel

Die Idee Morgensterns, den Teppich zum Prügelknaben zu machen, ist aus literarischer Sicht zweifellos genial.

Für den Teppich selbst, so die Fachliteratur, ist das übermäßige Klopfen nicht empfehlenswert, da unter Umständen die Kett- oder Schußfäden reißen könnten.

Eine weniger gefährliche Art der Teppichreinigung können Sie der nachfolgenden Geschichte entnehmen.

Im Orient geht man mitunter sehr sorgsam mit den, über die Jahrtausende selbstverständlich gewordenen Teppichen um, sie dürfen nur schuhlos begangen werden. Pahlen berichtet von der

Krypta Timurs in Turkestan, in der ein über sechshundert Jahre alter Teppich (1908/09) mit einer Leinwandhülle geschützt wurde. Ein anderes Beispiel berichten osmanische Geschichtsschreiber aus Belgrad (1683):

»Vor seiner Hinrichtung befahl der Pascha, den Teppich wegzunehmen, da er nicht wollte, daß sein Leichnam auf den reinen Teppich fiele.«

Literatur
Christian Morgenstern: Palma Kunkel, 21. Auflage, Verlag Bruno Cassirer, Berlin 1918;
Constantin Graf von der Pahlen: Im Auftrag des Zaren in Turkestan, Lizenzausgabe mit Genehmigung des S. Fischer Verlages (o. J.).

Ein Mann und eine Frau lebten wie im Märchen

Arnold Vals

Er kam abends müde nach Hause, legte sich vor den Fernseher und wartete auf das Abendessen. Die Frau war eine fabelhafte Köchin und nahm überhaupt den Haushalt sehr ernst. Den ganzen Tag fegte sie mit Lappen und Wedel durch die Wohnung und schien ganz glücklich dabei zu sein.

Eines Abends, der Mann lag wie immer vor dem Fernseher, fiel der Frau ein, den Teppich im Schlafzimmer zu säubern. Mit einem Eimer Essigwasser und einem groben Scheuerlappen bewaffnet, rutschte sie auf dem Teppich herum und rieb ihn gründlich ab. Der Mann sah den wippenden Po seiner Frau, der in rhythmischen Bewegungen über den Teppich schaukelte. Dieser Anblick erregte ihn zwar und es fiel ihm auch ein, daß er seit Monaten nicht mehr mit seiner Frau geschlafen habe, aber leider war der Film gerade so spannend; er blieb liegen. Die Frau stellte fest, daß der Teppich mit einer Behandlung nicht sauber würde, aber kein Essig mehr im Hause war. Sie ließ Putzeimer und Lappen liegen, zog den Mantel an und ging zu ihrer Freundin.

Wie stets schlief der Mann vor dem Fernseher ein, und als er am nächsten Morgen in dem großen Ehebett allein wach wurde, wunderte er sich sehr. Er schaltete den Fernseher aus und ging zur Arbeit. Alle Nachforschungen blieben ohne Erfolg, seine Frau blieb verschollen. Irgendwie war er recht froh über das Verschwinden, sie war ihm sowieso zu hektisch, und Kinder wollte sie auch, während er sich nur nach Ruhe sehnte. Nach Monaten der Abstinenz stillte er seinen Heißhunger mit der Freundin, bei der seine Frau den Essig leihen wollte. Die wurde ihm zu dominant und er kündigte ihr die Freundschaft. Das nächste Verhältnis hatte er mit einer verheirate-

TABAC

ten Frau, die sich bei ihm vom Ehealltag erholte und keinen Finger im Haushalt rührte. Auch das mißfiel ihm, und er beendete das schlampige Verhältnis. Die nächste Dame hatte einen solchen Liebeshunger, daß er fürchtete, unter dieser Partnerin zu kollabieren und er schickte sie auf die Straße. Die Geliebten wechselten mit den Jahren. Er probierte unzählige Varianten dieses verzwickten Spieles, hatte aber keine glückliche Hand und verlor jegliches Interesse am lockenden Weib. Umso mehr genoß er die Vorzüge des Fernsehens.

Auf den Tag genau, zehn Jahre nach dem Verschwinden seiner Frau, kam er früher als sonst von der Arbeit nach Hause und machte es sich vor dem Fernseher bequem. Da klingelte es an der Tür. Er haßte es, gestört zu werden und machte ziemlich ungehalten auf. Vor ihm stand seine verschwundene Frau mit einem Dutzend Kinder, die sich wie die Orgelpfeifen um sie scharten. In der Hand hielt sie eine Flasche Essig; sie entschuldigte ihr langes Wegbleiben damit, daß ihr die Straßenbahn vor der Nase weggefahren sei. Sie nahm einen Eimer mit Wasser, goß den Essig rein und rubbelte hingebungsvoll den Teppich sauber.

Der Mann stellte fest, daß ihn der Po seiner Frau nicht mehr erregen konnte, und schlief beruhigt vor dem Fernseher ein. Die Frau schaute stolz auf ihre zwölf Kinder, dachte an ihre stürmischen Liebhaber und war glücklich, wieder zu Hause zu sein.

Und wenn die Frau inzwischen nicht wieder die Trambahn verpaßt hat, leben sie heute noch in der riesigen Wohnung.

Richard F. Kreutel

In den Räumen dieser Burg findet man nirgendwo Sitzpölster oder Ruhelager aus Teppichen; jedoch stehen allenthalben viele hundert Arten von prachtvollen, mit Diamanten und Edelsteinen verzierten Stühlen aus allen nur möglichen Metallen und Gesteinsarten und Hölzern und sonstigen kostbaren Werkstoffen, die der allmächtige Herrgott auf dieser Erde erschaffen hat. Von diesen Stühlen sind dreihundertundsechzig dem Kaiser selbst vorbehalten; auf die übrigen setzen sich seine Wesire und Fürsten und Herzöge und Ritter und Erzbischöfe.

Immer wenn ich beim Kaiser weilte, saß dieser, da wir ja damals Hochsommer hatten, auf einem aus Tutiageist verfertigten prächtigen Throne, während ich Geringer wie ein Padischah auf dem oben erwähnten Hochsitz aus Bernstein thronte.

Sämtliche Wände in der ganzen Burg sind mit buntgewebten Teppichen geschmückt. In diesen Prunksälen und überhaupt in allen Giaurenhäusern ist nicht der Fußboden mit Teppichen oder Kilims oder Strohmatten belegt, sondern sämtliche Teppiche sind dort an den Wänden aufgehängt. Der Boden aber ist mit winzig kleinen Marmorsteinchen gepflastert, daß es aussieht wie ein indisches *aus: Im Reiche des goldenen Apfels*

Mosaik. In diesen herrlich bunten Ornamenten aus kostbaren, wie Vogelaugen winzigen Steinen finden sich Türkise und Korallen und Karfunkelsteine und jemenischer Onyx und Chelidonit und Onyx und Kristall.

Richard F. Kreutel: Im Reiche des Goldenen Apfels (Des türkischen Weltenbummlers Evliya Çelebi denkwürdige Reise in das Giaurenland und in die Stadt und Festung Wien anno 1665), © Styria Verlag Graz, 1957.

Anno 1665 in der Wiener Hofburg teppichlose Böden vorgefunden zu haben, ist aus heutiger Sicht keineswegs erstaunlich.

Orientteppiche waren bis in das 19. Jahrhundert hinein in Europa sehr selten. Oft fehlte selbst den Monarchen das Geld, um die teuren »türkischen Teppiche« einzukaufen. So manche Teppichkostbarkeit kam als Geschenk an die europäischen Fürstenhöfe. Als Gegengeschenke wanderten flämische und französische Wandteppiche (Gobelins genannt) in den Orient, die sich auch dort größter Beliebtheit erfreuten.

Noch erstaunter schreibt der Dichter Alexander Puschkin in »Die Reise nach Erzurum«:

Alexander Puschkin (1799-1837)

Ich kenne keinen Ausdruck, der sinnloser ist als die Worte: asiatischer Prunk. Diese Redensart ist wahrscheinlich zur Zeit der Kreuzzüge entstanden, als die armen Ritter die kahlen Wände und eichenen Stühle ihrer Burgen verließen und zum erstenmal rote Diwans, bunte Teppiche und Dolche mit farbigen Steinen an den Griffen sahen. Heutzutage kann man sagen: asiatische Armut ......

Der Palast schien ausgeplündert worden zu sein; der Seraskier wollte ursprünglich fliehen und hatte alles, was er nur konnte, fortbringen lassen. Von den Diwanen waren die Bezüge abgerissen, und die Teppiche fehlten.

aus: Die Reise nach Erzurum

Wenn Puschkin in Erzurum (Ostanatolien) die Armut auffiel, ist dies natürlich nicht für die gesamte Türkei gültig. Aus einem ganz anderen Teil des Osmanischen Reiches berichtet uns Panait Istrati genau das Gegenteil:

Panait Istrati (1884–1935)

Nazim Effendi empfing uns in Kaftan und Babuschen in seiner prachtvollen Salonkabine, die neben dem Fockmast lag. Niemals hatten unsere Augen einen solchen Reichtum gesehen an orientalischen Teppichen, Kupfersachen, goldgestickten Kissen, Muscharabies und Waffen: Arkebusen, Krummsäbeln, Pistolen und Jatagans, alle in Filigranarbeit mit Gold-, Silber- und Elfenbeineinlagen. Fremdartige Wohlgerüche kitzelten uns angenehm die Nase. An den mit Teppichen bedeckten Wänden hingen das Bildnis des Sultans und das Wahrzeichen der Türkei...

Literatur
Alexander Puschkin: Gesammelte Werke in 6 Bänden, Aufsätze und Tagebücher, Die Reise nach Erzurum, deutsch v. Michael Pfeiffer, Aufbau Verlag Berlin 1965.
Panait Istrati: Kyra Kyralina, deutsch von O. R. Sylvester, Edition Sven Erik Bergh, © 1978 Europabuch AG, CH-6300 Zug.

Rudolf Kassner (1873-1959)

Es ist doch nicht dasselbe, ob ich ein Bild als Gemälde oder als Teppich und Gobelin sehe. Was ist denn ein Teppich? Wenn man mich darum fragte, müßte ich sagen: Äußerlich schon das Bild nach einem Bilde. Vielleicht hätte ich damit das Wesentliche auch bestimmt. Ein Teppich ist ein übertragenes, ein künstliches Bild. Was da vor mir hängt, aus Leinen-, Seiden- und Goldfäden gewoben, mit Schatten wie Spiegelflecken und mit Bäumen, die in Blau und Gelb wehen, ist eigentlich etwas ganz Äußerliches, ist Handwerk, ist nur Bild. Aber gerade darum wirkt es auf viele geistiger, gerade darum scheint es zuweilen, als wäre es von selber da wie Traumbilder und sähe aus weiter Ferne auf uns.

Man könnte auch sagen, ein Teppich verhält sich zu einem Gemälde, wie eine Marionette oder eine Maske zum Schauspieler. Masken sind suggestiver als Schauspieler, und ein Teppich scheint mir mehr Bild zu sein als ein Gemälde. Deutlicher: An jedem Gemälde ist etwas, was sozusagen noch Natur und nicht Bild ist.

Es ist das meist die natürliche Unvollkommenheit des Künstlers und die natürliche Unbändigkeit des Materials, die sich zwischen den Menschen und das Bild schieben. In großen Kunstwerken scheint es dann umgewertet als des Künstlers Zweifel und Glauben, als des Künstlers Absicht und Ideal, als dessen feierliches Dienen und einsamer Trotz. Es ist immer das an unserem Werke, das wir umschreiben mit Worten, die uns nicht gehören. Wir selbst sind, was sich da verkleidet; im Gemälde ist es der Künstler, der sein Bild trübt.

Kürzer: das Gemälde ist subjektiver als der Teppich, aber die kurzen Wege darf nur nehmen, wer die langen schon gegangen ist.

Aus: Die Moral der Teppiche

Aus der Arbeit an meinem Projekt »Zeitgenössische Künstler entwerfen zeitgemäße Orientteppiche« habe ich praktische Erfahrung mit dem Umsetzen von Bild – Patrone – Teppich gewonnen. So kenne ich die Verwandlungen, von denen Kassner erzählt, weil ich als Projektleiter und Künstler in einer Person die »Teppichwerdung« eines Bildes von beiden Seiten durchleben mußte.

Die Bilder – ich nenne sie Vorlagen – sind wohldurchdacht. Jeder Zentimeter dieser planen Zeichnung, jede Farbschattierung ist berechnet. Doch bereits, wenn die kleine Zeichnung vergrößert wird, um eine Knüpfvorlage zu werden, taucht plötzlich eine fremde Hand hinter der Maske auf und deutet die bevorstehende Verwandlung an. Genau das ist der Augenblick, in dem sich die

Zeichnung vom Schöpfer zu lösen und der Teppich zu fliegen beginnt, noch ehe er ein Teppich ist. Fleißige Hände arbeiten am Knüpfstuhl, um den Entwurf Teppich werden zu lassen. Menschen, die immer schon Teppiche geknüpft haben, gehen den weiten Weg, den eigentlich der Maler des Bildes hätte gehen sollen. Faden für Faden gehen die Knüpfer diesen Weg, und es fällt ihnen auf dieser Wanderung allerlei ein. Eine Fläche erscheint ihnen zu groß, also setzen sie spielerisch, zu ihrer eigenen Unterhaltung, ein paar Ornamente hinzu. Unterwegs geht ihnen eine bestimmte Farbe aus, sie wollen weitergehen und wählen eine andere.

Wenn der Künstler dann den Teppich sieht, stechen ihm sofort die Dinge ins Auge, die auf dem langen Weg verlorengegangen sind. Als erstes sieht er die Farbveränderungen, die unvermeidlich sind, da ein Stück Papier die Farbe anders widerspiegelt als der geschnittene Flor. Dann kommen noch Musterveränderungen hinzu und der Künstler ist gekränkt, als Urheber übergangen worden zu sein. Aus der Sicht des Künstlers sind die Knüpfer, die Weber nur Menschen zweiter Klasse, die keinen eigenen Willen haben dürfen, sondern nur den Befehlen gehorchen sollten.

Dem Entwerfer in mir sind diese Gedanken vertraut. Aber da zwei Seelen in meiner Brust wohnen, bin ich früher oder später über das eingehauchte Leben, über das Stück Papier, das Teppich werden durfte, glücklich. Der Entwerfer in mir ist allerdings nicht totzukriegen und immer wieder kommt die Wut auf die Knüpfer durch. Und so bin ich dem Wechselspiel meiner beiden Seelen ausgeliefert, die immer wieder aufs Neue versuchen, die Oberhand zu gewinnen.

Literatur

Rudolf Kassner: Essays, Insel Verlag, Leipzig 1923.

6. Kapitel

Traumspiele

Der Traum

Arnold Vals

Man kann sagen, daß Jan ein Bild von einem Mann war. Was die Frauen an ihm so faszinierte, dürfte allerdings weniger sein Aussehen, als die Ausstrahlung seiner Augen gewesen sein. Ihre rehbraune Farbe und ihr Schnitt waren keineswegs ungewöhnlich. – Es lag vielmehr an ihrem Leuchten, das die Scheu des Rehs, das Gestreichelt-werden-wollen des Hundes, sowie die Ruhelosigkeit und Wildheit des Tigers signalisierte. Diese scheinbaren Widersprüche vereinigten sich zu einer Poesie des Blicks, die zur Folge hatte, daß ihm die Frauenherzen scharenweise zuflogen, wogegen er sich nur selten wehrte.

Seine Familie gehörte zu den angesehensten Bürgern von Arras, einer nordfranzösischen Stadt, deren Ruhm sein Urgroßvater mitbegründet hatte. Zwar gehörte dies längst der Vergangenheit an. Die bekannte Gobelinmanufaktur gäbe es aber immer noch, wenn Jan nicht zu unstet gewesen wäre, um das Erbe seiner Vorfahren weiterzuführen. Kurz nach dem Tod seines Vaters schloß er den Betrieb. In der folgenden Zeit des Nachdenkens verliebte sich eine Frau in ihn, die gerne in den Süden ziehen wollte. Dieser Wink des Schicksals kam Jan gelegen, und er fuhr an die Cote d'Azur, um ein geeignetes Haus zu suchen. Er wurde schnell fündig. Wieder zurück im Norden, verkaufte er den elterlichen Besitz mit dem gesamten Mobiliar, nur die Tapisserien, denen die Familie Reichtum und Ansehen verdankte, behielt er. In den Augen seiner neuen Liebe waren die Gobelins deprimierend altmodisch und außerdem, fand sie, paßten sie nicht zur sachlich kühlen Einrichtung des Hauses. Die Wandteppiche verschwanden zwar auf dem Dachboden, aber das große Glück hielt trotzdem nicht ewig, und die Dame entfleuchte. Im Geiste hing Jan die Gobelins bereits auf, als eine andere Flamme für ihn entbrannte, der er nicht widerstehen konnte. Diese war Malerin und sah in den leeren Wänden des Hauses eine Herausforderung an die Kunst. Von den monumentalen Webbildern wollte sie absolut nichts wissen und kaufte Leinwände ein, die ausgereicht hätten, ein riesiges Fußballfeld zu bedecken. Dann fing sie, mit einem Feuereifer, der höchstens von einem Akkord-Anstreicher zu übertreffen gewesen wäre, zu malen an. Trotz dieser enormen Produktivität sprudelten die Ideen nur so aus ihr heraus: Sie kippte Farbe auf die Leinwand, ließ sie etwas verlaufen und trippelte dann barfuß darüber, wobei sie sich jeden Schritt genau überlegte. Ein anderes Mal zog sie mit ihren Fingern blutrote Fünferlinien über die Leinwand, die sie am Ende mit dem Abdruck ihrer Hand gewissermaßen signierte. Für das Schlafzimmer schwebte ihr etwas ganz Besonderes vor. Sie rührte eine größere Menge Gips an, den sie etwa knöcheltief auf einer Malunterlage verteilte. Blitzschnell zog sie sich aus und legte sich in die feuchte Masse, um so die Rückseite ihres Körpers zu verewigen. Als Jan am Abend nach Hause kam, hörte er die festgeklebte Malerin leise wimmern. An sich wäre das Problem leicht zu lösen gewesen, wenn Jan den Gipsabdruck einfach zerschlagen hätte, aber das durfte er nicht, da sonst das Kunstwerk ruiniert worden wäre. So verbrachte er eine ganze Nacht damit, die siamesischen Zwillinge zu trennen, was so recht und schlecht gelang. Die Rätsel zu deuten, die inzwischen im ganzen Haus herumhingen, setzte ein Übermaß an Phantasie voraus, das Jan nicht besaß, da er ein Kind vergangener Epochen war. Die Kunstwerke ödeten ihn immer mehr an und er träumte von den großartigen Wandteppichen auf dem Dachboden. Als es keinen anderen Ausweg mehr gab, beendete er die Affäre mit der Malerin. Es kam nicht dazu, die Gobelins sofort aufzuhängen, da ihn sein Ausflug in die Moderne zu sehr ermüdet hatte. Inmitten all der Trauerarbeit besann er sich seiner Geliebten in Arras, die ihn schon des öfteren über solche Niederlagen hinweg tröstete und er fuhr hin. Doch diese war gerade dabei, ihre Zelte abzubrechen, hatte bereits alles verkauft, und dachte, in Indien den Nachteilen der Zivilisation zu entrinnen. In den verbleibenden Nächten malte die Herzkönigin das bevorstehende Leben in so himmlischen Farben, daß Jan ihr folgte. Sie schmückten sich mit Blumen und tanzten unbekümmert durch den Tag. Es muß wundervoll gewesen sein. Nach einer Weile wurde Jan des paradiesischen Treibens überdrüssig und er machte sich aus dem Staub, was die Herzkönigin wohl kaum überrascht haben mag, da sie diesen Wesenszug schon kannte. Wieder an der Cote d'Azur, stürzte er sich in das Nachtleben. Überall, wo er auftauchte, weckten seine Augen die treuesten Ehefrauen aus ihrem Schlaf und die prüdesten Blaustrümpfe fingen zu glühen an. Die Damen, die seinen Weg kreuzten, waren zahlreich, und wenigstens einmal die Woche traf er eine, die ihm mindestens bis ans Ende der Welt, wenn nicht weiter, gefolgt wäre. Aber Jan wollte lieber seine Freiheit in vollen Zügen genießen.

Doch dann geschah das Wunder! Er lernte am Badestrand eine Frau kennen, die, als sie hörte, daß er aus einer alten Gobelinweberfamilie stammte und eine stattliche Anzahl wertvoller Wirkteppiche besäße, leuchtende Augen bekam. Es schien ihr das Herz zu brechen, daß die Kostbarkeiten immer noch auf dem Dachboden schlummerten, und sie bot vollkommen selbstlos an, beim Aufhängen der Wandteppiche zu helfen. Ihre Kompetenz untermauerte sie mit gezielten Kostproben ihres guten Geschmacks, die näher auszuführen der Geschichte nicht dienlich wären. Der Reihe nach holten sie die eingemotteten Rollen vom Dachboden und wurden sich sehr schnell einig, daß die badende Diana unbedingt im Schlafzimmer und der gesellige Bacchus im Wohnzimmer zu hängen habe. Sie saßen turtelnd wie die Täubchen vor den Tapisserien und konnten sich an den kunstvollen Geweben gar nicht satt sehen. Wenn Jan bis dahin noch nie an Heirat gedacht hatte, war plötzlich der Wunsch so groß geworden – die Dame verstand sich nicht allein auf das Einrichten –, daß sie vor den Traualtar traten. Die Allegorie des Frühlings hing an der Wand, die sie anschließend gegen den Sommer austauschten, und als auch dieser zu Ende ging, leuchtete die allegorische Farbenpracht des Herbstes von der Wand. Doch dann kam der Winter. Es war kalt und regnete häufig, da äußerte Jan's Frau den Wunsch, selbst einen Gobelin zu weben. Die Dame hätte zwar keinen Strumpf stopfen können, doch traute sie sich durchaus zu, großartige Wirkteppiche zu zaubern. In Arras standen noch ein paar Webstühle aus der Manufaktur seines Urgroßvaters herum, und er ließ einen davon herbeischaffen. Sie kannte Webstühle nur aus einer Wäschereklame, folglich wußte sie nicht, wie dieser vorzubereiten wäre. Jan beherrschte diese Kunst auch nicht, und so fuhren sie von Ort zu Ort, um einen Weber zu finden, der diese Aufgabe übernehmen könnte. Irgendwann fanden sie einen, der gegen entsprechende Bezahlung den Webstuhl betriebsbereit machte. Und ehe der Frühling kam, war das erste Kunstwerk fertiggestellt, wodurch selbstredend ein Meisterwerk französischer Webkunst auf den Dachboden verbannt werden mußte. Die Künstlerin überzeugte Jan nach und nach, ihre eigenen Kunstwerke an die Wände hängen zu müssen. Und so wanderten die Kostbarkeiten Stück für Stück zurück ins Exil unterm Dach. Freilich unterschieden sich die neuen Gobelins ganz wesentlich von denen aus Arras, wo sicherlich keiner auf den Gedanken gekommen wäre, Plastiktüten, Getränkedosen oder gar Damenstrümpfe zu Wandgemälden zu verarbeiten. Nach einiger Zeit hingen die Wände des Hauses voller Kreationen, deren Einzigartigkeit über jeden Zweifel erhaben war. Man sagt: »Liebe macht gewöhnlich blind«. Daran ist sicherlich viel Wahres, aber eines Morgens fiel es Jan wie Schuppen von den Augen und er empfand die Kunstwerke seiner Frau so absurd, daß er sie nicht mehr länger ertragen konnte. Vorsichtig brachte er ihr bei, daß er lieber wieder den golddurchwirkten Bacchus im Wohnzimmer und Diana über dem Bett aufhängen wollte. Über die Tatsache, ins finstere Mittelalter zurückgeworfen zu werden, empörte sich seine Frau dermaßen, daß als einziger Weg die Scheidung zu bleiben schien. Sie suchten einen Anwalt auf, der einen Vertrag entwarf, um die Trennung für die Beteiligten zwar schmerzlich, aber immerhin möglich zu machen.

Doch da erschien, vollkommen unerwartet, ein Hoffungsschimmer am Horizont!

Die Künstlerin sah in einem Magazin die Pont Neuf: Wohl verpackt in strahlend weiße Tücher, rückte sie einen Künstler, der diese Idee verwirklicht hatte, in den Mittelpunkt des Weltinteresses. Was ist schon Christo, so heißt das Verpackungsgenie, mit seinen billigen, baumwollnen Laken, dachte Jan's Frau, und war plötzlich einverstanden, die altväterlichen Gobelins vom verstaubten Boden zu holen und wieder aufzuhängen. Die Vorzüge, mit einer wirklichen Künstlerin verheiratet zu sein, waren für Jan unübersehbar und sie erlebten einen zweiten Liebesfrühling. Sie verfiel dabei keineswegs in Untätigkeit, sondern nähte erst ihre Kreationen zusammen, denn schließlich galt es, die Monotonie von Herrn Christo mit künstlerischer Vielfalt zu überbieten. Da das zusammengenähte Stück noch viel zu klein gewesen wäre, um damit das Haus zu bekleiden, arbeitete sie fieberhaft weiter. In Arras hätten sicherlich Dutzende von Webern einige Jahrzehnte gebraucht, um eine Fläche herzustellen, für die Jan's Frau kaum ein Jahr brauchte. Der große Moment war gekommen, und zehn kräftige Möbelträger schafften die tonnenschwere dicke Wurst ins Freie. Dort stand bereits ein Kran, der dieses Kunstwerk, das zusammengerollt wie ein verwestes, zerfressenes Meeresungeheuer aussah, auf das Dach des Hauses hievte. Die Männer lösten die Verschnürungen und zogen mit aller Kraft an dem Monstrum, um es aufzurollen und die Hausmauern herunterfallen zu lassen. Begleitet wurde diese Aktion abwechselnd von dem lauten Fluchen der Arbeiter, dem höllischen Lärm, den der Teppich verursachte, und dem hysterischen Toben der Künstlerin, die sich über dem barbarischen Gezerre der Männer die Haare raufte. Es dauerte beinahe zwei Tage, bis sie mit dem Ergebnis endlich zufrieden war. Die Mannschaft zog ab, und sie ging mit Jan in das Haus, das – ihrer Meinung nach – nun bald in die Annalen der Kunstgeschichte eingehen würde. Wohlweislich hatte sie die Eingangstür ausgespart, die, der Vollkommenheit wegen, nur noch schwarz bemalt werden sollte.

Jan, der erst jetzt begriff, wie ernst es seine Frau mit ihrem Gesamtkunstwerk meinte, wälzte sich lange im Bett, ehe er endlich einschlief.

Er träumte, wie im Winter die Stürme vom Meer durch den Teppich heulten und die eingewebten Dosen gegen das Gemäuer trommelten, als ob die wilde Jagd vorbeizöge. Wenn es aber windstill war, saßen Tausende von Möwen auf dem Teppich und klopften mit ihren spitzen Schnäbeln pausenlos auf den Dosen herum.

Er träumte, wie es Frühling wurde und aus den unzähligen Dosen Schnecken krochen, die, um in den Garten zu gelangen, wo sie Nahrung suchen wollten, den Teppich mit ihren schleimigen Bahnen überzogen.

Er träumte, wie es Sommer wurde, und sich die verwebten Damenstrümpfe in Tausende von Schlangen verwandelten, die über die Dachluke in das Haus eindrangen und sich dort breit machten. Genau in dem Moment, als sich die erste Schlange zu ihm ins Bett legte, fing er zu schreien an.

Er hatte eine panische Angst vor Schlangen.

Die kluge Schlange wußte, wie man Menschen zum Schweigen bringt, und schlüpfte in seinen, vom Schreien weitaufgerissenen Mund, wodurch er sofort verstummte. In seinem Bett wimmelte es inzwischen nur so von Schlangen. Sie krochen über seinen nackten Körper, legten sich um seinen Hals und wickelten sich um seine Gliedmaßen. Gefesselt und geknebelt von den Schlangen, die – ihre kühlen Körper ständig in Bewegung – von ihm Besitz ergriffen und ihn zum Mittelpunkt ihres Spieles machten.

Er lag reglos da.

Er hätte sich die Schlange gar nicht aus dem Mund nehmen können, da er seine Hände nicht bewegen konnte.

Er dachte kurz daran, dem Tier den Kopf abzubeißen, um den Mund wieder schließen zu können, ließ es aber sein, da er sich ekelte.

Er traute sich nicht einmal, die Zunge zu bewegen, da er fürchtete, die Schlange könnte ihn beißen.

Er kannte sich bei Schlangen nicht aus und wußte nur, daß es Gift- und Würgeschlangen gibt. An die Harmlosen dachte er keine Sekunde. Zum Glück erlöste ihn der Herbst und die Schlangen entfernten sich. Sie verwebten sich aufs Neue in dem Teppich, während sich die Schnecken in den Blechdosen verkrochen, wo sie wohl zu überwintern gedachten. Als es erneut Frühling wurde und die Schlangen sich häuteten, ließen sie ihre Schlangenhaut, die haargenau wie ein Damenstrumpf aussah, zwischen den Kettfäden hängen und drangen erneut durch die Dachluke in das Haus ein.

Jan wurde wach.

Er war schweißgebadet.

Er schaute auf die Uhr – es war halb fünf.

Er starrte zur Decke und meinte eine Schlangenspur zu erkennen.

Er atmete tief durch und überlegte.

Um fünf Uhr stand er auf und zog sich an. Zum Duschen hatte er keine Nerven mehr.

In Windeseile packte er ein paar Kleinigkeiten in einen Koffer und verschwand. . .

Teppiche, die über die bürgerlichen Vorstellungen hinausgehen, werden gerne der reichen Phantasie der Schriftsteller zugeschrieben. Aber weder in der vorangegangenen Geschichte, noch bei Roald Dahl (Der Wunsch), in dem von einem Teppich die Rede ist, der viel größer als ein Tennisplatz war, muß dies erfunden sein.

J.G. Lettenmair hat sich in seinem Buch »Das große Orientteppichbuch« ausführlich mit allen Arten von Teppichen beschäftigt. So auch mit den Maschinenteppichen. Er berichtet, daß für das Los Angeles Music Center ein Teppich von 1161 qm gewebt wurde. Inzwischen dürfte dieser »Rekord« allerdings überholt sein.

Aber auch Orientteppiche wurden in astronomischen Größen geknüpft:

Constantin Graf von der Pahlen (1861-1923)

Am Ufer wurden wir von dem örtlichen Häuptling der Jomud-Turkmenen begrüßt, der auch auf der Insel die oberste Gewalt repräsentierte. Vom Ufer bis zu seiner Jurte war ein wunderschöner Läufer, einer der berühmten weißgeknüpften Jomudenteppiche, ausgebreitet, fein wie Samt und anderthalb Meter breit. Es waren ungefähr fünfhundert Meter Weg. Schon damals war der Wert dieser Teppiche bedeutend, pro Arschin [= 72 Zentimeter] 500 Rubel.

aus: Im Auftrag des Zaren in Turkestan

Der Jomudenläufer, den Pahlen 1908/09 in Turkestan sah, hatte eine ungefähre Gesamtfläche von 750 Quadratmetern.

Der größte existierende Orientteppich ist auch ein Turkmene, allerdings nur 252 qm groß. Er stellt ein blühendes Tulpenfeld dar und hängt (so J.G. Lettenmair) im großen Theater von Moskau. Der sagenumwobene »Frühling des Chosrau«, den die Araber bei der Eroberung von Ktesiphon (637 n.Chr.) erbeuteten, soll 1150 qm groß gewesen sein.

Vergleichsweise klein erscheint dagegen ein Orientteppich aus Windsor Castle, der nicht halb so groß ist. Als vollkommen belanglos nehmen sich da die Teppiche aus, die im Auftrag von Nazideutschland in Persien geknüpft wurden. Die etwa 200 qm großen Prunkstücke haben die Reichskanzlei allerdings nie geschmückt, da das »Tausendjährige Reich« bereits vor ihrer Fertigstellung wieder zu Ende war.

Literatur

Roald Dahl: Küßchen für alle, deutsch v. H. H. Wellmann, Lizenzausgabe des deutschen Bücherbundes, © 1970 Rowohlt Verlag;
Constantin Graf von der Pahlen: Im Auftrag des Zaren in Turkestan, Lizenzausgabe mit Genehmigung des S. Fischer Verlages (o. J.);
J. G. Lettenmair: Das große Orientteppichbuch, 4. Auflage 1972, © Verlag Weisermühl, München 1962.

Abraham a Sancta Clara (1644-1709)

...bald wird man die Schweine mit Zucker mästen,
koste es, was es wolle!
die von deutschen Händen gewebten Tücher
taugen bald nur noch als Pferdedecken.
Es muß Seide sein aus Anatolien,
die Teppiche müssen natürlich aus Persien sein,
Samt muß aus Spanien stammen;
Und bald werden die Schneider ihre Nadeln im fernen Asien spitzen lassen,
koste es, was es wolle.

Der Prediger verkehrte in den höchsten Kreisen von Wien. Der Orientteppich war damals so gut wie unbekannt, seine Kritik ist also nicht allgemein gültig, sondern auf Teile der Wiener Gesellschaft gemünzt. Den damaligen Kaiser kann er nicht meinen, da damals selbst in der Hofburg keine Teppiche lagen (Seite 80–81). Vielleicht aber hat der Prediger hellseherische Fähigkeiten besessen?

Abraham a Sancta Claras Zitat aus dem 17. Jahrhundert bewahrheitete sich erst 200 Jahre später.

Literatur
Abraham a Sancta Clara: Heilsames Gemisch-Gemasch, die hundert kleinen Bücher, 1944, © P. Zsolnay Verlag, Wien 1940 (eingedeutscht vom Herausgeber).

Manfred
oder
die Geschichte des Vergewaltigungsteppichs

Arnold Vals

Manfred lernte ich vor vielen Jahren kennen, damals war er Fotograf. Als er mir dann plötzlich wieder begegnete, hatte er schon eine ganze Anzahl von Berufen hinter sich: So hatte er Blumen verkauft, eingefrorene Hühner und Enten spazierengefahren, bei einem Radiosender geputzt, um am Ende in der Fotoabteilung eines Kaufhauses zu landen.

Eines Nachts, ich lag schon im Bett, klingelte das Telefon, Manfred war dran. Er bat mich, so schnell wie möglich zu ihm zu kommen. Da sich bei ihm die Probleme buchstäblich die Hand gaben, eilte ich aufgeregt zu ihm. Er wohnte in einem Hinterhaus über mehreren Garagen in geordnetem Chaos und kam mir vollkommen aufgelöst schon auf der Treppe entgegen.

»Wie gut, daß du da bist« sagte er, »stell' dir vor, was mir passiert ist«, und fing zu erzählen an:

»Ich komme von der Arbeit nach Hause und will gerade das

Hoftor aufschließen, als plötzlich ein Ausländer vor mir steht und mich fragt, ob er bei mir fernsehen dürfte. Er sah vertrauenserwekkend aus, also habe ich ihn mitgenommen. Er führte mich an der Hand ins Schlafzimmer, zog mich aus und fesselte mich ans Bett.«

Manfred zeigte mir die Schnüre, die noch lose an den Bettpfosten hingen, und erzählte weiter: »Und dann verschwand er und ich lag da. Irgendwann, ich weiß gar nicht mehr, wieviel Zeit verstrichen war, hörte ich mehrere Personen die Treppe hoch kommen und Möbel im Wohnzimmer rücken. Das hat eine geraume Weile gedauert; plötzlich kam der junge Ausländer herein, hinter ihm ein etwas älterer. Der Junge zog sich aus und vergewaltigte mich, während der andere nur zusah, hinterher verdufteten sie. Erst lag ich erschöpft da, dann befreite ich mich von den Fesseln und ging nach nebenan. Und da lag dieser Teppich« sagte Manfred und schaute mich gespannt an. Mir fehlten die Worte. Später klärte ich ihn auf, daß es sich um ein besonders gelungenes Exemplar eines Maschinenteppichs handeln würde, den man auf dem Flohmarkt für einige hundert Mark verkaufen könnte. Er hatte ein viel besseres Gutachten erwartet, sichtbar enttäuscht ließ ich ihn zurück und hörte monatelang nichts mehr von ihm.

Eines Nachmittags lief er mir dann wieder über den Weg und erzählte mir von einem interessanten Bild, das er mir zeigen müsse. Ich ging mit ihm, nahm Platz unter meterhohen, getrockneten Gewächsen und Manfred drückte mir ein Bild in die Hand. »Wenn du wüßtest, wie ich dazu gekommen bin. Vor einigen Wochen kam ich um 3 Uhr früh aus einer Kneipe, ging über den Elisabethmarkt und da stand ein Mann mit einem Bild unter dem Arm. Er sprach mich an und fragte mich, ob ich das Bild für ihn aufbewahren könnte, ›das Bild birgt ein Geheimnis‹, sagte er und verschwand. Am nächsten Tag kam er zu mir, nahm das Bild von der Wand und zog fünf Tausender aus der Ritze, die da zusammengelegt gesteckt hatten.«

In der Ritze zwischen dem Keilrahmen war nicht mal Platz für einen Schein, so fest war das Bild in den Rahmen gepreßt. Manfred erzählte weiter:

»Dann sind wir zur Bank und haben das Geld auf mein Konto eingezahlt. Der Mann wollte das Geld in Sicherheit wissen, nach einigen Wochen haben wir es gemeinsam wieder abgehoben.«

Erstaunlich, daß dies überhaupt möglich war, wunderte ich mich.

»Und stell' dir vor, der Mann war so begeistert von meinem Teppich, du weißt schon, der von den Ausländern, daß er mich fragte, ob wir nicht tauschen könnten; und da habe ich ihm den Teppich gegeben.« Jetzt sah ich erst, daß der Vergewaltigungsteppich weg war.

Wie die Geschichte wirklich war, werden wir vielleicht nie erfahren, aber so könnte sie gewesen sein:

Manfred war auf seinem Fahrrad unterwegs nach Hause, da kam er an einem Sperrmüllcontainer vorbei. Schnell entschlossen klettert er auf denselben, wo sich bereits ein Ausländer an einem Teppich zu schaffen machte. Manfred fand Gefallen an dem Ausländer und lud ihn zu sich ein. Den Teppich nahmen sie auf dem Fahrrad mit, im Hof rollten sie ihn aus und Manfred war hingerissen. Er wußte zwar noch nicht, ob er »echt« ist oder nicht, aber das war vorläufig unwichtig. Sie ließen den Teppich liegen und gingen hoch in die Wohnung. Manfred, der keinen Fisch durchs Netz schlüpfen läßt, kam spielend ans Ziel. Der Ausländer war glücklich und schenkte Manfred zur Belohnung den Teppich.

Wochen später stand Manfred in einer der finsteren Kaschemmen, wo er regelmäßig seine letzte Entziehungkur begießt. Da kam ein Mann herein mit einem Bild unter dem Arm. Den ganzen Tag war er schon unterwegs gewesen, um diese letzte Kostbarkeit zu verkaufen, doch keiner wollte sie. In der Tasche gerade noch Geld für ein Bier und eine Schachtel Zigaretten, kam er mit Manfred ins Gespräch. Dieser, oh welch ein Wunder, hat etwas Geld in der Tasche und kauft ihm das Bild ab, wollte er doch schon immer in Kunst investieren. Manfred hatte sein letztes Geld bereits in ein Getränk umgewandelt und wollte eigentlich gehen, als dem anderen bewußt wurde, daß er jetzt flüssig sei, da er ja den Erlös aus dem Bilderverkauf bei sich trage. Da eine Hand die andere wäscht, lädt er seinen neuen Freund so lange ein, bis auch bei ihm wieder Ebbe ist. Und wie sich im Laufe des Abends herausgestellt hatte, ist der andere momentan ohne Bleibe, und so wanken sie glücklich und zufrieden zu Manfred.

Denn nichts liebt dieser mehr, als sich um jemand kümmern zu dürfen, was immer man auch darunter verstehen mag.

Friedrich Schnack
(1888–1977)

Weberei im Traum

Ich träumte einen schönen Traum:
Ich wob mir einen Lebensbaum
Und wirkte ihn von Fäden viel
Mit Blättern, Früchten, Vogelspiel
In einer reichen Wiesenau –
Und unter ihm lag eine Frau.

Als ich ihr Antlitz schön gewebt,
Das braune Haar, von Licht umschwebt,
Die schlanken Hände, hell im Gras,
Geschah's, daß ich mein Tun vergaß,
Daß ich die Fäden nicht mehr führte,
Daß ich die schöne Frau berührte

Und alsobald, vor Sehnsucht krank,
Zu der Gewobnen liebend sank.

Da stürzt' ich in das Bild hinein,
In meine eignen Weberein,
Und saß bei ihr und küßte mild
Mein Traumgesicht und Teppichbild.
Erlöst war ich von Müh und Pein:
Ich durfte auch ein Gleichnis sein.

aus: Traumvogelflug

Literatur:
Friedrich Schnack: Traumvogelflug, Langen Müller Verlag, München 1973.

Hermann Kasack
(1896–1966)

Der Webstuhl

Heute sind nur noch Überreste vorhanden. Doch läßt sich die Anlage deutlich erkennen, ja in ihrem vollen Umfange und dem allmählich gewachsenen Aufbau vermutlich besser übersehen, als es den Generationen möglich war, die das Werk in Gang hielten. Denn die Einrichtung muß sich über viele Jahrhunderte hin erstreckt haben, wie sich nicht nur aus den verschiedenen Baustilen und aus der Entwicklung der Gewölbekonstruktionen jener Teile feststellen läßt, die noch als Fassaden erhalten sind, sondern gerade auch aus den Stellen, an denen der großräumige Oberbau bis auf die starken Fundamente zusammengesunken ist. Durch Ausgrabungen wurde der dem Ganzen zugrunde liegende Bauplan wie ein Gerippe bloßgelegt, so daß danach ein Gipsmodell in verkleinertem Maßstab gefertigt werden konnte, das eine ziemlich genaue Vorstellung des gesamten Komplexes mit seinen umfangreichen Neben- und Nachbauten ermöglicht, mit den palastähnlichen Anlagen, wie sie einmal bestanden haben. Freilich wirkt der farblose Modellaufbau in dem künstlichen Glaskasten zierlich und spielerisch gegenüber den kolossalen Ausmaßen der Wirklichkeit, die man kaum an einem Tage durchstreifen kann. Auch bei einer Wanderung durch das verwitterte Ruinengelände bestätigt sich, daß die Ausbreitung der Fabrik sich etappenweise vollzogen hat. Die Bezeichnung Fabrik klingt allerdings zu nüchtern und wird dem kultischen Charakter nicht gerecht, der dem Unternehmen bis zuletzt eigentümlich geblieben ist, wenn er auch gegen Ende nicht mehr so überzeugend in Erscheinung trat wie in der Blütezeit und in den frühen ersten Jahrhunderten.

Den Ausgangspunkt wird ursprünglich eine Kultstätte, eine wehrhafte Feste, gebildet haben, zu deren Errichtung dieser Platz durch die natürliche Beschaffenheit der Landschaft besonders geeignet war. Der zu einem See sich verbreiternde Flußlauf forderte auf dem zu einer Hügelgruppe ansteigenden Ufer zu einem Bau heraus, der keinen profanen Zwecken dienen mochte. Daß die Stätte in alten

Zeiten inmitten eines dichten Waldes gelegen war, überliefert, wenn auch die Gegend seit langem kahl und gleichsam vegetationslos geworden ist, die Untersuchung der Erdschichten, die bei den Ausschachtungen der inzwischen weithin in die Ebene bebauten Fläche vorgenommen wurde. Auf der gegenüberliegenden Seite des Flußbeckens, später durch Brücken an den seitlichen Rändern verbunden, entfaltet sich die noch leidlich bevölkerte Stadt, obwohl sie längst nicht mehr die Größe aufweist, die sie besaß, als das Unternehmen auf der Hügelseite noch mächtig war.

Hier befindet sich auch das Provinzmuseum, das sich, wenigstens in Fachkreisen, einer gewissen Beachtung erfreut, weil es eine Sammlung historischer Zeugnisse aus dem Ruinengebiet der benachbarten Kultfabrik enthält. Viel ist es nicht, was in den drei kleinen Sälen geboten wird, denn das meiste ist bei der allgemeinen Katastrophe zugrunde gegangen oder nachträglich mutwillig zerstört worden. Zunächst hat man wohl auch wenig von den vorangegangenen Ereignissen wissen wollen. Erst geraume Zeit nach der Jahrhundertwende begann man, sich für diese Seite der Vergangenheit wieder zu interessieren und aus persönlicher Liebhaberei das zusammenzutragen, was der Erinnerung wert schien. Da freilich die besten Stücke inzwischen in ausländische Galerien abgewandert waren, behalf man sich vielfach mit Nachbildungen und Farbtafeln, mit Modellen und tabellarischen Übersichten, um den Nachfahren einen Einblick in die Entwicklung jenes kulturgeschichtlich so merkwürdigen Vorgangs zu geben. Wenig gesichtet ist das Material an Akten, Listen, Eingaben und Berichten früherer Zeiten, das sich, dem Publikum unzugänglich, noch ungeordnet im Bodenraum des Museums befindet.

So stellen diese Aufzeichnungen den ersten Versuch dar, aus den Resten der spröden Behördenliteratur eine Übersicht zu gewinnen und das zu erschließen, was allgemeineres Interesse beanspruchen darf. Wenn es sich auch um nicht mehr als eine vorläufige Arbeit handelt, die manche Lücken läßt, viele Einzelheiten übergeht und sich zuweilen mit Andeutungen begnügt, wo durch eigene Auslegung der Fakten ein zwar wirkungsvolles, aber imaginäres Bild entstünde, so darf versichert werden, daß die zeitgenössischen Quellen, ohne sie jeweils anzuführen, mit aller kritischen Vorsicht benutzt und die Angaben durch abwägende Vergleiche verschiedener Darstellungen gewonnen wurden. So sehr es gereizt hätte, die Lektüre durch eingestreute Gespräche, überhaupt durch erfundene Personen zu beleben, wäre dadurch der beschreibende Charakter ins Anekdotische abgeglitten. Es galt, aus dem Sammelsurium den wesentlichen Gehalt der im Staub der Zeiten schlummernden Handschriften auf wenige Seiten zu konzentrieren und dabei auf jeden pedantischen Apparat der Gelehrsamkeit zu verzichten. So mag der Bericht als eine Art Museumsführer dem Besucher willkommen sein, der, die Gegenstände oder ihr Abbild lebendig vor Augen, nun einen Kommentar über ihre einstige Verwendung, über Sinn und Verlauf ihrer Jahrhunderte alten Geschichte erhält. Denn woraus sollte man lernen, wenn nicht aus den Torheiten der Vergangenheit ?

Von dem Baukern, aus dem sich die spätere Anlage entwickelte, ist nichts mehr erhalten. Aus Chroniken und Bildberichten, vor allem den wieder freigelegten Höhlenfresken und Mosaiken in der Tiefe der Hügel Theta und Gamma, geht hervor, daß an der Stelle, wo noch die flache sarazenische Turmkuppel aufglänzt, einst der Webstuhl gestanden hat, den man später den goldenen genannt hat. Mag sein, daß dieser schmächtige Kuppelbau erst in späterer Zeit wie ein Denkmal über dem Platz errichtet worden ist, an dem der Sage nach der Auserwählte saß und das Gewebemuster flocht. War es der oberste Priester, so wird ein Tempel, war es der Landesherrscher, so wird ein Palast auf einem dieser Hügel oberhalb des Sees das Kultgerät beherbergt haben. Sie können es nicht unmittelbar nachprüfen, da sich alle Spuren der ältesten Epoche verloren haben und wir auf spätere Aufzeichnungen angewiesen sind. Historischen Quellen kann man nur bedingt Vertrauen schenken, man weiß aus Erfahrung, daß sie oft genug einer Zeitströmung zuliebe geschrieben sind, die den jeweiligen Machthabern schmeichelt und die Nachwelt täuscht. So gehört der goldene Webstuhl wohl der Legende an. Denn der heilige Teppich ist zweifellos zunächst mit seidenen Flormaschen in einem Rahmen geknüpft worden, wie es dem fernen Zeitalter der Kontemplation entspricht, wie es auch noch der Bildweberei im Mittelalter eigentümlich ist, dem langsamen Malen mit dem Faden, als das Teppichknüpfen schon in das Wirken an dem Handstuhl übergegangen war, der nach mühsamer Vorbereitung die Bindung von Ketten- und Einschußfäden vollführt. Aber erst viel später, als die mit der Hand ausgeführten Verrichtungen der Zugarbeit durch mechanische Hilfen ersetzt wurden, wie es zu Beginn des neunzehnten Jahrhunderts der berühmten Jacquardmaschine gelang, wurde aus dem Bild der aktiven Gegenwart wohl das Sinnbild des goldenen Webstuhls in die Vergangenheit zurückverlegt. Jacquard, der als Arbeiter einer Seidenstoff-Fabrik in Lyon begann, konstruierte einen Webapparat, bei dem die einzelnen Bestandteile durch mechanische Kombinationen von einem einzigen Punkte aus gelenkt wurden. Die weiteren, durch Dampf oder Elektrizität betriebenen Webmaschinen, die sein Prinzip vervollkommneten, beschleunigten den Produktionsprozeß, bis dann mit den serienweise hergestellten Kettendruckteppichen die Mechanisierung des Vorgangs vollständig erreicht worden ist.

Mögen die Anfänge der Frühzeit sich für das kritische Auge auch unbestimmt ausnehmen, als feststehend kann die Tatsache gelten, daß es eine längere Periode gegeben hat, in der sich Würde und Recht, den heiligen Teppich zum Wohl des Landes zu weben, innerhalb einer auserwählten Familie vom Vater auf den ältesten Sohn vererbt hatte. In diesem patriarchalischen System war die Vorherrschaft der Priesterkaste allmählich durch die Dynastie der Könige abgelöst worden. Bald aber wurde die Aufgabe dem Beamtentum übertragen, und mit diesem Zeitpunkt beginnt die Anlage, in der sich die kultische Herstellung des Landesteppichs abspielt, sich rasch auszudehnen, nicht nur räumlich, sondern auch handwerklich und verwaltungsmäßig. Es bildet sich ein fester Behördensitz, ausgestattet mit allen Befugnissen der höchsten staatlichen Macht, deren oberster Leiter stellvertretend für seinen Landesherrn steht, also eine Art Vizekönig, wenn er auch öffentlich nicht diesen Namen trug.

In der Bevölkerung ist damals noch der Glaube an die Wunderkraft des Teppichs lebendig, der durch stete Erneuerung jedem Einwohner einen magischen Schutz verleiht. Willig opfern sie einmal im Jahre den Zehnten ihres Besitzes, um sich an den Aufwendungen zu beteiligen, die für die Arbeit, für das Weben und Wirken entstehen. Sie bringen Geld und Materialien wie Schafswolle, Ziegenhaar und Jute zu den Pförtnern und Aufsehern, sie lasscn es sich etwas kosten, weil es um ihren, um den heiligen Teppich ihres Landes geht, der prächtiger und reicher sein soll als der anderer Staaten. Nur die geschicktesten Weber, denen täglich der oberste der Beamten das Zeichen zum Arbeitsbeginn gibt und gleichnishaft die ersten Fäden durch die Kette des Webstuhls zieht, sollen beschäftigt, nur die zuverlässigsten Verwalter, die besten Zeichner für die Entwürfe des Musters herangeholt werden. Es bedeutet eine Auszeichnung, zu den Werkleuten zu zählen, die im Namen der Regierung unter dem Zeichen des Webstuhls tätig sind. Aber nicht nur jene, die in steigender Zahl dem Kult unmittelbar Leben und Arbeit widmen, sondern jedermann, der in den Städten und Landbezirken seinem Beruf und Gewerbe nachgeht, fühlt sich bei der Herstellung des staatlichen Teppichs beteiligt. Denn er entrichtet seine Abgaben und dient auf diese Weise dem Zweck und der Idee des Ganzen.

Inzwischen aber wächst das Gewebe, das Tuch strömt, und wenn auch jede fehlerhafte oder weniger gelungene Stelle, die nur die Augen der Prüfer und Kontrollbeamten entdecken, sorgfältig ersetzt wird und die Arbeit in ihrem sichtbaren Ergebnis verhältnismäßig langsam fortschreitet – die Menge des Gewobenen nimmt unablässig zu, sodaß neue Hallen gebaut werden müssen, um der Fülle der Ballen Platz zu geben.

In jedem Jahr wird der heilige Landesteppich an einem bestimmten Staatsfeiertag ausgestellt. Bei diesem öffentlichen Fest, an dem zahlreiche Vertreter aus allen Städten, Bezirken und Provinzen teilnehmen, wird ein weitläufiger Abschnitt des Teppichs von der Bürokanzlei bis in die Halle ausgebreitet, über den die Abgeordneten des Volks unter Vorantritt der Fürsten, Geistlichen und Beamten hinschreiten dürfen. Sie ziehen mit ernsten Mienen am goldenen Webstuhl vorüber, an dem der Reichsälteste wie eine Statue sitzt, und sie bewundern in Ausstellungsräumen die Farbenpracht alter und neuer Stücke, die für diesen Tag aus dem ungeheuren Ganzen gelöst werden. Denn den Teppich in seiner vollen Größe zu überschauen, ist niemandem mehr möglich.

Mit der jährlichen Prozession sind allmählich Tagungen und Sitzungen verbunden, bei denen unter dem Vorsitz leitender Beamten über die bisherige und künftige Gestaltung des Staatsteppichs diskutiert und beraten wird. Neben organisatorischen Fragen sind es vor allem künstlerische Probleme, die zur Erörterung stehen. So haben sich im Laufe der Zeit zwei verschiedene Richtungen herausgebildet, die einander heftig befehden. Die eine Schule setzt sich mehr für das Figürliche und Illustrative des Musters ein, während die andere das Ornamentale und Abstrakte bevorzugt. Den einen kommt es auf den Inhalt an, den anderen auf die Form.

Aus Bruchstücken der wenigen erhaltenen Originale, vor allem aber aus den beiden Musterbüchern, von denen durch einen glücklichen Zufall kostbare Pergamentblätter mit farbigen Entwürfen gerettet und im Museum ausgestellt sind, läßt sich der Gegensatz der beiden Richtungen genau verfolgen. Die Schule der Realisten wollte durch zeitgeschichtliche Bilder getreu unterrichten, etwa über die Arbeit des Landmanns in den Jahreszeiten, über die Tätigkeit der Handwerker und Zünfte, aber auch allgemeine Kalenderereignisse wie Ratstagungen und Monatsmärkte und besondere Vorfälle, einen fetten Fischzug, eine Hexenverbrennung, einen Glockenguß im Abbild festhalten. Die Darstellungsweise wechselt zwischen bäurisch grobem Naturalismus und modischer Stilisierung. Bei den Entwürfen der Symbolisten ging es um den Gleichnischarakter des menschlichen Lebens, um Geburt, Hochzeit und Tod, um die Empfindung der Sehnsucht, der Trauer, der Freiheit, etwa in der häufig variierten Schwinge des Vogelflugs, im Motiv des Blütenzweigs und des Regenbogens. Sie schufen Tiere einer Traumlandschaft, allegorische Zeichen mit Zirkel und Sternkreis und den mythischen Rhythmus im Ornament. Ihr Stil bewegte sich zwischen Romantik und spielerischem Effekt. Bald bestimmte die eine Gruppe, bald die andere den allgemeinen Geschmack. Es gab Jahrzehnte, die von scharfen Auseinandersetzungen zwischen den Realisten und den Symbolisten erfüllt waren. Sie stehen den weltanschaulichen Kämpfen jener früheren Epoche nicht nach, in der die religiösen Motive des großen Gewebes weltlichen Vorstellungen erlagen und durch Bilder aus Sage und Geschichte abgelöst wurden.

Bedeutende Forscher und Gelehrte widmen sich der Motiv- und Wappenkunde und werden in die neu gegründete Akademie zum Studium des Landesteppichs berufen. Maler und Künstler sehen sich im Wettbewerb zur Mitarbeit an den Kartons herangezogen. Ein Verwaltungsrat übt die Kontrolle über eine Reihe von Abteilungen aus, denen es obliegt, das Material zu beschaffen, für Steigerung der Qualität zu sorgen und das Volumen der Leistung zu erhöhen. Für die Durchführung des Betriebes ergibt sich die Notwendigkeit, ein statistisches Amt einzurichten, dem die Berechnung und Erfassung des zum Landeswohl üppig wachsenden Teppichs übertragen wird, ebenso die Registrierung sämtlicher mit dieser Arbeit in Zusammenhang stehenden Personen. Die Zahl der Beamten, der laufenden Hilfskräfte nimmt zu, es erhöhen sich die Ausschüsse, Kommissionen und Beiräte. Während sich die Zentralbehörde für die Herstellung des Teppichs noch mit einem einzigen Raum begnügt, mit der alten Halle, in der kaum mehr als zehn Webstühle am stattlichen Werk schaffen, erfordern die dem Unternehmen angegliederten Teile ein Vielfaches an umfangreichen Baulichkeiten. So dehnen sich die Büropaläste und Beamtenstraßen weiter auf dem Gelände aus. Die Abgaben der Bevölkerung für den Landesteppich erhöhen sich, sie werden nach der Art des Gewerbes, nach der Höhe des Verdienstes, nach der Menge des Warenumschlags festgesetzt. Die Berechnungen für den Anteil, den der einzelne Landesbewohner für das Zustandekommen cles Teppichs jährlich zu entrichten hat, die damit verknüpften Buchungen, Listen und Prüfungen bedingen ein neues großes Aufgebot von ausgebildeten Beamten, von geeigneten Buchhaltern, Schreibern, Sekretären, Dezernenten, Kalkulatoren, Kassierern, Supernumeraren, Rechnungsräten, die zu besolden der Teppichbehörde immer schwerer fällt. Da keines Menschen Kraft mehr ausreicht, einen Überblick über das Ganze zu gewinnen, müssen neue Institutionen, Kommissionen, Rechnungshöfe geschaffen werden, die alle Einnahmen und Ausgaben zu regulieren haben. Ihre Tätigkeit belastet wiederum die Ausgabenseite so erheblich, daß die Einnahmen durch erhöhte Abgaben der Bewohner gesteigert werden müssen. Um die Liquidität des Unternehmens zu sichern, zahlen die Einwohner einen weiteren Prozentsatz ihres Vermögens, ihres Grundbesitzes. Sie können ihren Kindern nichts vererben, ohne einen beträchtlichen Teil davon abzugeben, sie dürfen keine Getränke zu sich nehmen, ohne eine besondere Abgabe zu entrichten, sie können keine Verträge schließen, kein Gewerbe ausüben, keine Reise unternehmen, ohne zu einem Beitrag an die Behörde verpflichtet zu sein. Wenn auch alle diese Maßnahmen unter dem Sinnbild und Siegel des goldenen Webstuhls vorgenommen werden, so schwindet der ursprüngliche Sinn des heiligen Teppichs mehr und mehr.

Einst ist jedermann stolz auf den Landesteppich gewesen. Er bildete das Zeichen für Würde und Mächtigkeit eines einheitlichen Ganzen, dem sich jeder als unmittelbar zugehörig empfand, das jeder durch sein Leben mitschuf. Der Teppich, in seiner Farbigkeit und Großartigkeit, bedeutete das allen sichtbare Dokument dieser Zusammengehörigkeit, er stellte das Eigentum aller dar, zu dem der einzelne freiwillig und freudig seinen Teil zur Verfügung stellte. Man leistete sich den Teppich, wie man sich den Schmuck an seinem Haus leistete, sich ein Festgewand oder einen Prunkbecher zulegte. Es war ein Kult. Das Muster des Landesteppichs nahm man zum Vorbild für die Stadtfahnen und Gildefahnen. Vielleicht ist das Landesgewebe in früheren Zeiten sogar für diese Zwecke beabsichtigt gewesen? Im Laufe der Zeiten wurde es von der Bevölkerung immer mehr als ein Schaustück empfunden. Die magische Kraft, die ihm innegewohnt hatte, die ihm aus der Liebe der Bevölkerung zugeströmt war, ging über dem Aufwand verloren, den die Behörde mit der Herstellung trieb. Aus den Erwählten wurden im Laufe der Jahrhunderte Handlanger. Zuweilen sah man an der Behördenmauer Frauen in stummer Klage stehen, die vergeblich das erloschene Wunder zu beschwören suchten.

Es war, als habe man ein Arrangement präparierter Blumen vor sich, die alle Anzeichen des Blühens aufweisen, nur der Duft hat sich verflüchtigt. Unmerklich ist an die Stelle der Idee der Apparat getreten. Die Aufgabe bestand darin, den heiligen Teppich zu weben, und ihr lag wohl die Vorstellung zugrunde, Himmel und Erde so miteinander zu verbinden, wie sich beim Weben die einander kreuzenden Fäden verschlingen. Die kosmische Einheit, die Bindung der Vertikalen mit der Horizontalen, des Menschen mit dem All, prägte sich darin aus. Der heilige Teppich entsprach dem geordneten Bild dieser Verwobenheit. In jenen gläubigen Zeiten bedurften die Menschen keiner besonderen Sichtbarmachung des Landesteppichs. Sie wußten von seinem Vorhandensein wie um einen Schatz ihres eigenen Herzens, sie spürten seine schützende Kraft bei allen Handlungen, bei allem Schaffen des täglichen Lebens. Je länger aber die Behörde die Tradition fortsetzte, desto mehr büßte die Tätigkeit an naiver Ursprünglichkeit ein. Das Verfahren wurde um so umständlicher, je kleinlicher die Vorschriften bedacht wurden. Das Beiwerk überrankte den organischen Wuchs.

Wenn schließlich, um ein Beispiel hervorzuheben, bestimmte

Waschungen nicht allein für die Weber und Zugknaben, sondern für sämtliche Beamte der Teppichbehörde vor Beginn der täglichen Arbeit vorgeschrieben wurden, und diese Bestimmung dazu führte, daß große Bäder mit künstlich zugeleiteten Quellen in marmornen Hallen errichtet wurden, zu deren Bedienung und Instandhaltung wiederum eine zunehmende Zahl von Angestellten notwendig war, so zeigt sich darin deutlich, wie die Mittel und Methoden wichtiger als die eigentliche Aufgabe wurden.

Auf dem letzten Konzil, das vor der entscheidenden Umwälzung auf wirtschaftlichem Gebiete stattfand, fiel es der Teppichbehörde nicht leicht, die Zustimmung der Delegierten zu den irnmer einschneidender werdenden Rechten und Maßnahmen zu gewinnen. Vermutlich wurde die günstige Entscheidung durch den ungewöhnlichen Pomp herbeigeführt, der bei den sogenannten Teppichspielen zur Entfaltung kam. Die ovale Arena mit den hohen steinernen Rängen, in der die Parade veranstaltet wurde, ist noch gut erhalten und könnte, wenn man das verödete Gebiet nicht scheute, noch jetzt für Freilichtaufführungen oder sportliche Darbietungen benutzt werden. Damals wallten Gruppen von Tänzern und Tänzerinnen, die sich aus allen Volkskreisen vereinten, in farbigen Gewändern und buntdurchwirkten Gazeschleiern dichtgedrängt über das Feld der Arena, die vom Schein unzähliger Fackeln in einem unruhig spiegelnden Licht erglänzte. In ihren rhythmisch gegliederten Massen bildeten sie das Grundmuster des Teppichs ab, aus dem sich allmählich ein Motiv nach dem anderen in erneuernder Ordnung entwickelte. So führten sie mit Hilfe von kunstvoll geschwungenen Tüchern auf lebendige Weise die Embleme vor Augen, die im letzten Jahrfünft in den heiligen Teppich eingewebt waren, sie stellten den Teppich des Staates in historischen Bildern dar.

Da leuchteten auf blauem Grund die drei silbernen Wellenlinien auf, in einer glitzernden Bewegung, und darüber die kräftigen Linien des Schiffes mit den steif geblähten roten Segeln. Da bildete sich das Oval des grünen Wappens mit der schillernd sich aufreckenden Schlange vor der Flamme des kupfernen Opferbeckens. Da formten sich die Randornamente des violetten Flechtbandes und des ziegelroten Mäanders, in deren Umrahmung die prächtigen Blumenmuster aufflammten, die Kerzen der Kastanienblüte, die Sterne der Margeriten, die züngelnden Blüten der Feuerlilie. Da wogten die Farbenkreise, die satten Tupfen und zierlichen Kringel auf dem schwarzen Grund, unendlich vergrößerte Muster des lebendig nachgebildeten Teppichs, bei dem jeder Mitspieler eine Masche des Ganzen bildete. In diesem Reigen offenbarte sich ein letzter Rest des religiösen Rausches, wie er früher die Gemeinschaft der hohen Messe ergriffen hatte, in der wiederum der ferne Glanz uralter

Mysterien hindurchschien, obwohl nun ein Zug der Verweltlichung bei allem Zeremoniell der Handlung unverkennbar blieb. Es war der Glaube ans Diesseits, das pralle Gefühl des Menschen, der sich zum Mittelpunkt der Welt macht, der Augenblick, der die Unendlichkeit bedeutet. Es war das Bewußtsein der Gegenwart, das Spieler und Zuschauer miteinander verband. Weltweit öffneten sich die Sinne unter der festlich barocken Musik, die dann die psalmodierende Stimme des Erklärers unterbrach, bis sie wiederum in Beifallsklatschen unterging, das nach jedem gelungenen Dessin durch die Ränge der Arena aufrauschte.

Wurden die Gemüter der Zuschauer durch das heitere Schauspiel gelockert, das ihnen am Abend vor der Abstimmung geboten ward, so trug ein weiterer Umstand dazu bei, einen Teil der Unschlüssigen für die Behörde einzunehmen. Während des letzten Bildes, in dem das berühmte Schöpfrad dargestellt wurde – eine leicht verständliche Allegorie: Eimer, die unaufhörlich Wasser aus dem gleichen Becken schöpften, in das sie es ergossen – während dieses Bildes, in dem sich die Behörde auf kühne Weise selber ironisierte, lösten sich von den Rändern helle Gruppen von Tänzerinnen, die über die Ränge sprangen und jedem Mitglied des Konzils aus bereitgehaltenen Körbchen eine aus echten Teppichfäden gewebte Schleife mit anmutigem Lächeln an die Brust hefteten. Obwohl die Schleifen als Abzeichen galten, wurden sie von vielen Teilnehmern als Ordensauszeichnung empfunden, deren Reiz sich keiner entzog und die noch gern später sichtbar getragen wurde. Einige Exemplare haben sich bis in unsere Tage erhalten und werden in der Vitrine aufbewahrt, die sich neben dem Gipsmodell der rekonstruierten Anlage im Museum befindet. Wenn auch jenes Fest im Vergleich zu den Möglichkeiten, die unserem modernen Zeitalter der Technik zur Verfügung stehen, bescheiden und primitiv anmutet, so war es das letzte glanzvolle Ereignis, in dem die Daseinsfreudigkeit jener Epoche noch einmal in Erscheinung trat. Es fehlte auch nicht an Rhapsoden und Sängerchören, von denen die Bedeutung der verkörperten Teppichmuster im Lied gefeiert wurde, wie denn überhaupt die Literatur jener Zeit den Begleittext für das Walten der Teppichbehörde abgab.

Immerhin war nach Beendigung des Konzils, dessen Kosten nachträglich durch eine besondere Landesbuße wieder eingebracht werden mußten, die Stimmung breiter Kreise nicht mehr zu überhören, die nicht nur gegen das Ausmaß der Teppichbehörde, sondern gegen die Einrichtung selbst rebellierten. Ein rasch angezettelter Krieg mit dem Nachbarstaat lenkte zwar die Aufmerksamkeit für eine Weile ab, zumal da er unter dem Motto »Freiheit für den goldenen Webstuhl« geführt wurde, aber sein siegreicher Ausgang brachte der Allgemeinheit keine Erleichterungen, im Gegenteil, es erhöhten sich die Abgaben für den Staatsteppich, und der Unwillen stieg. Wer weiß, ob nicht die Teppichbehörde mit ihrem weitläufigen Apparat ein vorzeitiges Ende genommen hätte, wenn nicht ein Ereignis eingetreten wäre, das ihr einen neuen Auftrieb gab: es war die Erfindung des Kraftstuhls, der in Verbindung mit der Jacquardmaschine eine mechanisch vereinfachte Herstellung ermöglichte und damit die Industrialisierung des Unternehmens einleitete.

Es ist kulturgeschichtlich zur Genüge bekannt und auch in der dramatischen Literatur dargestellt worden, wie der Widerstand der Handwerker und Stuhlarbeiter rasch durch die neue Methode besiegt, um nicht zu sagen liquidiert wurde. Was zunächst an mangelnder Qualität, an Vergröberung gegenüber der betulich sorgsamen Art handgewebter Stücke auszusetzen war, ist durch die Entwicklung der Maschinentechnik in kurzer Zeit wettgemacht worden. Bekanntlich hat die Verwaltung mit der Einführung der mechanischen Webmaschinen noch gezögert, als diese schon in ähnlichen Unternehmungen und in anderen Ländern mit Erfolg verwendet wurden. Ein Beweggrund mag darin gelegen haben, daß der Vorteil, mit gleichem Aufwand schneller und ergiebiger zu produzieren, für den heiligen Teppich keinen besonderen Wert aufwies, wenn man bedenkt, daß die angesammelte Fülle und Länge des Gewebes umfangreicher war, als sie praktisch je genutzt wurde. Es kam schon seit langem nur darauf an, die Geste der Webung einzuhalten, damit der umfängliche Apparat, also die Teppichbehörde selbst, sich vor der Einwohnerschaft des Landes rechtfertigen ließ. Was sollte man mit einer vervielfachten Menge an Teppichgut, wenn die bloße Fiktion genügte! Ohne sich also über die Verwendung der vermehrten Produktion im klaren zu wissen, stellte man eines Tages die alten Webstühle beiseite, bediente sich ihrer nur bei feierlichen Gelegenheiten zur Dekoration und richtete die neuen Maschinen ein. Man folgte dem Zug der Zeit, man fügte sich zwangsläufig der realen Forderung des Tages. Bei der Einweihung des ersten Maschinensaales wurde darauf hingewiesen, daß nun der oft bekrittelte Aufwand, das Drum und Dran der Haupt-, Neben- und Unterabteilungen, der Bürostraßen, des Werkdienstes seine Entsprechung in der Quantität der hergestellten Ware fände.

Zum erstenmal taucht hier der merkantile Begriff der Ware und des Fabrikats auf gegenüber dem kultischen des Staatsgewebes. Daher nimmt es nicht wunder, daß man sich bald entschloß, das maschinell gewonnene Produkt in längere Streckenabschnitte aufzuteilen und es bestimmten, der Allgemeinheit in die Augen fallenden Zwecken zuzuführen. So wurden damals beispielsweise die großen Exerzierplätze der Truppen mit dem Staatsteppich belegt; die öffentlichen Gebäude, später auch die Bahnhöfe damit ausgestattet; jedem größeren Ort wurde ein Quantum als Straßenbelag für besondere Gelegenheiten zugeteilt; dies ließ wiederum die kleineren Ortschaften nicht ruhen, ebenfalls einen entsprechenden Teil für ihre Bedürfnisse zu beanspruchen. Bald ergab sich, daß abgenutzte Stücke ersetzt werden mußten; übrigens nicht nur diese jubelnd begrüßten Muster wurden nach Jahresfrist als veraltet und Veraltetes als kränkend empfunden.

Schon im ersten Jahrzehnt des Maschinenzeitalterls dürften sich die Säle und Hallen der Fabrikation verzehnfacht, die Apparaturen verhundertfacht haben. Der Komplex der Teppichbehörde, die ihren ursprünglichen Sitz auf den Hügeln am See behielt, erstreckte sich als Bürostadt und Fabrikgelände immer weiter in die Ebene hin. An ihrer Spitze stand jetzt ein Präsident, der im jährlichen Wechsel aus dem Industrierat hervorging. Sein Einfluß wirkte sich mächtiger aus als ehedem die Regierungsgewalt eines Königs. Wenn auch zuverlässige Angaben fehlen, so unterliegt es keinem Zweifel, daß von einem gewissen Zeitpunkte an mehr als die Hälfte aller Landespersonen als Beamte und Arbeiter im Dienst der Behörde des goldenen Webstuhls standen. Längst unterhielt die Fabrik eigene Eisenbahnlinien und Speditionen, Krankenhäuser und Erholungsheime, Bibliotheken und Reparaturwerkstätten, Institute und Kantinen. Und Ämter über Ämter! Die von früher bestehenden Einrichtungen, Prüfstellen und Kontrollgerichte, Rechnungshöfe und Kontore, Verwaltungsrat und Preissenat, Überwachungsausschüsse und Registraturen schwollen wie von Elephantiasis befallene Organe an. Die Kassen und die Verrechnungsstellen, die Buchhaltereien und die Veranlagungsbüros bildeten ein Labyrinth von Zahlen, aus dem sich kein normaler Landesbewohner mehr herausfand.

Selbstverständlich fehlte es nicht an einsichtigen Personen, die ihre Bedenken über den immer stärker anschwellenden Beamtenapparat zum Ausdruck brachten. In Schriften und Reden auf Versammlungen wiesen sie auf die Gefahren des Leerlaufs hin, die dem Unternehmen drohten. Sie verlangten eine Reform des Systems, wünschten einen Abbau der zusätzlichen Abteilungen, aber sie erreichten, wie es bei an sich vernünftigen Vorschlägen so häufig geht, das Gegenteil, indem die Behörde nun einen neuen Stab von Mitarbeitern, Gutachtern und Fachleuten, also ein neues Instanzenbüro einsetzen mußte, von dem aus die Vorschläge bearbeitet, die Angriffe widerlegt und abgewehrt wurden. Man zog Paragraphen heran, schrieb Kommentare, wies statistisch nach, daß durch eine Beschränkung des Apparats viele Tausende der Arbeitslosigkeit ausgesetzt würden, für die die Fürsorge wiederum dem Steuerzahler zur Last fiele, ohne daß er einen Nutzen davon habe, während er, bliebe alles im eingespielten Gleis, für reine Tribute in den Genuß eines Landesteppichs käme, der allen verfeinerten Ansprüchen der Kultur und der Technik Genüge leiste. So argumentierte man hin und her, und da Kritik Gegenkritik herausfordert, gründeten sich bald verschiedene Parteien, die mehr und mehr das öffentliche Bild bestimmten und weite Kreise der Bevölkerung in ihren Bann zogen. Wer selbst zur Teppichbehörde gehörte oder ein Mitglied seiner Familie darin aufgehoben wußte, hielt sich an die staatserhaltende, die konservative Richtung, die sich in verschiedenen Schattierungen absetzte; wer zu denen zählte, die sich durch erhebliche Abgaben von ihrem Verdienst nur zum Unterhalt der Teppichbehörde verurteilt sahen, ging in eine der Reformparteien, die sich von gemäßigter Mitte bis zur anarchistischen Radikalität abstuften. Soweit Industrie und Unternehmertum unmittelbar an der Vergrößerung des Apparats beteiligt waren, stützten sie die Behördenpartei, während die davon Ausgeschalteten mit ihrem Anhang in die Opposition traten.

Die Maschinen webten und webten. Die Bogen der Formulare für Bestanderhebungen wurden von Jahr zu Jahr länger. Die Terminkalender sahen für jeden Tag eine andere Sparte der Geldablieferung an die Teppichbehörde vor. Auf die Bevölkerung prasselten die Fragen wie Regengüsse. Ein Meer von Exekutionsbeamten mit Prüfern, Rechnern, Schätzern drang in jedes Haus, verglich die Listen, prüfte Interesse uncl Leistung des einzelnen für die Verwaltung, jagte die Säumigen von Instanz zu Instanz. Eine Blocksprache, die aus blockierten Wörtern mit geheimnisvollen Abkürzungen bestand, blieb nur Eingeweihten verständlich. Der Paragraph triumphierte, das unheimliche Schöpfrad drehte sich immer schneller.

Es finden sich viele Zeugnisse in den Akten, aus denen sich der imposante und furchterregende Anblick des gigantischen Prozesses ablesen läßt. So sei hier ein Blatt eingeschaltet, das der Eingabe eines Mannes namens Matthias Lehnbacher beigefügt war, weil es die Sorgen des Durchschnittsmenschen jener Tage anschaulich macht – Sorgen auf deren Aufwand unsere ausgeglichene Zeit mit einem lachenden Kopfschütteln zurückblickt.

Er, Matthias Lehnbacher, so heißt es dort, sei selbständiger Handwerker und gehöre der Gilde der Holzschnitzer seit mehr als 25 Jahren an. Zur Erhaltung des goldenen Webstuhls habe er stets die Abgaben entrichtet, die von ihm gefordert wurden. Nun sei aber seine Frau gestorben, die neben dem Haushalt ihm immer die behördlichen Rechenaufgaben besorgt habe, und er kenne sich in den zahllosen Verpflichtungen nicht aus, obwohl er in den letzten Wochen bis tief in die Nächte hinein sich mit nichts anderem als den Regeln und Tabellen beschäftigt habe, so daß seine eigentliche Arbeit darüber fast zum Erliegen gebracht worden sei. Weil aber dadurch auch sein Verdienst auszusetzen beginne, wisse er sich keinen Rat mehr. »Wie soll ich den Vorschriften«, schreibt der Mann, »Genüge leisten, wenn sie mehr verlangen, als das Leben hergibt?«

Zum Beweise zähle er die laufenden Verpflichtungen auf, soweit er sie aus den Aufstellungen seiner verstorbenen Frau begriffe.

»Ich habe«, schreibt er, »einen bestimmten Prozentsatz zu entrichten:

1. für den Verdienst aus meiner Hände Arbeit
2. für die Ausübung meines Gewerbes
3. für den Umsatz meiner verkauften Gegenstände
4. für den Besitz, den ich als väterliches Grundstück erbte
5. für das Vermögen, das die Rechte an meinen künstlerischen Entwürfen darstellt
6. für die Versicherung gegen Krankheit und Gebreste
7. für die Tatsache, daß ich Staatsbürger bin
8. für den Umstand, der Landeskirche anzugehören
9. für die Benutzung von Wohn- und Arbeitsraum
10. für die Erhaltung der Straße, an der mein Haus liegt
11. für die Zwangsversicherung gegen Feuerschaden meines Hauses
12. dto. gegen Unfall- und Sachschaden
13. für das Tragen eines Bartes
14. für den Wert meines Fertig- und Halbfertiglagers als Lastenausgleich
15. für die Umlage zur Kriegsschatulle
16. für die Berechtigung, Obst-, Beerensträucher und Tabakpflanzen in meinem Garten zu nutzen
17. für die Altersversorgung
18. für die Arbeitslosen
19. für das Provinzialgilderecht
20. für die Prämie gegen Teppichschwund
21. für den Tod meiner Frau (Einmalige Umlage).

Hinzukommen an Abgaben, Gebühren oder Spenden:

22. für Wassergenuß aus eigenem Brunnen
23. für den Nachtwächter
24. für den Ausrufer der Nachrichten
25. für Brückenzoll und Kahnrecht
26. für den Warenschutz
27. für die Teppichdelegierten
28. für Vertragsstempel
29. für Personenausweis
30. für den Spielmannszug
31. für die Freimaurerloge
32. für die Kirchenkollekte
33. für den Kulturpfennig
34. für die öffentliche Straßenreinigung
35. für den Kaminkehrer
36. für Partei- und Vereinsbeiträge.«

Unter den Vereinen, denen anzugehören mehr oder minder freiwillig war, werden folgende angeführt, die schon durch ihre Aufzählung der Phantasie ein anschauliches Kulturbild jener Tage vermitteln: »Kriegerverein, Gesellschaft für Waldschutz, Verband der Gildemeister, Turnverein ›Aufwärts‹, Literaturzirkel, Männergesangverein, Schlittschuhclub, Sterbekasse Einhundert Thaler, Nachbarshilfe E. V., Bund für Geselligkeit, Gruppe Hoffnung, Kameradschaft zum braunen Hut, Liga für ewigen Frieden u.s.f.«

Lehnbacher schließt seine Ausführungen damit, daß er sagt, er habe für jede dieser Positionen, vornehmlich die von 1 bis 20, teils vierteljährlich, teils monatlich rechtschaffen zu entrichten sich bemüht, was ihm auferlegt worden sei. Allmählich seien die Sätze im einzelnen so erhöht worden, daß die Gesamtsumme den Ertrag seiner Einkünfte bereits übersteige. Er kenne sich nicht mehr aus. Aber nicht nur aus materiellen Gründen bäte er, ihm bei der Lösung des unlösbaren Rätsels zu helfen, sondern auch aus moralischen: er wolle ein ehrlicher Mann bleiben, aber wie könne er das, wenn die Ansprüche für den Staatsteppich nicht auf ein rechtes Verhältnis gebracht würden?

Das war höflich und aufrecht geschrieben und hätte wohl eine persönliche Behandlung und nicht den üblichen Schemavordruck als Antwort verdient, mit dem der pp. Lehnbacher ersucht wurde, seine diversen Abgaben zuzüglich der Strafzuschläge für Versäumnis und Mahngebühr binnen drei Tagen zu zahlen, widrigenfalls – und nun schillerten die Drohungen der Paragraphenschlange in allen Farben. So rüde klang damals der Ton.

In Zeiten, die einen mechanischen und unsozialen Apparat an Stelle des gesunden Menschenverstandes setzen, kann es sich leicht wiederholen, daß einer wie Michael Kohlhaas sich gegen die Ungerechtigkeit des Schicksals auflehnt oder wie Don Quichotte den ermüdenden Kampf gegen die Windmühlenflügel ficht. Vielleicht wäre der Fall Lehnbacher ähnlich ausgegangen, wenn er nicht den Humor besessen hätte, der den Organen der Teppichbehörde so bedenklich abging. Er übertrug die Berechnung seiner laufenden Abgaben einem ihm bekannten Mitglied des Amts, das für holzgeschnitzte Gegenstände empfänglich war und infolgedessen dafür sorgte, daß Einstufung und Abführung mit einer entsprechenden Großzügigkeit vorgenommen wurden. So blieb dem Handwerksmann viel Kummer und ärgerliche Lauferei erspart und außer Zeit und Lust zur Arbeit auch ein unbeschwertes Gewissen erhalten. Aber die meisten schufteten sich damals nur für die Abgaben an die Teppichbehörde ab, sie hüteten sich, auch nur einen Deut mehr zu verdienen, als sie unbedingt zum Leben gebrauchten. So zeichnete sich langsam die Gefahr ab, die durch den hektischen Pflichteifer der Geldvögte hervorgerufen wurde.

Die Beamten sahen nur das nächstliegende Ziel ihres Ressorts, nur das Tagesfeld ihrer Bestimmungen vor sich und verloren den Sinn des Ganzen aus den Augen. Der sture Ernst, mit dem noch jeder livrierte Kutscher sich für das Statut des Beamtentrusts einsetzte, die übertriebene Wichtigkeit, die jeder Schaltersekretär seinen Dienstobliegenheiten beimaß, die steife Haltung, die ein kleiner Kontrolleur einnahm, als ob er für die Geschäfte des Staates selber verantwortlich wäre, und die einen Bürovorsteher so unnahbar machte, als hätte er eine geheime Mission gepachtet – alle diese Formen deuteten schon die zunehmende Erstarrung des Betriebes an, der die Menschen zu Mumien machte.

Wer dachte noch an kultische Spiele, an denen das Volk selber teilnahm? Man veranstaltete Kongresse und Tagungen, bei denen die Fabrikleitung hinter geschlossenen Türen mit den Vertretern der Behörde an langen Tischen saß und ihre selbstherrlichen Beschlüsse faßte. Das Volk wurde nicht mehr befragt. In diese kapitalistische Zeit fallen die sogenannten Teppichprozesse. Sie richteten sich gegen die Fälscher, die, vielfach auf korrupten Organen der Behördenstadt fußend, in großem Stil Nachahmungen des Landesteppichs herstellten. Die Muster waren im allgemeinen nicht eingewoben, sondern aufgedruckt und auf billigen erotischen Kitsch berechnet. Die Konkurrenz der Privatwirtschaft regte sich. Als weitere Fälschungen des Landesteppichs auftraten, die, in guter Qualität gearbeitet, unzweideutig politische Karikaturen zur Darstellung brachten, wurde ersichtlich, daß den Störungen ein bestimmter Plan zugrunde lag. Die Privatindustrie verfolgte mit wachsendem Neid, wie die staatliche Produktion immer weiter um sich griff, und ließ, gestützt vom Großkapital, kein Mittel unversucht, sich maßgeblich in den Behördenapparat einzuschalten. Einer dieser dunklen Wege bestand in den Fälschungen. Nachdem die Banken für die Unterbringung einer neuen Teppichanleihe eingesprungen waren, wurden die Prozesse niedergeschlagen. In kurzer Zeit war die finanzielle Beteiligung des Industriekartells so mächtig geworden, daß es alle Schlüsselstellungen des staatlichen Konzerns in der Hand hielt. So entwickelte sich die Teppichbehörde zu einem heimlichen Instrument der Geldwirtschaft, bevor die Bevölkerung des Landes begriff, welche Gefahren damit hervorgerufen wurden.

Die Maschinen webten. Sie fraßen ballenweise die Wolle, die Fäden, die Farbfasern, sie ließen sich Kunststoffe beimengen, und ihre Mäuler spieen wie Stoff-Fontänen die breiten Bahnen aus, die durch die Hallen rollten wie die Schleppe einer Riesin, die nahtlos zusammengesteppt und nach genormten Größenordnungen gestutzt wurden, einige Stücke mit künstlichen Fransen ausgestattet, und alle imprägniert und gegen die Brut von Ungeziefer getränkt.

Die Arbeiter und Angestellten wurden zu Sklaven des Fahrplans, nach dem die Fertigware mechanisch von Station zu Station lief. Wie ein eingefrorener Koloß schleppte sich das Unternehmen neben dem Leben her, träge, gefräßig, menschenfeindlich. Seine Anmaßung brachte selbst besonnene Leute in heftige Erregung. Damals fanden die ersten Zerstörungen der Denkmalsbüsten statt, die von den jeweiligen Präsidenten, den Direktoren und Abteilungsleitern zu ihrer Amtszeit im Wandelgang des neu errichteten Presseinstituts aufgestellt waren. Von der Einwebung ihrer Porträts im Teppichmuster mußte ebenfalls bald Abstand genommen werden, nachdem diese Partien bei öffentlicher Verwendung wiederholt böswillig verunreinigt oder herausgeschnitten worden waren. Trotz diesen Zeichen haben die Spitzen der Fabrik, wie aus den Protokollen der täglichen Chefkonferenzen hervorgeht, nichts von Bedrohung und Gefährdung gespürt oder wenigstens nichts darüber verlauten lassen, auch keine Andeutung über die Möglichkeit eines Irrwegs, einer Sackgasse, in die man geraten sein könnte. Die Verwaltung berauschte sich an den Erfolgen der Produktion, an der Ausdehnung ihrer Macht. Fast jede Sitzung bescherte einen neuen Rekord, der sich bald auf die hergestellte Tagesmenge in Quadratmetern beziehungsweise Quadratkilometern belief, bald auf die Transportleistung, oder auf den Wochen-, den Monats-, den Vierteljahresdurchschnitt, Rekorde, die sich aber auch auf die Quote der Einnahmen, auf eine neue Höchstzahl der beschäftigten Beamten erstreckten, auf die Umdrehungszahl der Wickelmaschinen, die Summe der postalischen Ein- und Ausgänge, der Schalterabfertigungen, der monatlichen Erlasse, Richtlinien und der anberaumten Teppichappelle.

Die Zahlen steigerten sich, enorm die Ziffern, die das Jahrbuch der Teppichrekorde verzeichnet. Das Kapital strich die Zinsen ein. Das Tempo verschärfte sich. Einige wenige, die im Schatten der Industriebarone saßen, schöpften riesige Gewinne ab. Für sie ist der Betrieb wahrlich noch einmal ein »goldener« Webstuhl geworden. Die anderen mußten sich ducken. Aber noch ließen sich viele Menschen von der Teppichpropaganda blenden und starrten gebannt auf die Entwicklung, ohne zu bedenken, daß sie ins Uferlose führen mußte.

Es kam der Zeitpunkt, an dem sich die Abgaben der Bevölkerung nicht mehr steigern ließen. Der Fall Lehnbacher stand nicht vereinzelt da. Die meisten versuchten, auf ungesetzliche Weise sich den Erpressungen zu entziehen, ohne darin einen Betrug zu sehen. Wo waren die Zeiten geblieben, da jeder freiwillig den Zehnten opferte! Wer sprach noch von dem heiligen Teppich angesichts der Profanierung! Der Zauber war fort, er ließ sich durch die moderne Dekoration nicht ersetzen. Eine der Folgeerscheinungen war das allgemeine Absinken der Moral: Unaufrichtigkeit auf der einen Seite, Korruption auf der anderen. Bedenklich genug und uns fast unbegreiflich mutet es an, daß damals Menschen vom alten soliden Schlage, die sich auf ehrliche Weise abmühten, in den Ruf der Lächerlichkeit und Lebensuntüchtigkeit gerieten. Die Theoretiker des Konzerns leugneten freilich, daß ihr System daran schuld sei, und wollten nicht wahrhaben, daß ihr Gewebe alle Daseinsfreude ersticke. Für das Volk hatte das Schöpfrad mit den tausend Eimern nichts mehr mit dem goldenen Webstuhl zu tun.

Zudem blieben immer mehr Eimer leer. Die oberste Verwaltung griff, um ihren Aufwand zu erhalten, zu scharfen Maßnahmen: die Löhne der Arbeiter wurden gesenkt, die Pensionen gedrosselt, und die Beamten, die bisher beachtliche Vergünstigungen für die allgemeinen Abgaben genossen hatten, gerieten in die gleiche Tretmühle, in die sie bisher ihre Mitbürger gezwungen hatten. Aber die Gebäude der Bürostadt prangten und prahlten. Es erging ihnen besser als den Häusern des Landes, deren Dächer brüchig und deren Mauern rissig wurden. Woher sollten die Bewohner auch Mittel und Arbeitskräfte nehmen, sie wiederherzustellen? Alle hatten der Teppichfabrik zu dienen, der großen Prunkmaschinerie, die alles in sich einsaugte, die mit den Fangarmen eines Polypen das letzte ergriff. Um die Verwahrlosung zu verdecken, wurde beschlossen, die Hausfronten in allen Orten mit Stücken des Landesteppichs zu behängen. Keine Außenwand durfte mehr verputzt oder gestrichen werden. Auf diese Weise fand die Produktion ein bemerkenswertes neues Zweckgebiet. Auch ergab sich aus der Leihgabe dieser Teppichstücke, auf denen figürliche Szenen aus dem Leben des Zeitalters in wechselnder Folge dargestellt waren, eine neue Einnahmequelle. Jeder Hausbewohner hatte regelmäßig seinen Pachtanteil für den Hausschmuck zu entrichten. Auch die Dächer mußten einheitlich in den Landesfarben bespannt werden. Aber damit nicht genug! Die Ziergärten, wie sie vielfach vor den Häusern bestanden, entbehrten wie die Grünanlagen auf den Straßenplätzen ebenfalls der notwendigen Pflege, sodaß angeordnet wurde, sie mit Teppichen zu belegen, die in heiteren Farben großgemusterte Blumen und Früchte in einem Ornament aus Gartengeräten, wie Gießkannen, Harken und Spaten auf grünem Grund zeigten. Schließlich begann man auch die Felspartien und Berggipfel mit einem buntgesprenkelten Tuch zu überziehen, ja allmählich alle kahlen Flecken des Landes mit grünen Riesenmatten zu bedecken. Konnte man dort auch kein Vieh weiden lassen, so boten sie doch dem Auge einen beruhigenden Anblick. Auch Zäune und Telegraphenstangen wurden kräftig umwickelt und planmäßig bewimpelt.

Wie farbenprächtig der Anblick dieser Epoche auch wirkte, verdeckte er hinter dem optimistischen Schein nur das seelenlose Grau der immer müder und freudloser hastenden Menschen. Der Streifen Leben wurde immer schmaler für sie. Als alles im Lande belegt, bekleidet und behangen war, liefen die Maschinen weiter. Sie webten und webten. Wie Lava schob sich die zähe Teppichmasse über den Boden, Schicht um Schicht. Die Dörfer, die Städte drohten erstickt zu werden wie einst lPompeji unter dem Aschenregen des Vesuvs.

Wo war der Präsident, wo einer der Verantwortlichen, der Einhalt gebot? Sie tagten in Konferenzen, sie sahen nur die Statistiken, die Rekorde, die Gewinnaussichten, und sie forderten von der Generalität einen starken Krieg –: ob die Kanonengewaltigen nicht endlich begreifen wollten, daß der Landesteppich neuen Raum verlange! Man könne nicht auf die Dauer nur Manöverpläne damit füllen! Schließlich säßen die Generale wohl nicht umsonst im Aufsichtsrat der Teppichbehörde !

So höhnisch debattierten die Großherren, so unersättlich trieben sie es in ihrem faustischen Drang und forderten das Schicksal heraus.

Während die Hallenmeister sich die Haare rauften, wo sie die quellende, strömende, schlickende Masse noch lassen und stauen sollten, während das Volk immer tiefer durch den weichlichen staubigen Müll watete, der alle Straßen bedeckte und alle Flüche erstickte, während die Arbeiter schon begannen, der verzweifelten Situation durch einen Streik innerhalb und außerhalb des Werks Luft zu machen, um eine grundlegende Änderung der Verhältnisse zu erzwingen, saßen die Beamten der toten Hand unberührt und eisern an ihren Rechenmaschinen, addierten und summierten, schematisierten uncl schablonisierten, als ob die menschliche Natur ein Automat wäre.

Bevor die Generale das Zeichen zum Krieg geben konnten, flog die Behördenstadt in die Luft. Die Büropaläste stürzten zusammen, die Hallen und Magazine fingen Feuer, die Aktenstraßen brannten tagelang. Maschinen und Paragraphen glühten aus, Erhebungslisten und Formulare verkohlten, zu Asche zerfielen die Karteikarten, die Verbote und Verordnungen, die das Leben der Menschen umgefälscht hatten, zu ewiger Asche die dämonischen Fänge des Geldes. Der riesige Komplex der Kultfabrik, die zuletzt einen Umfang von mehreren Quadratkilometern einnahm, wurde mit seinen Kanzleien und Kassen, mit seiner Statistik und Verwaltung ein einziges Ruinenfeld.

Behäbig fraß sich das Feuer über die Teppichbahnen der Chausseen und künstlichen Wiesen weiter, aber es breitete sich nicht zu einem ungezügelten Präriebrand aus, der das ganze Land verzehrte. Nur der Ausgangsort des Unheils, nur die Behördenstadt fiel nahezu vollständig der Vernichtung anheim. In den Provinzen schürten die Leute aller Orten Freudenfeuer und warfen von Häusern und Straßen den verhaßten Bewurf des Landesteppichs in die befreienden Flammenstöße. Die überlebenden Bonzen wurden ausgesiedelt.

In den Jahrzehnten, die seitdem vergangen sind, haben sich alle Spuren verflüchtigt, mit Ausnahme der spärlichen Reste, die im Museum verwahrt werden. Öde und verfemt liegt das Ruinengelände jenseits des Sees, ohne verklärende Romantik, eine Stätte des Abscheus. Über die äußeren Ursachen, die zu der Katastrophe geführt haben, ist seinerzeit viel geschrieben worden, ohne daß die Frage je geklärt werden konnte, ob es sich dabei um einen Anschlag aus den Reihen eines Frauenordens gehandelt habe oder um eine Entzündung hochexplosiver Chemikalien, die dem Farbmaterial des Landesteppichs heimlich beigemischt gewesen sein sollen. Wer den inneren Gründen nachforscht, für den bleibt die Aufklärung des Vorgangs damals wie heute unerheblich. Das Faktum genügt, weil es einen organischen Vollzug sichtbar macht. Es bildet das folgerichtige gewaltsame Ende eines Unternehmens, das im Laufe der Geschichte die Maße seiner Struktur sprengte.

Wäre es der Teppichfabrik gelungen, im letzten Augenblick ihrer fragwürdigen Existenz einen Krieg zu entfesseln, so hätte sie ihr schlimmes Unwesen zwar noch eine Weile fortsetzen, aber ihren Untergang nicht aufhalten können. Wer aber aus der späteren Generation, der an die Vernunft des menschlichen Geistes glaubt, begrüßte nicht, daß die Welt auf lange Zeit von beiden Mächten befreit wurde: von der Mumie der Teppichbehörde und dem Gespenst des Krieges.

Literatur

Hermann Kasack: Der Webstuhl. Erzählung, Sinn und Form, Beiträge zur Literatur, I. Jahr (1949) 1.-3. Heft, Rütten & Loening, Potsdam.

Leo Putz
(geb. 1952)

Ich liege auf meinem Bett
und träum' von dir.
Ich habe mich verirrt
in einem Labyrinth von Gefühlen.
Wie klar hingegen die Zeichnung
meiner Bettdecke aus Schirwan.
Vor Jahrhunderten gewebt,
hat vielleicht so manche Kreatur
leidend, flehend und verwirrt
auf der Weberei geruht
und sie um ihren Plan beneidet.
Die Ornament gewordenen Widderhörner

stehen in Reih und Glied, dazwischen
einfache Streifen in ziegelrot, schwarz,
weiß, ockergelb und sattem Tintenblau.
Als Gegenpol zum aggressiven Widderhorn,
Streifen stilisierter Lotusblüten,
gewebte Verlockung des Schönen.
Ein unordentliches Bündel Mensch
liegt auf der Symbole Fadenspiel
und denkt an dich.
Wenn ich deinen Körper spüren dürfte,
deine weiche Haut liebkosen,
wie ich sinnierend das Gewebe streichle.
»Weben heißt Ordnung«
hast du mal zu mir gesagt,
wenn es in der Liebe
eine Ordnung gäbe,
wärst du jetzt da
und würdest mir gehören.

7. Kapitel

Fadenspiel

Exil in Angora

Arnold Vals

Kirke und Penelope waren nach Angora gezogen, um ein neues Leben zu beginnen. Sie hatten sich ein Haus gekauft, wo sie zurückgezogen lebten und sich endlich auf sich selbst besinnen konnten. Zwar streunten ständig lüsterne Muselmanen um ihr Haus, die hofften, daß die beiden Damen sich nach einem Mann sehnen und sie einlassen würden. Aber die beiden hatten den Männern für alle Zeiten abgeschworen und vergnügten sich lieber miteinander. So lebten sie fern ab von all den Griechen, genossen es, unerkannt zu sein und hatten viel Freude an ihrem Nymphendasein.

Kirke war oft tagelang in den Wäldern unterwegs, um Kräuter, Wurzeln, Moose und Insekten zu sammeln. Daraus braute sie geheimnisvolle Mixturen für die ewige Jugend. Penelope strickte unermüdlich an einem Strumpf für den Winter, den sie immer wieder auftrennte, weil er ihr einfach nicht gefallen wollte.

Einmal die Woche badeten sie in einem stark duftenden Sud aus Blüten und bestrichen sich gegenseitig mit den wundersamen Salben. Danach tranken sie ihren Zaubertee und erzählten sich Episoden aus der Vergangenheit. Gemeinsam zogen sie über Odysseus her, und überhaupt ließen sie an den Männern kein gutes Haar. Der einzige Mann in ihrem Leben war Hermes geworden, den sie aus Mitleid zu sich genommen hatten. Er war in seiner Heimat lange Zeit arbeitslos gewesen und diente nun den beiden Damen als Mädchen für alles. Kirke und Penelope behandelten ihn ziemlich schlecht, was ihn natürlich manchmal recht verdroß. Aber da er froh sein mußte, eine Bleibe gefunden zu haben, arrangierte er sich mit seiner mißlichen Lage.

Da tauchte Athene auf, die in Angora genau den Ort sah, nach dem sie so lange gesucht hatte. Im Gegensatz zu Kirke und Penelope war sie nicht auf der Suche nach Ruhe und Frieden, sondern strebte nach Selbstverwirklichung. Schnell entschlossen erwarb Athene ein stattliches Haus und sann tagein-tagaus darüber nach, wie sie ihre künstlerischen Ambitionen ausleben könnte. Nach Jahren des Überlegens schlug sie vor, gemeinsam einen Teppich zu weben. Kirke und Penelope fanden die Idee nicht übel, und sie kauften einen großen Webstuhl, der in Athenes Haus seinen Platz fand. Dann besorgten sie sich Unmengen von Wolle. Kirke braute nach eigenen Rezepten die Farben, und sie verbrachten eine unendlich lange Zeit singend an den Farbtöpfen. Einmal die Woche pflegten sie weiterhin die Schönheit des Körpers und des Geistes und hatten sehr viel Spaß aneinander. Schließlich waren sie fertig und beratschlagten wegen der Muster. Sie zeichneten, verwarfen die Entwürfe dann aber immer wieder, weil sie ihnen nicht einmalig genug erschienen. Oft gerieten sie sich furchtbar in die Haare und sprachen tagelang kein Wort mehr miteinander. Die Ratlosigkeit nahm kein Ende, da schlug Athene vor, nach Arachne zu schicken, die es verstanden hatte, die zauberhaftesten Muster zu weben. Athene hatte seinerzeit aus Wut über die Webkunst Arachnes die Prinzessin in eine Spinne verwandelt. Hermes wurde losgeschickt, die Spinne zu suchen. Der Götterbote war froh, von den zänkischen Frauen wegzukommen und wieder einmal einen vernünftigen Auftrag erledigen zu können. Im Hause des Herzogs von Paros fand er Arachne dann endlich. Diese wollte das morbide Gemäuer erst gar nicht verlassen, da sie aber insgeheim von ihrem Spinnendasein erlöst werden wollte, ging sie doch mit. Als nun Hermes mit der Spinne in Angora ankam, sollte Athene die Verzauberung rückgängig machen. Doch vergebens, aus der Spinne wollte keine Prinzessin werden. Athene konnte sich nicht mehr an die Formel erinnern. Harte Worte fielen. Kirke und Penelope versuchten auch ihr Glück, die Spinne zu entzaubern, doch auch ihnen wollte es nicht gelingen. Zu lange hatten sie Wolle gefärbt und über Muster nachgedacht und sich zu wenig mit der Zauberei beschäftigt. Kirke waren zwar allerlei Verwandlungskunststücke gelungen, aber die waren eher kümmerlich zu nennen. Kirke und Penelope waren furchtbar wütend auf Athene und hatten die Absicht, sie auf den Olymp zu zaubern. Just in dem Moment, da sie den Bann aussprechen wollten, fiel Athene der Zauberspruch ein. Aus der Spinne war wieder die lydische Prinzessin geworden, mit der sie die Musterung des Teppichs besprechen wollten. Doch Arachne hielt nichts vom vielen Reden und saß schon am Webstuhl. Kunstvoll verschlang sie die bunten Fäden zu Ornamenten. Erst versuchten die drei neidischen Damen Arachne an den Verhandlungstisch zurückzubringen, was sich als hoffnungslos erwies. Nach Stunden der Ratlosigkeit, Athene hatte sich schmollend zurückgezogen, setzten sich Penelope links, Kirke rechts von Arachne auf die Webbank und versuchten die Webende zu beeinflussen. Die aber hörte kein Wort und zog wie besessen mit ihren schlanken Fingern die farbigen Garne ein. Es war eine Freude, ihr zuzusehen. Aber zusehen wollten die Damen nicht, ging es doch um ihr Lebenswerk, den gemeinsamen Teppich. Also webte Arachne in der Mitte, Penelope den linken und

Kirke den rechten Rand. In der Nacht, wenn die beiden schliefen, verwob Athene ihre Erinnerungen mal auf der linken, mal auf der rechten Seite. Arachne brauchte keinen Schlaf, sie arbeitete Tag und Nacht. Wie im Traum saß sie da und ließ aus den Fäden Muster werden. An Athene, Kirke und Penelope nagte der Neid, verbissen webten sie weiter. Dann war der Teppich fertig, Arachne zog den letzten Faden ein und fiel besinnungslos von der Bank. Die drei Damen versuchten, die Bewußtlose mit allerlei Zaubereien zum Leben zu erwecken, doch vergeblich. Sie türmten bunte Wollstränge zu einem Bett auf und legten Arachne dorthin. Ein Blick auf den Teppich ließ die neidischen Frauen aufschreien, all ihre Muster waren verschwunden. Zwei vollkommen farblose Seitenstreifen umsäumten Arachnes Weberei. Das war zuviel, ohnmächtig sanken sie am Webstuhl zusammen, und da liegen sie immer noch, während Arachne bereits an einem neuen Teppich arbeitet.

Des Teppichknüpfens wegen hätten Kirke, Athene und Penelope nicht nach Angora (heute Ankara) ziehen müssen, da im Griechenland der Antike sehr viel gewebt wurde. Meist ist in der griechischen Mythologie von Geweben und nicht von Teppichen die Rede. Dies läßt den Schluß zu, daß kelimartige Gewebe, aber kaum geknüpfte Teppiche hergestellt wurden. Die Vorliebe der Griechen zum Kelim, wenn es eine war, hat sich bis in die Gegenwart erhalten. Vorläufig steht fest, daß die Griechen das Teppichhandwerk nicht erfunden haben, sondern es sich bis in ihr Land ausgebreitet hat.

Inwieweit die Türkenkriege im 16. Jahrhundert das Teppichhandwerk auf den Balkan und Nordafrika getragen haben, ist ungewiß. Fest steht, daß in den Randprovinzen des Osmanischen Reiches türkische Muster nachempfunden wurden. Die verschiedenen Völker haben natürlich auch einen eigenen Stil entwickelt. Aber nur sehr selten stolpert man in der Fachliteratur über diese »Randteppiche«, unter denen durchaus Glanzlichter zu finden sind. Objektiv gesehen kann man allerdings sagen, daß es weder den Griechen noch den Völkern des Balkans und Nordafrikas gelungen ist, aus dem Webschatten der Türken hervorzutreten.

Etwa um 1627 wurde in Frankreich, im Gebäude einer ehemaligen Seifenfabrik, eine Manufaktur zur Herstellung von handgeknüpften Teppichen gegründet. Die französische Antwort auf den Orientteppich ist als »Savonnerie-Teppiche« in die Literatur eingegangen. Aber auch in Aubusson wurden Bodenteppiche hergestellt, die in der Strapazierfähigkeit dem Kelim entsprachen. Diese französischen Teppiche waren weltweit sehr begehrt und sogar im Orient anzutreffen: »Auf dem Fußboden ein hellblauer Aubusson-Teppich«. Doch bereits mit der französischen Revolution (1848) kam der Niedergang dieser Luxusteppiche aus Frankreich.

Auch in England wurden Teppiche geknüpft, im Victoria & Albert Museum in London befindet sich ein Knüpfteppich (dat. 1627), der ein weiterer Beweis dafür ist, wie sehr die Europäer den Orientteppich zu ersetzen suchten.

Literatur
Constantin Graf von der Pahlen: Im Auftrag des Zaren in Turkestan, a.a.O., Lizenzausgabe mit Genehmigung des S. Fischer Verlages (o. J.).

Johann Wolfgang v. Goethe (1749–1832)

Päpstliche Teppiche

Die große Aufopferung, zu der ich mich entschloß, eine von dem Gipfel des Bergs bis beinahe ans Meer herabströmende Lava hinter mir zu lassen, ward mir durch den erreichten Zweck reichlich vergolten, durch den Anblick der Teppiche, welche, am Fronleichnamstag aufgehängt, uns an Raffael, seine Schüler, seine Zeit auf das glänzendste erinnerten.

In den Niederlanden hatte das Teppichwirken mit stehendem Zettel, Hautelisse genannt, sich schon auf den höchsten Grad erhoben. Es ist mir nicht bekannt geworden, wie sich nach und nach die Fertigung der Teppiche entwickelt und gesteigert hat. In dem zwölften Jahrhundert mag man noch die einzelnen Figuren durch Stickerei oder auf sonst eine Weise fertig gemacht und sodann durch besonders gearbeitete Zwischenstücke zusammengesetzt haben. Dergleichen finden wir noch über den Chorstühlen alter Domkirchen, und hat die Arbeit etwas Ähnliches mit den bunten Fensterscheiben, welche auch zuerst aus ganz kleinen farbigen Glasstückchen ihre Bilder zusammengesetzt haben. Bei den Teppichen vertrat Nadel und Faden das Lot und die Zinnstäbchen. Alle frühen Anfänge der Kunst und Technik sind von dieser Art; wir haben kostbare chinesische Teppiche, auf gleiche Weise gefertigt, vor Augen gehabt.

Wahrscheinlich durch orientalische Muster veranlaßt, hatte man in den handels- und prachtreichen Niederlanden zu Anfang des sechzehnten Jahrhunderts diese kunstreiche Technik schon aufs Höchste getrieben; dergleichen Arbeiten gingen schon wieder nach dem Orient zurück und waren gewiß auch in Rom bekannt, wahrscheinlich nach unvollkommenen, in byzantinischem Sinne gemodelten Mustern und Zeichnungen. Der große und in manchem, besonders auch ästhetischem Sinn freie Geist Leo X. mochte nun auch, was er auf Wänden abgebildet sah, gleichmäßig frei und groß in seiner Umgebung auf Teppichen erblicken, und auf seine Veranlassung fertigte Raffael die Kartone: glücklicherweise solche Gegenstände, welche Christi Bezug zu seinen Aposteln, sodann aber die Wirkungen solcher begabten Männer nach dem Heimgange des Meisters vorstellten.

Am Fronleichnamstage nun lernte man erst die wahre Bestimmung der Teppiche kennen, hier machten sie Kolonnaden und offene Räume zu prächtigen Sälen und Wandelgängen, und zwar indem sie das Vermögen des begabtesten Mannes uns entschieden vor Augen stellen und uns das glücklichste Beispiel geben, wo Kunst und Handwerk in beiderseitiger Vollendung sich auf ihrem höchsten Punkte lebendig begegnen.

Die Raffaelischen Kartone, wie sie bis jetzt in England verwahrt sind, bleiben noch immer die Bewunderung der Welt; einige rühren gewiß von dem Meister allein her, andere mögen nach seinen Zeichnungen, seiner Angabe, andere sogar erst nachdem er abgeschieden war, gefertigt sein. Alles bezeugte große übereintreffende Kunstbestimmung, und die Künstler aller Nationen strömten hier zusammen, um ihren Geist zu erheben und ihre Fähigkeiten zu steigern.

aus: Nachtrag zur »Italienischen Reise«

Durch die Teppichforschung und die moderne Archäologie wissen wir heute natürlich viel mehr, aber noch längst nicht alles über die Entstehung der Bildteppiche.

Der Urvater aller Wandteppiche ist zweifellos die Höhlenmalerei. Ob hingegen die Freskomalerei der Vorläufer unserer Bildteppiche sein kann, ist fraglich. In der griechischen Mythologie wird von Weltengeweben und anderen Bildwebereien erzählt.

Aus handwerklicher Sicht ist der Kelim der »Vater« unseres Gobelins. Da sie beide »Flachgewebe« sind, sind Gobelin und Kelim auch noch Geschwister. Wann die Webkunst nach Europa kam, wissen wir noch nicht. Die bisher ältesten Wollwebereien wurden in Catal Hüyük (Zentralanatolien) gefunden und stammen aus der Mitte des siebten Jahrtausends vor Christus. Sie sind handwerklich bereits so weit entwickelt, daß diese Funde kaum als Beginn der Webkunst angesehen werden können.

In »Klepzigs Textil-Zeitschrift« (1934) wird berichtet, daß die bisher ältesten Bildteppiche um das Jahr 850 n.Chr. entstanden sind. Bei dem »Fund von Oseberg« handelt es sich um eine ganze Anzahl von 25 cm breiten und mehrere Meter langen Bildteppichen, die bei der Ausgrabung eines Schiffes gefunden wurden. Ob die Stücke den Zweiten Weltkrieg überlebt haben und wo sie aufbewahrt werden, ist dem Herausgeber nicht bekannt.

Der berühmte Bildteppich von Bayeux ist normannischer Herkunft und entstand vermutlich zwischen 1066 und 1077. Er besteht aus 72 gestickten Bildeinheiten, ist einen halben Meter breit, siebzig Meter lang und zeigt die Eroberung Englands.

In der Renaissance erreichte die Bildteppichweberei ihren Höhepunkt, bereits im 18. Jahrhundert setzte ihr Niedergang ein. Berühmte Maler wie Raffael, Goya und Boucher, um nur einige zu nennen, haben Bildteppiche entworfen. Hugo v. Hofmannsthal schreibt im Prolog zu Anatol:

Flattert Teppich und Tapete,
Schäferszenen, keck gewoben,
Zierlich von Watteau entworfen...

Lange Zeit redete man von »Arras-Teppichen«, auch Rilke benutzte diesen Sammelbegriff noch. Aber bereits im 14. Jahrhundert wurde der Firmenname »Gobelin« zum Synonym für den Bildteppich schlechthin, der sich bis in unsere Zeit erhalten hat.

Im 20. Jahrhundert brachte das Multitalent Jean Lurcat gemeinsam mit Matisse frischen Wind nach Aubusson, dem Konkurenzunternehmen von Gobelin. Seither gilt Lurcat als der Vater der »Tapisserie-Bewegung«. So sehr der Bildteppich sich im Laufe der Zeit verändert hat, konnte er doch alle Wirren überleben und in der »Neuen Tapisserie-Bewegung«, die längst kein Privileg der Franzosen und Flamen mehr ist, die ganze Welt erobern.

Literatur
J.W. v. Goethe: Italienische Reise, Sonderausgabe 1978, © Beck'sche Verlagsbuchhandlung München;
Hugo v. Hofmannsthal: Die Gedichte und kleinen Dramen, Insel Verlag, Leipzig 1922.

Richard Karutz

Ich halte es für möglich, daß die Technik dieser allgemein auf Mangyschlak verbreiteten Matten den Übergang zu den eckigen Hakenmustern der Nomadenteppiche vermittelt hat, die ich mit Almásy auf das Horn-, oder wie er sagt, Schneckenmotiv zurückführe. Strenggenommen wird auch durch die Teppichknüpferei die gebogene Linie zur gebrochenen, aber die Fäden liegen so dicht zusammen und schmiegen sich wegen des weichen, nachgebenden Materials so eng aneinander, daß ganz wohl eine vollendete Rundung möglich ist. Bei dem harten Stoff und dem weiten Auseinanderstehen der Mattenhalme ist sie aber nicht möglich, hier muß stets jeder Bogen eckig ausfallen.

Im großen und ganzen ist jedoch der Bogen als solcher nicht zu verkennen, wir sehen daneben die beiden Hälften des Horns zu selbständigen Formelementen werden. Das ist so gekommen, daß man zunächst die uns schon bekannten Rauten mit dem Horn auf der Spitze zeichnete und dann (s. Fig. 38) ihre Kanten durch einfaches Wiederholen des entsprechenden zugewendeten Hornbogens verzierte. Die uns von so vielen vorderasiatischen Teppichen her vertrauten Reihen paralleler Haken ergeben sich aus dieser Entwicklung, und es ist dabei aus den erwähnten technischen Gründen unwesentlich, ob die Haken gebogen oder eckig sind. In der einen Technik bedingt, übertragen sich die letzteren auch auf andere, denen ein Einfluß auf die Form ursprünglich nicht zusteht, und wir finden beide Arten wahllos nebeneinander.

Bei den ureigensten kirgisischen Arbeiten der Filztechnik herrscht die anfängliche gebogene Linie des Horns. Das Muster wird, wie schon erwähnt, ausgeschnitten, entweder aus Filz und dann eingewalkt oder aus Zeug und dann aufgenäht.

aus: »Unter Turkmenen und Kirgisen«

Richard Karutz gesellt sich mit dem voranstehenden Text aus seiner Reisebeschreibung »Unter Turkmenen und Kirgisen« zu den dichterisch veranlagten Teppichbuchautoren, die nie müde wurden, die Herkunft der Muster zu deuten. Aber er nimmt sich eines Stiefkindes an, dessen Geschichtsfaden von der Teppichforschung nur am Rande verfolgt wurde. Die Rede ist von den Filzteppichen, die zwar seit Jahrtausenden hergestellt werden, aber bisher sehr gering geschätzt wurden und daher so gut wie unbekannt geblieben sind. In der Literatur tauchen sie erstaunlich oft auf. So lagen in Lord Henrys Haus in Mayfair (Dorian Gray) auf einem ziegelmehlfarbenen Filzteppich »seidene, langbefranste persische Decken« herum. Ob der beschriebene Filzteppich aus dem Orient stammte oder ein europäisches Industrieprodukt war, sollte nicht die Frage sein. Lange vor der Erfindung des »Nadelfilzes« kannten die Europäer diesen »primitiven« Bodenbelag bereits.

In den siebziger Jahren haben die »Numdahs« aus Indien bei uns Einzug gehalten, deren Blumen- und Tiermotive mit dem Kettstich auf eine Filzunterlage gestickt worden waren. Manche dieser Stücke waren auch appliziert, mit den ursprünglichen Filzteppichen der Kirgisen hatten die Numdahs allerdings nichts mehr gemein.

Auf einem Filzteppich jedoch spielte sich seit langem ein Teil unseres Kulturlebens ab: dem »Zirkusteppich«.

Wer aber *sind* sie, sag mir, die Fahrenden, diese ein wenig
Flüchtigern noch als wir selbst, die dringend von früh an
wringt ein *wem, wem* zu Liebe
niemals zufriedener Wille? Sondern er wringt sie,
biegt sie, schlingt sie und schwingt sie,
wirft sie und fängt sie zurück; wie aus geölter,
glatterer Luft kommen sie nieder
auf dem verzehrten, von ihrem ewigen
Aufsprung dünneren Teppich, diesem verlorenen
Teppich im Weltall.
Aufgelegt wie ein Pflaster, als hätte der Vorstadt-
Himmel der Erde dort wehe getan.

Rainer Maria Rilke (1875–1926)

Engel: Es wäre ein Platz, den wir nicht wissen, und dorten,
auf unsäglichem Teppich, zeigten die Liebenden, die's hier
bis zum Können nie bringen, ihre kühnen
hohen Figuren des Herzschwungs,
ihre Türme aus Lust, ihre
längst, wo Boden nie war, nur an einander
lehnenden Leitern, bebend, – und *könntens,*
vor den Zuschauern rings, unzähligen lautlosen Toten:
Würfen die dann ihre letzten, immer ersparten,
immer verborgenen, die wir nicht kennen,
ewig gültigen Münzen des Glücks vor das endlich
wahrhaft lächelnde Paar auf gestilltem
Teppich?

aus: Fünfte Duineser Elegie

Der Zirkusteppich war früher von filzartiger Beschaffenheit, ist aber inzwischen meist aus Kunstfaser. Er ist farbenfroh und äußerst dekorativ und deshalb ein gestalterisches Element im Erscheinungsbild des Zirkus. Er diente und dient heute noch zur Abdeckung des Manegenbodens und wird wegen seiner dämpfenden Wirkung bei akrobatischen Parterrenummern, dem Teppichsprung (Saut de tapis) und den Auftritten des »Teppichclowns« aufgelegt.

Literatur
Richard Karutz: Unter Turkmenen und Kirgisen,© Klinkhard & Biermann, Leipzig 1911;
Rainer Maria Rilke: Duineser Elegien (LuTst 123-125), Ausgewählte Gedichte, 32.-34. Tsd., 1977, © Suhrkamp Verlag 1966;
Oscar Wilde: Das Bildnis des Dorian Gray, deutsch von H. Lachmann und Gustav Landauer, 16.-20. Tsd, Insel Verlag Leipzig (o. J.).

Der Lebensteppich

Arnold Vals

»Weißt du, als du ein Kind warst,dachte ich immer, was aus dir wohl werden mag, und ich machte mir Sorgen.

In deiner Jugend erschienst du mir so merkwürdig weltfremd, und ich fragte mich, wann dich die Wirklichkeit einholen würde. Dein Berufsweg irritierte mich, deine Zickzacksprünge machten mich beim Zusehen schon schwindelig.

Berge von Fäden und abgewickelte Wollknäuel in allen erdenklichen Farben lagen auf dem Boden herum. Und du hast in diesem Babylon der Verwirrung gesessen und ein Bild gemalt. Geradeso als ob nichts deine Ruhe stören könnte. Und da wurde ich furchtbar traurig und fragte mich, wie du überhaupt in einer Welt wirst leben können, in der so wenig Platz zum Träumen ist.

Die wirren Fäden von damals haben ihre Bestimmung gefunden,

und vor mir liegt ein wunderschöner Teppich. Seine Zeichnung ist so klar und ungewöhnlich zugleich, daß ich stolz darauf bin, der stille Beobachter bei der Entstehung dieses Kunstwerkes gewesen zu sein.«

Bis zu dem Tag, an dem eine liebe Verwandte mir das erzählte, hatte ich nie ernsthaft über mein Leben nachgedacht. Ich erinnere mich, in meiner Kindheit irgendein Knäuel aufgenommen zu haben und seinem Faden gefolgt zu sein. Warum ich gerade dieses Knäuel ausgesucht hatte, weiß ich heute nicht mehr. Vielleicht hatte mich seine Farbe fasziniert, oder es war nur Zufall gewesen. Ich war also diesem Faden gefolgt, ohne zu wissen, wohin er mich führen würde. Auf meiner Wanderschaft kam ich durch merkwürdige Landschaften und das Knäuel ließ mich an sonderlichen Orten Rast machen. Dort ruhte ich mich von der beschwerlichen Reise aus und schöpfte neue Kraft, um weitergehen zu können. Mir sind seltsame Menschen begegnet, die ich meist staunend zurückließ, weil ich meinem Faden folgen mußte.

Am Ziel bin ich immer noch nicht. Das Garn läuft fort und fort und ich eile hinterher. Seit mir bewußt ist, daß sich der Weg, den ich gehe, zu einem Teppich verwebt, tun mir die Füße nicht mehr weh. Singend und pfeifend gehe ich weiter und lasse den Lebensfaden hinter meinem Rücken zum Kunstwerk werden. Umdrehen will ich mich nicht, weil nur der Weg, der vor mir liegt, mir Freude macht.

Viele Dichter und Schriftsteller haben das Leben zu einem Teppich verwebt. Im 19. Jahrhundert hauptsächlich in Gestalt von Gedichten, in unserem Jahrhundert wurde das Leben mehr zu Prosatexten verwebt. Thornton Wilder hat dem Lebensteppich ein nachdenkliches Gesicht gegeben:

Thornton N. Wilder (1897-1975)

Er ging ins Haus zurück und legte den Brief neben dem Diakon auf den Tisch und setzte sich. Der Diakon richtete seinen Blick auf einen hausgewirkten Teppich zu seinen Füßen, und Rogers Augen folgten den seinen. Der Teppich war sehr alt, aber eine komplizierte, labyrinthische Zeichnung in Braun und Schwarz war noch erkennbar.

»Mr. Ashley, heben Sie freundlichst den Teppich hoch und schlagen Sie ihn um.«

Roger tat das. Keine Zeichnung ließ sich auf der Rückseite verfolgen. Sie zeigte eine Unmenge von Knoten und zerfransten, lose hängenden Fadenenden. Mit einer Handbewegung wies der Diakon Roger an, den Teppich wieder hinzubreiten.

»Sie sind Journalist in Chikago. Ihre Schwester ist dort Sängerin. Ihre Mutter führt eine Pension in Coaltown. Ihr Vater weilt in einem fernen Land. Das sind die Fäden und Knoten des menschlichen

Lebens. Die vorbestimmte Zeichnung vermögen wir nicht zu sehen.«

Schweigen.

»Das Kennzeichen der Wege Gottes ist, daß sie seltsam sind. Gott ist seltsam. Es gibt nichts Kindischeres, als an Gott als einen Menschen zu denken.« Er schwenkte die Hand gegen Coaltown. »Wie die dort das tun. Seine Wege sind für unsre Augen oft grausam und lächerlich.« Er blätterte in der Bibel eine Seite zurück. »Hier ist der Stammbaum Christi von Adam bis zu Jesse. Als Sara – hier! – hörte, sie werde einen Sohn gebären, lachte sie. Sie war eine alte Frau. Sie gebar Isaak – das bedeutet ›Lachen‹. Die Bibel ist die Geschichte einer einen Messias in sich tragenden Familie. Aber sie ist nur eine einzige Bibel. Es gibt viele solche Familien, deren Bibeln nicht geschrieben worden sind.«

Schweigen. Er senkte die Augen. Mit seinem Stock wendete er langsam und nur für Sekunden eine Ecke des Teppichs zu seinen Füßen um – so daß der Wirrwarr von Knoten und losen Fäden wieder sichtbar wurde.

aus: Der achte Schöpfungstag

Das Gesicht des Teppichs ist sein Aussehen. Durch ein prägnantes Muster bekommt ein Teppich ein ausdrucksvolles Gesicht. Ist die Zeichnung nicht beeindruckend, spricht man von einem normalen Gesicht. Ist der Teppich mißlungen, hat er kein Gesicht.

Literatur
Thornton Wilder: Der achte Schöpfungstag, Fischer Taschenbuch Verlag, Frankfurt © 1968 S. Fischer Verlag.

Conrad Ferdinand Meyer (1825-1898)

Endlich kam der Tag, da der Kranke sich erhob und Lust äußerte, am Arm eines Dieners seine Schritte zu versuchen. Dieser führte ihn in einen großen anstoßenden Saal, dessen kalte Fliesen man aus Vorsorge für den Kardinal mit feinen Strohteppichen belegt hatte.

Während er, auf den Diener gestützt, Fuß vor Fuß setzte, haftete sein Blick auf der langen Strohmatte, über die er wandelte und deren reinliche und geschmackvolle Arbeit auffiel. »Wo wurde das gekauft? ...Wer hat das geflochten«? fragte er. Und der Diener antwortete verlegen:

»Beim Kerkermeister. Prinz Julius liebt solche Arbeit«.

Da war es dem Kardinal, als sehe er seine königlichen Hände webend über die Matten huschen. Zu seiner Rechten und Linken, vor ihm, neben ihm, aller Enden webten und regten sich zu hunderten die weißen, fleißigen Geisterhände.

Ihn schwindelte, und er fiel dem begleitenden Diener in die Arme.

aus: Angela Borgia

Ob die geschmackvollen Strohteppiche Dichtung oder Wahrheit sind, ist unklar. Grundsätzlich wissen wir nur, daß es Strohteppiche und Bastmatten gab: »Neben einem kostbaren Bucharateppich lagen Bastmatten.« (Dostojewski: Die Beichte Stawrogins). Seit dem Zusammenbruch der Sowjetunion tauchen vereinzelt Matten aus Schilf auf, deren einzelne Halme systematisch mit dünnen, farbigen Wollfäden umwickelt wurden, so daß beim Flechten der Matten ein geometrisches Teppichmuster entsteht. Die mir bekannten Stücke stammen aus Usbekistan und Kirgisien, jedoch soll es diese Matten auch in der Türkei geben bzw. gegeben haben, was zu bezweifeln ist. In der Fachliteratur ist diese Teppich-Kuriosität und ihr tatsächlicher Verwendungszweck gänzlich unbekannt, weshalb wir mit einer Verlegenheitsbezeichnung wie »red screen« und »Schilf-Paravent« vorlieb nehmen müssen.

Darüberhinaus gab es Teppiche aus Hundehaar und Kuhschwänzen sowie Lappenteppiche: »...auf dem Boden lagen Lappenteppiche, aus Überresten alter Atlaskleider und ausgemusterten Baumwollgardinen zusammengesetzt« (S. Lagerlöf: Eine Geschichte aus Halstanäs). Lappenteppiche (Flicken- oder Fleckerlteppiche) haben nicht nur in Europa eine lange Tradition. Da aber »Abfallverwertung« bis heute einen unangenehmen Beigeschmack hat, wurde diese Technik nie nennenswert weiterentwickelt. Der auf Farbtafel IX (S. 160f.) abgebildete Flickenteppich soll andeuten, was Künstlerhände aus Abfällen schaffen können. Wobei dieses seltene Beispiel noch lange nicht alle Raffinessen beinhaltet, die diese Technik ermöglichen würde.

Die Geschichte der primitiven europäischen Teppiche ist bis heute kaum erforscht. Der Grund für diesen weißen Fleck in der Teppichgeschichte dürfte wohl darin zu suchen sein, daß die Europäer in Blick auf den Orientteppich ihre primitiven Bodenbeläge nicht für sammelnswert hielten. Rudolf Kassner sieht es in seinem Essay »Die Moral der Teppiche« ganz anders:

»Ich sah in letzter Zeit viele Teppiche, und ich fand, daß eigentlich nur die Primitiven im Teppich deutlicher, beinahe lebendiger wirken. Was ich im Titel die Moral der Teppiche nenne, wird mir da notwendig zu einer Moral der Primitiven werden müssen.«

Die Liebe zum Exotischen hat die Europäer zwar für die Matten der Naturvölker begeistert, ihre eigenen »Teppichwurzeln« aber aus Scham vergessen lassen.

Literatur
Rudolf Kassner: Essays, Insel Verlag, Leipzig 1923;
Conrad Ferdinand Meyer: Angela Borgia, Sämtliche Werke, Taschenbuchausgabe, 120.-124. Tsd, © H. Haessel Verlag Leipzig 1922;
Fjodor Dostojewski: Russische Erzähler, herausgegeben und übersetzt von B. v. Heiseler, 4. Aufl., © Karl Rauch Verlag Jena 1939;
Selma Lagerlöf: Unsichtbare Bande, © Albert Langen, München 1904.

Abschiedsbrief

Arnold Vals

Als wir uns begegneten, dachte ich, daß die Fäden unserer Seelen sich zu einem Teppich verweben würden.

Ich hoffte, daß unsere wirr scheinenden Musterteile zu einem harmonischen Ornament verschmelzen würden, die irgendwann den Teppich unserer Liebe ergäben.

Am Anfang dachte ich viel darüber nach, wie Deine Blumenornamente sich mit meinen geraden Linien, meinen Zinnen und Klippen verbinden würden. Und ich fragte mich, wie dieses Muster der verschmolzenen Gegensätze wohl aussehen mag.

Heute liegt der Teppich fertig vor mir. Ich kann meine geraden Linien kaum noch erkennen. Deine, mir damals so verspielt scheinenden Blumenornamente haben alles vollkommen überwuchert. So märchenhaft schön für einen Dritten der Teppich unserer Liebe auch aussehen mag, ich finde keinen Gefallen daran. Mich bedrückt, daß ich in Deinem Blumenmeer vollkommen untergegangen bin. Am meisten aber erschreckt mich, daß ich dies erst heute bemerke.

Was war los mit meinen geraden Linien, meinen Klippen, daß sie der Überwucherung nicht widerstanden? Die Gerade ist doch viel stärker als die Gewundene, dachte ich. Waren Deine Umarmungen so zärtlich, Deine Küsse so leidenschaftlich, daß ich nicht bemerkte, was mit mir geschah?

Kann sein! Weil ich aber mein Sein nicht vergessen habe, und ich meine Zinnen und Klippen wiederfinden muß, lasse ich Dich mit unserem Liebesteppich allein. Bitte vergib mir...

Vom Teppich der Liebe zum Teppich als Liebeserklärung:

Joseph Cronin
(1896-1981)

Es war, als hätte er sich aufs neue in sie verliebt. Alles erschien frisch und herrlich. Zärtlich begleitete er sie zu diesem Mahl der Liebe. Der Abend war warm und still. Der Mond schien auf die beiden. Andrew vergaß die Tücken der Vitalfärbung. Verträumt sagte er Christine, sie könnten jetzt in der Provence sein oder sonst irgendwo in einem großen Schloß am Ufer eines Sees. Er sagte ihr, sie sei ein süßes, herrliches Kind. Er sagte ihr, er habe sie schmählich behandelt, doch wolle er sein ganzes weiteres Leben ein Teppich sein – nicht rot, denn gegen diese Farbe protestierte sie –, ein Teppich für ihre Füße. Er sagte ihr noch viel mehr. Am Ende der Woche sagte er ihr bereits wieder, sie solle ihm die Pantoffeln holen.

aus: Die Zitadelle

Eine andere Position räumt Henry James in der Erzählung »Das Muster im Teppich« ein. Er vergleicht die Abnützung der Teppiche mit dem Verhältnis zwischen Mary Bartram und John Marcher, das soviel Geduld von ihr fordert, daß sie allmählich davon aufgerieben wird. Zugleich zeichnet H. James mit dem »Muster im Teppich« die Grundstruktur im Lebenswerk des Schriftstellers John Marcher, dem Helden der Erzählung.

Literatur
Archibald Joseph Cronin: Die Zitadelle, deutsch von Richard Hoffmann, 76.-100. Tsd, rororo Taschenbuch 3/53, © P. Zsolnay Verlag Wien.

Besuch in einer Teppichfabrik

Friedrich Otto Bittrich

Eigentlich ist es gar keine Fabrik. Fabrikmäßig werden die »echten Perser« nämlich nicht hergestellt.

Würde das geschehen, wären es keine »echten Perser« mehr.

Es ist ein reiner Handwerksbetrieb, der sich seit Hunderten von Jahren immer auf die nächste Generation vererbt hat. Und – wenn man es richtig sagen will – von Kindergeneration auf Kindergeneration.

Kinderhände sind es – vornehmlich die kleinen Mädchen im Alter von vier bis zwölf Jahren, die hier einen Knoten an den anderen fügen. Ihnen verdankt die Welt die schönen Teppichkunstwerke, die Hausfrauen den Stolz ihrer Salons.

Fünf Minuten zu Fuß von unserem Hotel liegt die größte Hamadaner Teppichknüpferei.

Der Direktor soll ein sehr entgegenkommender Mann sein.

Er freut sich, wenn man seine Fabrik besichtigt.

Mit dieser seltenen Einstellung steht er zu den meisten iranischen Betriebsführern im krassen Gegensatz. Man ist sonst über die Neugier oder das Interesse der Ausländer gar nicht so sehr begeistert.

Unser Dragoman kennt die Fabrik angeblich genau. Er stottert auch verschiedene fremde Sprachen. Sein Deutsch ist aber nicht weit her. Es basiert hauptsächlich auf der Erkenntnis: »Backschisch gleich Trinkgeld.«

So machen wir uns auf den Weg.

Die am Vormittag so strahlende Sonne hat sich in schwere Regenwolken gehüllt und der Himmel präsentiert sich grau in grau.

Ein scheußlich unangenehmer Wind fegt große Staubwolken vor sich her, Kalk – Lehm – Stroh und allerhand Unrat; man muß die Augen schließen.

Unser Dragoman ist recht bekümmert. »Nun kommt die schlechte Jahreszeit«, meint er. Sechs Monate sei in Hamadan gutes Wetter – die übrige Zeit Winter. In der Winterzeit aber gäbe es drei Monate lang Schnee und Eis. Das Thermometer sinke bis zu 8 Grad Kälte.

8 Grad Kälte? In der Orientstadt Hamadan? Gewiß keine Kleinigkeit.

Man muß bedenken, daß es hier kaum einen heizbaren Raum

Farbtafel VI

Farbtafel VIII

gibt. Wenn man aber schon einen Ofen besäße, was würde der nützen?

Das Brennmaterial ist knapp. Stein- und Braunkohle sind unbekannte Begriffe. Das wenige Holz ist zum Verbrennen jedoch viel zu wertvoll. Man braucht es dringend genug zum Häuserbau.

Von außen unterscheidet sich die Teppichfabrik von anderen Häusern überhaupt nicht. Es sind dieselben grauen, fensterlosen Mauern wie überall. Das Baumaterial ist aus Lehm und Häcksel gemischt, man nennt es »Löß«.

Ein großes Tor verschluckt uns.

Noch einmal werden wir von einer riesigen Staubwolke eingehüllt, dann stehen wir im Inneren einer großen Halle, die mit einem Zirkuszelt große Ähnlichkeit hat.

Genau wie bei einem Zirkus sind auch hier die Holzpfeiler und Querstützen angeordnet. Sie treffen sich alle oben in der Spitze und tragen das Dach.

Oberlichtfenster lassen genügend Helligkeit durch.

Im Raum selbst stehen unzählbare Holzgestelle. Sie haben Ähnlichkeit mit den Gestellen in unseren Wäschereien, an denen Gardinen gespannt werden. Eines neben dem anderen. Ältere Frauen spannen die Grundfäden, die dem Teppich das Rückgrat geben.

Dann wird ein Brett vor dem Gestell befestigt. Es ist auf- und abwärts verschiebbar.

Vier bis sechs kleine Mädchen sitzen auf diesen Brettern und knüpfen verschiedenfarbene Wolle in die Grundflächen. Die Wollfäden in den verschiedensten Farbschattierungen werden aus großen Säcken gezupft gezupft.

Papierne Motivmuster dienen als Vorbild.

Unter der Leitung einer älteren – vielleicht Sechzehnjährigen – fügen die Kinder Knoten an Knoten. Mit dem Wechsel der. Farben bildet sich Ornament an Ornament. Nach oft monatelanger mühseliger Kleinarbeit ist der Teppich endlich fertig. Nun kann er seinen Weg in die Welt hinaus nehmen.

Wo das Endziel dieses Weges liegt?

Wer weiß! So Allah will, wird es bei einem iranischen Frisör oder Obsthändler sein, vielleicht wird der Teppich aber auch das Prunkstück eines bevorzugten Haushaltes in Europa, Amerika oder sonstwo in der Welt werden.

Unzweifelhaft bekannt sind diese Knüpfkunstwerke Vorderasiens bereits seit dem 12. Jahrhundert.

Schon damals nahmen sie unter den Geschenken, die orientalische Gesandtschaften an gekrönte Häupter oder andere wichtige Personen der Öffentlichkeit machten, einen hervorragenden Platz ein.

Gemälde italienischer und holländischer Meister aus dem 14. Jahrhundert zeigen, daß der orientalische Teppich in dieser Zeit auch schon in die Privathaushalte Einzug gehalten hatte.

Seit wann es überhaupt Teppiche dieser orientalischen Knüpfart gibt, kann mit Bestimmtheit nicht festgestellt werden. Es wird angenommen, daß der Ursprung dieser Knüpftechnik von türkischen Nomaden stammt, und man glaubt, aus einigen Funden in Ostturkestan schließen zu können, daß die Teppichknüpfkunst in der heutigen Art schon im 5. Jahrhundert n. Chr. bekannt war.

An einem vielleicht 30 Quadratmeter großen Teppich mittlerer Qualität arbeiten acht fleißige Kinderhände ungefähr ein Jahr.

Das und noch mehr erzählt uns der freundliche Direktor dieser Hamadaner Teppichfabrik.

Er hat nicht nur an den bei ihm geschaffenen Kunstwerken und deren materiellem Wert Freude, er betreut auch fürsorglich seine kleinen Künstlerinnen, die ihm diese Kunstwerke schaffen. Die kleinen Künstlerinnen treiben mit dem guten Onkel Direktor gern ihren Spaß. Kinderfreundlich geht er darauf ein.

Hier und dort verteilt er kleine Kupfermünzen, wenn er Leistung und Fleiß anerkennt.

»In Iran gibt es noch keine Teppichwebmaschinen«, stellt Direktor Fuzuldeen auf meine diesbezügliche Frage fest.

Mit besonderem Nachdruck fährt er fort:

»Es gibt überhaupt noch keine Maschine, die den iranischen Knoten schlingen kann. »Ein echter Iraner« (oder »Perser«, wie sie früher hießen) muß handgewebt sein. Nur handgewebte Teppiche sind »echt«. Aber selbst wenn eine Webmaschine erfunden würde, die den iranischen Knoten schlingen kann, würde diese Maschine nie in Iran zu finden sein. Die Regierung würde die Einfuhr sicher verbieten.

Schon der Gedanke, ein iranischer Teppich könnte möglicherweise mit der Maschine gewebt sein, würde den Ruin dieses orientalischen Kunsthandwerks bedeuten.

Wenn also im Ausland etwa behauptet würde, die Maschine habe in der iranischen Teppichknüpferei Eingang gefunden, so ist das nicht wahr! – »Und es wird niemals wahr sein«, fügt er überzeugt hinzu.

Jeder iranische Teppich ist etwas Einmaliges.

Es ist kaum möglich, daß bei der Art der Herstellung und bei dem Spielraum, der den Kindern bei der Knotenzahl und der Benutzung der Farben gelassen wird, zwei völlig gleiche Stücke entstehen können.

Auch in den Fällen, wo zu gleicher Zeit die berühmten Doubletten geknüpft werden – der Iraner nennt sie Djuft –, sind beide Stücke niemals völlig gleich.

Selbstverständlich, daß sie ungefähr übereinstimmen, denn dafür sind es ja bewußt Doubletten.

Er möchte uns etwas von den Qualitätsunterschieden der iranischen Teppiche erzählen, bitten wir Ali Fuzuldeen, den freundlichen Direktor.

»Der Qualitätsunterschied der Teppiche«, so erzählt er, »ergibt sich sowohl aus der Güte des verwandten Materials wie aus der Anzahl der Knoten.«

Die mittlere Knotenzahl sei 200 auf den Quadratzentimeter. Das sei aber für die Qualität des geknüpften Teppichs nicht so ausschlaggebend, wie zu Unrecht oft angenommen würde.

Viel wichtiger seien die Echtheit der Farben, die künstlerische Gestaltung des Entwurfs und endlich die Harmonie der Gesamtzeichnung. Der Ursprung der iranischen Teppichwebkunst geht auf den verhältnismäßig lose gewebten Nomadenteppich zurück. Demnach ist der Nomadenteppich also der »echteste« aller »Perser«.

So erzählt Ali, der Direktor der Hamadaner Teppichwerkstätten – ein Mann, der es ja eigentlich wissen muß.

Auch ich konnte von seltenen Orient-Teppichen berichten und zeigte Abbildungen von den wunderbaren Brücken, die in der orientalischen Abteilung des Pergamon-Museums in Berlin hängen.

Man lobte diese Teppiche auch deshalb, weil sie bis zu 800.000 Knüpfungen auf den Geviertmeter aufweisen.

Alis Augen leuchten; er bittet mich, ihm einige der Karten zu lassen. Aber gern!

Wir können sie ja in Berlin leicht ersetzen.

Ob man so feingeknüpfte Teppiche in Iran auch heute noch herstelle, begehrt Frau Otti zu wissen.

»In der Anzahl der Knüpfungen habe sich von früher zu heute überhaupt nichts geändert«, werden wir belehrt.

Teppiche mit 150.000 bis 200.000 Knoten auf den Quadratmeter werden in der Mehrzahl hergestellt.

Das sei heute noch genau so wie damals.

Die Knotenzahl richte sich nach der Art und Feinheit der Ornamente. Es gäbe Muster, deren Herstellung mehr Knotungen verlange. Bis zu 500.000 und 600.000, in Einzelfällen sogar bis zu 1 Million Knoten. Diese Teppiche würden aber nur ganz selten hergestellt.

Ali wiegt überlegend den Kopf.

Dazu sei es noch Ansichts- und Geschmackssache, ob die Art ihrer Zeichnung wirklich so schön ist, wie es die große Knotenzahl verspreche.

Das war die Teppichlektion, die uns ein wirklich ausgezeichneter Fachmann über den echten iranischen Teppich gab.

Er zeigt uns das Lager.

Wir kommen aus dem Staunen nicht heraus.

Frau Otti wählt den »großen Blauen« für das Musikzimmer, den mit den Tierzeichnungen für das Herrenzimmer und ...

Aber was rede ich da? Das war natürlich nur eine platonische Auswahl. Auch in Iran kosten die Teppiche eine Menge Geld. Dafür können und wollen wir aber unsere Reisedevisen nicht ausgeben, und außerdem liegen noch zu viele Zollgrenzen vor uns.

Wir schauen uns um.

Überall sehen wir die flinken Kinderhände Knoten an Knoten knüpfen und den Wollfaden mit dem eigenartig geformten Webmesser abschneiden.

Während fragende Kinderaugen zu den Fremdlingen aufschauen, stellen die fleißigen Hände die geschäftige Emsigkeit keineswegs ein. Wir schauen interessiert, wie sich der Knoten schlingt.

Die größere macht es uns vor.

»Ein hübscher Kerl«, meint Frau Otti, indem sie das Mädchen interessiert betrachtet, und macht auf die hübschen Augen und das glänzende schwarze Haar dieser Knüpfkünstlerin aufmerksam.

Beinahe scheint es, als hätte die kleine Iranerin diese anerkennenden Worte verstanden. Kokett schaut sie auf und schürzt das Kleid, daß die schönen, unbestrumpften Beine richtig zur Geltung kommen. Dann setzt sie sich auf dem langen Sitzbrett zurecht.

Mit dem Knüpfen geht es aber zu schnell. Unsere Augen vermögen den flinken Fingern nicht zu folgen.

Es wird uns im Zeitlupentempo gezeigt. Zweimal – dreimal – fünfmal! Gelernt haben wir es trotzdem nicht.

Im Hotel wollen wir den Knoten wiederholen. Wir machen es falsch und werden beim Probieren immer verwirrter.

Der Knoten hält nicht.

Eigentlich ist das gut so.

Vielleicht würde Frau Otti zu Hause in Versuchung kommen, selbst einen »echten Perser« zu weben. Was daraus wohl würde? Die kleinen iranischen Mädchen würden sicher lachen. Sie können das besser.

Der iranische Teppich ist ein großer Ausfuhrartikel und wichtiger Devisenträger. Es ist verständlich, daß die iranische Regierung dieses typisch orientalische Kunsthandwerk fördert und pflegt.

Um die Qualität auf gleicher Stufe zu halten, sind verschiedene Gesetze und Verordnungen erlassen, die einer Qualitätsverminderung vorbeugen sollen. Die Verarbeitung schlechter oder minderwertiger Farben wird mit hoher Strafe bedroht. Die Einfuhr der erforderlichen Farbstoffe unterliegt einer ständigen Qualitätskontrolle. Die Teppichknüpfer werden von der Regierung mit künstlerisch wertvollen und bewährten Vorbildern versehen.

Bei den Clearingverhandlungen mit fremden Handelspartnern wird man in Iran nie vergessen, die wirtschaftliche Grundlage und Preisfestigkeit des Teppichhandwerks durch Einordnung des echten Teppichs in den iranischen Export sicherzustellen. Dank dieser vielfältigen Fürsorge wird der handgeknüpfte iranische Teppich auf den Teppichmärkten der Welt noch viele Jahrzehnte seinen besonderen Platz behaupten, und auch die schönste Teppichwebmaschine einer fortschrittlichen Industrie wird ihn von seinem Vorzugsplatz nicht verdrängen können.

Mit herzlichem Dank für die freundliche Führung und die interessanten Auskünfte wenden wir uns dem Ausgang zu.

Ungezählte schwarze Kinderaugen blicken scheu und befangen den Fremdlingen nach, die in ihr Reich eindrangen.

Die kleinen Hände fügen Knoten an Knoten.

Nach monatelanger mühevoller Arbeit wird der große Teppich fertig sein. Dann nimmt er seinen schicksalhaften Weg in die weite Welt.

Vielleicht ziert er dann die beschaulichen Räume eines stillen Bergschlößchens. Möglich auch, daß er im Salon eines großen Ozeandampfers oder berühmten Hotels das internationale Treiben über sich hinwegziehen sieht.

Vielleicht liegt er aber auch unter einem großen Tisch, an welchem die Geschichte unserer Zeit geformt wird.

Dann lauscht er den Gesprächen, die die Politik oder Wirtschaft unserer Mutter Erde bestimmen. Er liegt dann dort, hört alles und schweigt.

Inschallah!

aus: Orient ohne Schleier

Kinderarbeit wurde im Iran erst in der Regierungszeit des vorläufig letzten Schahs verboten, in der Türkei schon viel früher. Trotzdem gibt es die Kinderarbeit heute noch. Wir dürfen uns darüber allerdings nicht zu sehr empören, da selbst in unserem Land die »Jugendschutzgesetze« recht locker gehandhabt werden.

Bittrichs Buch erschien erstmals 1941, als die Teppichforschung gerade dabei war, den Kinderschuhen zu entwachsen.

Der »Pazyrykteppich«, der 1949 im sibirischen Eis, im Kurgan (Grabhügel) eines Skythenfürsten gefunden wurde, galt lange Zeit als das älteste Stück. Er entstand zwischen 500 bis 400 vor Christus und war entweder ein Geschenk für den Fürsten oder ein Beutestück. Seine handwerkliche und gestalterische Perfektion ließen bereits zum Zeitpunkt des Fundes vermuten, daß er unmöglich der »erste« Teppich gewesen sein konnte.

Durch die Kelimfunde von Catal Hüyük (Zentralanatolien), die aus der Mitte des siebten Jahrtausends vor Christus stammen, wurde diese Vermutung bestärkt. Und mehr noch: Da die Funde webtechnisch sehr ausgereift sind, müssen wir davon ausgehen, daß selbst diese Stücke nicht den Anfang der Webkunst darstellen können. Die Erkenntnisse der modernen Archäologie reichen zwar noch nicht aus, um die Geschichte des Teppichs lückenlos darzustellen, ermöglichen aber immerhin, weitere Schlüsse zu ziehen.

Im siebten Jahrtausend vor Christus begann eine neue Wirtschaftsform, die Landwirtschaft, sich von Zentralanatolien, Mesopotamien und dem westlichen Teil Persiens über die »Alte Welt« auszubreiten. Bis zu diesem Zeitpunkt dienten Felle als Kleidung und Bodenbelag. Um die lebenswichtigen Herden zu schonen, fing man an, das tierische Fell zu kopieren. So entstanden die Vorläufer des Teppichs. Die Männer und Knaben rodeten das Land und hüteten die Herden, während den Frauen die Behausung und deren Ausstattung oblag. Die Frauen und Mädchen verspannen die Wolle, webten Kleider daraus, machten die primitiven Teppiche und walkten Filzmatten aus den Wollabfällen. Die ersten einfachen Muster entstanden durch die Verarbeitung von heller und dunkler Wolle. Nach der Entdeckung der natürlichen Farbsubstanzen konnten die Frauen die Muster weiter entwickeln. Technische und gestalterische Eigenheiten kristallisierten sich immer stärker heraus. Die Frauen erfanden Einrichtungsgegenstände und Behältnisse für den Hausgebrauch, immer vielfältiger wurden die Muster. Neben dem praktischen war der schmückende Aspekt fester Bestandteil der weiblichen Schaffensfreude geworden – der Teppich war geboren. Parallel zur Verbreitung der Landwirtschaft dehnte sich auch das Teppichknüpfen aus. Als der Eigenbedarf gedeckt war, entstand ein neuer Erwerbszweig. Die Frauen knüpften und webten, die Männer organisierten das Leben außerhalb der Jurte (von Yurta = Zelt, auch Vaterland), betrieben den Tauschhandel mit den Teppichen und anderen landwirtschaftlichen Erzeugnissen. Allmählich entwickelten sich entsprechende Betriebe, Manufakturen genannt. Die Entwicklung des Teppichhandwerks spaltete sich.

In »Heimarbeit« wurde weiter in den alten Techniken und den traditionellen Mustern gearbeitet. Die Manufakturen entwickelten

sich weiter, erfanden immer raffiniertere Techniken, die der Knotenzahl und der Präzision der Muster keinerlei Grenzen mehr setzten. Künstler wurden beschäftigt, deren Aufgabe es war, die ursprünglichen Muster zu veredeln, Blüten, Pflanzen und Tiere zu kunstvollen Ornamenten zu stilisieren. In Heimarbeit knüpften die Frauen überlieferte Muster aus dem Gedächtnis und ersannen neue Details. In den Manufakturen wurde und wird auch heute noch streng nach Patrone (Knüpfvorlage) gearbeitet. Das Muster wird entweder vom Blatt geknüpft oder von einem »Vorsinger« vorgetragen. Der Autor Pieter Vervoort (Teppichsänger und die Goldpantoffel) beschreibt den Gesang so:

Pieter Vervoort

aus: Der bunte Teppich

»...hörten wir auf der Treppe ein seltsames Singen, als ob einer mit erhobener Stimme feierlich aus dem Koran vorbete oder persische Ghaselen skandiere. Mitten auf dem Speicherboden saß ein alter Mann, der streckte alle Augenblicke seine Hand aus und zeigte auf einen Teppichstuhl, nun auf diesen, dann auf jenen und so abwechselnd auf vier oder fünf Stühle, die zu allen Seiten um ihn standen. Er war es allein, der hier den Knüpferinnen die Farben angab; er war wie ein Meister des Schachspiels, der mehrere Partien zu gleicher Zeit spielte...«

Für diese Akkordarbeit kommen nur erfahrene Knüpferinnen in Frage. Das Tätigkeitsfeld der Frauen wurde in den Manufakturen enorm eingeschränkt. Während sie am heimischen Webstuhl alle Arbeiten verrichteten, wurden sie im Gewerbebetrieb zur »Knüpfkraft«.

In Persien und anderen Knüpfländern gibt es immer noch Manufakturen, in der Türkei sind sie jedoch so gut wie ausgestorben. Dafür hat der Touristenboom dort eine neue Teppichblüte gezeitigt: das »Teppichdorf« (gemeint ist eine im Teppichcharakter angeordnete Siedlung). Irgendwo in der Provinz werden fünfzig bis hundert Holzhäuser im Dorfcharakter angeordnet, die in der Touristensaison mit Teppichknüpfern bevölkert werden. Tausende von Touristen unternehmen in Reisebussen eine Art von Kaffeefahrt, sind begeistert von der »Dorfidylle« und bestaunen das Wunder der Teppichherstellung. Tee, Kaffee und manchmal sogar Volkstanzgruppen machen sie zu perfekten Veranstaltungen, die nicht nur die Stimmung lockern, sondern auch dem Verkauf von Teppichen sehr dienlich sind.

*Ob es damals (um 1940) im Iran Teppich***web***maschinen oder grundsätzlich Teppich***knüpf***maschinen gab, wird versucht auf den Seiten 42–44 zu beantworten.*

Der persische Teppich gewann in der Außenhandelsbilanz des Iran erst in unserem Jahrhundert an Bedeutung.

Literatur
Friedrich Otto Bittrich: Orient ohne Schleier,© Safari Verlag Berlin 1950;
Pieter Vervoort: Der bunte Teppich, © 1956, Ehrenwirth Verlag.

Bele

8. Kapitel

Beispiele

Gustave Flaubert (1821-1880)

Taanach zündete in den Ecken des Gemaches vier eherne Dreifüße an, die mit kretischem Rosenharz und Paradieskörnern gefüllt waren. Dann rollte sie große babylonische Teppiche aus und hängte sie an Schnüren rings an den Wänden auf. Salambo wollte von niemandem gesehen werden, selbst von den Mauern nicht.

..... Salambo legte ihre Ohrgehänge, ihr Halsband, ihre Armringe und ihr langes weißes Obergewand ab, löste ihr Haargebinde und schüttelte ihr sie umwallendes Haar eine Weile leise, um sich an den Strähnen die Schultern zu kühlen. Die Musik draußen tönte fort. Es waren drei hastige wilde Töne, die immer wiederkehrten. Die Saiten der Harfe klangen schrill, die Flöte gurgelte. Taanach schlug den Takt mit ihren Händen. Salambo wiegte sich mit ihrem ganzen Körper und sang Gebete ab, wobei ihre Kleider niederfielen, eins nach dem anderen.

Einer der schweren Teppiche an der Wand bewegte sich, und über der Schnur, die ihn trug, erschien der Kopf der Pythonschlange. Langsam glitt sie herab wie ein Wassertropfen, der an der Wand herunterrinnt, kroch zwischen den daliegenden Gewändern hin und richtete sich dann, den Schwanz auf den Boden gestemmt, kerzengerade in die Höhe.

aus: Salambo

Literatur
Gustave Flaubert: Salambo, 31.-34. Tsd, deutsch v. Arthur Schurig, © 1912 Insel Leipzig.

Elia Kazan

»Dann geh' ich nach unten und beruhige sie. Für immer!« Er machte eine unanständige Gebärde. »Wissen Sie, Mr. Schimmel«, fuhr er fort, »jeder hat so seine Probleme. Sie haben eine faule Frau. Wenn sie Ihnen kein Frühstück macht, kommen Sie mit Beschwerden hierher, weil Sie wissen, daß hier Kaffee auf Sie wartet.«

»Oha!« murmelte Michaelis im anderen Zimmer. »Jetzt hast du aber was gesagt!«

»Sie wechseln wieder das Thema, Arness«, bemerkte der Hausmeister. »Sie waschen doch hier Teppiche, oder?«

»Gelegentlich, vielleicht, ja. Immer mit Zeitungen darunter – stimmt' s, Jungs?«

»Absolut!« bestätigte Seraphim. Von den anderen kam zustimmendes Murmeln.

»Das bißchen Wasser!« sagte Fofo. »Was ist denn so schlimm daran ?«

»Ich sage Ihnen, es geht durch die Decke.« Schimmel stampfte ungeduldig mit dem Fuß auf den Boden. »Die Schwestern Lawler unterhalb...«

»Sagen Sie ihnen, das nächste Mal werde ich besser achtgeben«, versprach Stavros. »Okay? Schluß! Essen Sie um Himmels willen Ihr Ei, es wird kalt. Wo ist sein Ei, Fofo?«

Eleftheria kam mit einem Spiegelei auf einem Teller hereingestürzt und stellte es vor den Hausmeister. »Danke, kleine Dame.« Schimmel lächelte ihr zu. Dann wandte er sich wieder streng an Stavros. »Immer trocknen hier fünf, sechs Teppiche auf der Feuertreppe.«

»Nicht immer. Hin und wieder vielleicht ein paar«, widersprach Stavros. »Einer, zwei.«

»Nein, nein, viele! Aber ich sage Mr. Wolkenstein nichts. Sie wissen, wie die Juden sind, wenn sie der Boß sind. Er hört davon, sofort erhöht er Ihre Miete.«

»Was für ein Unterschied, ob ich ihm zahle oder Ihnen?« sagte Stavros.

»Der Unterschied? Mir zahlen Sie weniger.«

In diesem Augenblick erschien an dem Fenster, das auf die Feuerleiter ging, das Gesicht des Nachbarn Mitrovic, eines städtischen Feuerwehrmannes. »Arness, ich höre, was Sie da Schimmel über die Teppiche vorlügen.« Er schob das Fenster nach oben und steckte den Kopf herein. »Diese Feuerleiter gehört doch halb mir und halb Ihnen, nicht wahr? Schimmel, er hängt seine gottverdammten Teppiche da nicht hin und wieder auf, sondern jeden Tag! Auf meiner Seite auch. Und sie stinken nach Säure und Farbe und Gott weiß was für einem Giftzeug, Schimmel!«

aus: Der Mann aus Anatolien

In der »westlichen Welt« sind Teppichwäschereien inzwischen zu hochtechnisierten Unternehmen geworden.

Sehen wir von einigen Unterschieden ab, hat Kazans Bericht im Orient von heute durchaus noch seine Gültigkeit.

Der Teppich wird in eine riesige, mit Waschlauge gefüllte Wanne gelegt und von mehreren Männern unter größter Kraftanstrengung bearbeitet. Sie drehen, wenden, bürsten und klopfen ihn ausgiebigst. Nach dieser Prozedur wandert der tonnenschwere Teppich in eine riesige Wäscheschleuder, die sich unter lautem Getöse in Gang setzt und ihn von der Waschlauge befreit. Anschließend wird der »Gewaschene« zum Spülen in den Fluß und dann am Ufer zum Trocknen ausgelegt. Meist werden die Teppiche allerdings mit dem

Gartenschlauch abgespritzt und trocknen malerisch auf den Dächern.

Außerdem gibt es noch die sogenannte »Antikwäsche«. Um den Markt für blasse Teppiche sättigen zu können, werden die Teppiche in scharfen Chemikalien gebadet. Diese Tortur verkürzt zwar die Lebensdauer der Teppiche, was aber die Liebhaber müder Farben wenig zu stören scheint.

Literatur
Elia Kazan: Der Mann aus Anatolien, deutsch v. Willy Thaler, 1.-15. Tsd., © 1984 by Droemer Knaur.

Paul Koeck (geb. 1940)

Und wenn doch einmal eine Veränderung zustande kam, dann lag es an Gisela. Ich glaube, mit den raumbreiten Teppichen hat alles angefangen. Ja, das glaube ich.

Also. Ich lachte, ich lächelte an Giselas Grab, und der Umstand, daß sie weinte, als sie das Haus zum erstenmal von innen sah, war eine der Ursachen dafür. Ich halte es auch für bedeutsam, daß sie sich so lange genierte, ihren Kollegen zu zeigen, wo sie wohnte. Und die Sonne kommt auch gleich noch hinzu. Aber ich will jetzt chronologisch vorgehen. Nicht umsonst habe ich mein Leben lang unterrichtet. Ich habe gelernt, daß man nie mehr als einen einzigen Gedanken gleichzeitig übermitteln kann.

Es fing mit den raumbreiten Teppichen an. Eine Zeitlang habe ich geglaubt, das Fällen des ersten Baumes sei ein bedeutsamerer Schritt gewesen, aber nein, diesen ersten Baum, einen Ahorn, betrachtete ich letztlich als eine Sache von geringerer Bedeutung. Ich widersetzte mich nur der Form halber. Das war nichts weiter als Taktik. Wir kriegten damals noch Krach, ich war noch nicht fünfunddreißig. Es ging um den dünnsten Baum im ganzen Garten. Außerdem wurde er von einem dickeren Ahorn bedrängt, der kaum drei Meter entfernt stand. Der Ahorn hatte dreißig Jahresringe. Er wurde gegen Ende eines feuchten Sommers gefällt. Aber die Sonne hatte doch hin und wieder geschienen, und Gisela hatte bemerkt, daß das Blätterdach der Bäume nur wenige durchlässige Stellen hatte.

Frisch gefällte Bäume haben einen sehr spezifischen Duft.

Veekens sägte den Stamm zwanzig Zentimeter über dem Erdboden ab, weil er fürchtete, es könne Sand an das Sägeblatt kommen. Veeken warf noch einen verstohlenen Blick auf den Baum, der dem Haus am nächsten stand, sagte aber nichts. Er säuberte seine Säge.

Später wuchsen Pilze auf dem Stumpf.

Die raumbreiten Teppiche, darum drehte sich alles.

Ich habe mich den raumbreiten Teppichen hartnäckig widersetzt. Für das Schlafzimmer wollte ich einen solchen Fußbodenbelag noch in Betracht ziehen, das war ein Kompromiß. Aber nicht für das Wohnzimmer.

Ich sagte: »Wenn du es wagst, so etwas hier hinzulegen, bin ich verschwunden.«

Was konnte ich mehr sagen?

Oder ich schlug die Tür hinter mir zu und lief die Treppe hinauf. Dort, im zweiten Obergeschoß, die Stirn gegen einen Stützbalken, gelobte ich meinem Haus, derartiges nie zuzulassen.

Oder ich versuchte, ruhig zu bleiben, und fragte Gisela: »Warum sind wir denn aus dieser Etagenwohnung ausgezogen?«

Das erkannte sie nicht als Argument an, und wenn ich es von ihrem Standpunkt aus betrachte, muß ich ihr recht geben: Nicht sie war auf den Gedanken gekommen, dieses Haus zu kaufen. Sie wäre auch mit einer Etagenwohnung zufrieden gewesen.

»Wie findest du diese Farbe?« fragte sie.

Sie zeigte ein Muster von einigen Quadratdezimetern.

»Das hilft ganz schön gegen den Schmutz«, sagte sie.

Ich versuchte noch einmal, meine Beweggründe gegen das Auslegen raumbreiter Teppiche in Reih und Glied aufzustellen, auch für mich selbst: Ein raumbreiter Teppich macht einen zum Sklaven der Inneneinrichtung. Man kann nicht mehr ohne nachzudenken ein- und ausgehen. Die Tür kann im Sommer nicht mehr dauernd offenstehen. Zwischen Garten und Haus legt man eine Matte, und man darf nie vergessen, sich die Füße zu putzen.

Den Hund befördert man mit einem Tritt nach draußen.

Ich schwieg. Ich schaute hinaus. Ich konnte nicht genau zum Ausdruck bringen, was ich meinte. Ich dachte: Das ist eine Empfindung, und die hat man, oder man hat sie nicht. Ich haßte Gisela, weil sie diese Empfindung nicht hatte. Ich stellte mir die Frage, was wir denn in Gottes Namen miteinander gemeinsam hatten. Diese Frage stellte sie sich übrigens auch recht oft. Und das tat sie laut.

Gisela sah mich weiterhin an und tat so, als sei sie bereit, mir zuzuhören.

»Noch was?« fragte sie.

Sie verstand nicht, was der Hund damit zu tun haben sollte.

Was ich eigentlich dagegen habe. Die raumbreiten Teppiche seien nicht wie der Blitz aus heiterem Himmel gekommen. Die Beigetöne herrschten vor.

Die raumbreiten Teppiche waren aus Wolle und hatten lange Fasern.

Ich weiß es nicht mehr so genau, aber ich vermute, das eine traf mit dem anderen zusammen: mein fünfunddreißigster Geburtstag und die Ankunft der raumbreiten Teppiche, mit denen alles in diesem Hause überdeckt wurde, sogar der Dielenfußboden des Zimmers, das wir nie benutzten, die Fußbodenkacheln, die Treppe.

Sie war damals dreiunddreißig. Ungefähr bis zu diesem Alter rasierte sie sich jeden Donnerstagabend die Beine und die Achselhöhlen. Sie prüfte, ob ihr Schamhaar noch immer ein vorschriftsmäßiges Dreieck bildete und nahm erforderlichenfalls Korrekturen vor. Am Freitagmorgen nahm sie ein Bad mit Duftstoffen. Sie zog ein durchsichtiges Höschen an – meistens war es schwarz – und einen BH, der dazu paßte.

Denn am Freitag machte sie ihren Einkaufsbummel.

Das wurde anders, als die raumbreiten Teppiche kamen. Gisela nahm es von da an nicht mehr so genau. Sie rasierte ihr Schamhaar nur noch im Sommer.

In dem Jahr, als das neue Badezimmer installiert wurde, sind wir nicht verreist. Und im Jahr darauf auch nicht. Aber Gisela fand, der runde Glasbottich sei diese Entsagung wert.

Der dunkelgrüne, raumbreite Teppich reichte anderthalb Meter die Wände hinauf. Die Decke war abgesenkt worden, und die Außenwand hatte ein Doppelfenster. Die beiden Waschtische anstelle eines einzigen bezeichnete ich als reinen Luxus, aber Gisela sagte, der Preis sei fast der gleiche.

»Welcher Unterschied besteht denn nun eigentlich zwischen diesem Haus und einer Etagenwohnung?« fragte ich da Gisela das erste Mal.

»In einer Etagenwohnung liegen alle Räume im gleichen Geschoß«, sagte sie.

Als ob ich das nicht wüßte.

Ein Windstoß hatte meinen letzten Ahorn umgeworfen. Der Baum, den Gisela umgebracht hatte, landete auf dem Zinkdach des Wohnzimmers. Das Dach knickte in sich zusammen. Das war größtenteils wahrscheinlich dem Umstand zuzuschreiben, daß die Wände fast nur aus Glas bestanden. Gisela hatte ja die Rahmenbalken zusammen mit den kleinen Scheiben entfernen lassen, weil sie das für praktischer hielt. Das Regenwasser sickerte durch den raumbreiten Teppich. Die Ecke, in der Gisela vor dem Fernseher gesessen hatte, sah besonders mitgenommen aus. Ins Zimmer ragten schwarze, schimmernde Bruchstücke meines toten Ahorns. Ich berührte sie mit den Fingerspitzen. Ich hörte nur den Regen und den Wind. Ich fühlte den Wind im Gesicht.

Der Fernseher lief nicht mehr.

Das Telefon war noch zu gebrauchen.

Deshalb mußte ich am Grabe lachen, lächeln. Doch das konnte ich den Umstehenden nicht mit zwei Worten erklären. Jetzt liege ich in meinem Bett, das ich nie mehr verlassen werde, um mich herum nichts weiter als die Fotos von früher. Ich habe keine Lust mehr. Ich frage mich nicht einmal, was die nächste Generation mit dem Haus aus dem sechzehnten Jahrhundert anstellen wird.

aus: Unser Wohnhaus aus dem 16. Jahrhundert

Auf holländisch heißt Teppichboden »kamerbreed tapijt«. Der Übersetzer hat die deutsche Sprache um den Ausdruck »raumbreite Teppiche« bereichert.

Das Wort »Teppichboden« scheint, laut dem Grimmschen Wörterbuch, eine Neuschöpfung des jüdischen Schriftstellers Berthold Auerbach zu sein, der (1858) darunter einen teppichbelegten Boden verstand:

Berthold Auerbach (1812-1882)

Ich wurde in ein Zimmer geführt, dessen Boden mit weichen Teppichen belegt war. An den Wänden hingen Bilder in breiten Goldrahmen, in der Mitte stand ein rothsammtnes Sopfa mit blühenden Pflanzen bekränzt. So haben's die Reichen, dachte ich, und mir stockte das Herz.

Ich ging mit Katherine in das Zimmer, und unwillkürlich sagte ich: »Da läßt sich's gut leben; aber du dauerst mich, wenn du von diesem Teppichboden wieder einmal weg mußt in einen kleinen eigenen Haushalt.«

aus: Schatzkästlein des Gevattermanns

Der Teppichboden in unserem heutigen Verständnis, der »raumbreite Teppich« entstand erst in unserem Jahrhundert. Über Sinn oder Unsinn unseres Teppichbodens läßt sich streiten, fest steht, daß die echten Teppiche wertbeständiger und dauerhafter sind, die Phantasie der großen Dichter angeregt haben und uns gelegentlich auf dem »fliegenden Teppich« davonfliegen lassen.

Die klassischen Knüpfländer produzierten natürlich auch »raumbreite Teppiche«, Orientteppiche in riesigen Formaten, vom Fachhandel »Übermaße« genannt, die, aufgrund ihres »Preises«, nicht geeignet waren, die Ausbreitung des Teppichbodens zu verhindern.

Paul Koeck kann den Teppichboden offensichtlich nicht leiden und steht mit seiner Abneigung keineswegs allein da. Welche Beweggründe auch immer dahinter stecken mögen, fest steht, daß die »raumbreiten Teppiche« aus unserer Inneneinrichtung nicht mehr wegzudenken sind.

Literatur

Paul Koeck: 21 Erzähler aus Belgien und den Niederlanden, Verlag Volk und Welt Berlin 1984, © Paul Koeck, Mortsel 1980;
Berthold Auerbach: Gesammelte Schriften, Bd. 17, Gottascher Verlag 1858;
Jakob und Wilhelm Grimm: Deutsches Wörterbuch. Bd. 11, S. Hirzel Verlag, Leipzig 1935.

John Irving (geb. 1942)

Demnächst werde ich vierzig, aber selbst heute noch denke ich bei meinem Krafttraining an die Vorweihnachtszeit 1956. Heute hat man so raffinierte Kraftmaschinen; man braucht nicht mehr erst die Hantelscheiben auf die Eisenstange zu schieben und kann deshalb auch nicht mehr vergessen, die Schrauben anzuziehen, so daß die Scheiben zusammenrutschen und einem die Finger zerquetschen, und sie können auch nicht mehr ab- und einem auf die Zehen fallen. Aber der Kraftraum oder die Geräte mögen noch so modern sein, schon die ersten leichten Übungen versetzen mich zurück in Iowa-Bobs Zimmer – ins gute alte 2 F zu den Scheibenhanteln auf dem abgewetzten Perserteppich, auf dem Kummer immer geschlafen hatte: nach der Kraftarbeit auf diesem Teppich waren Bob und ich immer über und über mit den Haaren des toten Hundes bedeckt. Und habe ich dann mit den Gewichten eine Weile gearbeitet und dieser lang anhaltende köstliche Schmerz breitet sich langsam in meinem Körper aus, dann kann ich mir noch viel mehr ins Gedächtnis zurückrufen...

aus: Das Hotel New Hampshire

Mit der Herstellung von guten Gebrauchsteppichen gelang es Persien, erstmals im 20. Jahrhundert hohe Marktanteile zu erobern. Der »Perserteppich« wurde sehr populär und zum Synonym für jeden handgeknüpften Teppich. Damit löste er im Sprachgebrauch den »türkischen Teppich« ab, der bis dahin jahrhundertelang das Synonym für jeden Orientteppich war.

In der »Asiatischen Banisse« von H. A. v. Zigler (1663-1696) nahm zwar die Prinzessin einen »Persianischen teppicht« zur Hand, aber sonst blieb der »persische Teppich« in der Literatur lange Zeit meist unerwähnt.

Verallgemeinernde Begriffe waren zu allen Zeiten sehr beliebt. So wurde bis über das 18. Jahrhundert hinaus asiatisch/orientalisches Kunsthandwerk als »indianisch« bezeichnet, wobei man darunter »exotisch« verstand. Der breiten Öffentlichkeit waren diese, heute selbstverständlichen Produkte ferner Länder vollkommen unbekannt.

Literatur
John Irving: Das Hotel New Hampshire, © Diogenes Verlag Zürich.

Aschenbrödel

Arnold Vals

Rhodosis war die begehrteste Dirne in der Stadt. Unter ihren Freiern war ein reicher Kaufmann, der ihr wiederholt die Heirat angeboten hatte. Rhodosis konnte sich lange nicht entscheiden, ihr Leben zu ändern, doch der Kaufmann hielt ihr die Treue. Irgendwann war sie seiner Liebe sicher und heiratete ihn. Rhodosis wurde schwanger. An dem Tag, an dem die Geburt erwartet wurde, tauchte eine Schlange auf, die nicht mehr von der Wöchnerin weichen wollte. Die Hebamme fürchtete sich vor der Schlange; Rhodosis beruhigte die aufgeregte Frau und überzeugte sie, daß das Tier bei der Geburt unbedingt dabei sein müsse. Die Geburt begann, aber anstelle eines Säuglings quoll eine formlose Masse aus dem Schoß. Rhodosis befahl, damit die Schlange zu füttern. Zurück blieb ein goldenes Ei, das die Schlange in die Mitte nahm und ein Jahr lang wärmte. Regungslos lag sie da und wartete, bis die Jahreszeiten wiederkehrten. Sie war vollkommen entkräftet, als das Ei endlich zersprang und ein kleines Mädchen entschlüpfte. Die Schlange fraß die goldene Schale und erstarkte wieder. Rhodosis war eine gute Mutter, nährte den Säugling aus ihrem Mund und gab so dem Kind ihre Weisheit und Lebenskraft.

In einer weiteren Nacht kehrten die Jahreszeiten wieder, ein Jahr war verstrichen und aus dem Säugling ein Kleinkind geworden. Später kehrten die Jahreszeiten mehrmals wieder und aus dem Kleinkind wurde ein Mädchen von unbeschreiblicher Schönheit. Da starb Rhodosis. Die Stiefmutter und ihre zwei Töchter, die der Vater ins Haus gebracht hatte, erwiesen sich gar bald als finstere Kreaturen. Selbst die Schlange fühlte sich nicht mehr sicher und war in den Garten geflohen, wo sie sich versteckte. Täglich ersannen die drei Frauen neue Grausamkeiten, um die Tochter von Rhodosis zu quälen. Nachdem auch noch der Vater gestorben war, verloren sie ihre letzten Hemmungen. Während sie sich den ganzen Tag putzten, hüllten sie das Mädchen in schmutzige alte Säcke. Damit niemand ihre Schönheit sehen sollte, beschmierten sie ihr Gesicht mit Asche und nannten es lachend Aschenbrödel. Es führte das Dasein einer Magd, aber nie kam eine Klage über Aschenbrödels Lippen. Manchmal stahl sie sich fort, um am Grab ihrer Mutter zu weinen. Mit ihren Tränen goß sie den Baum, den sie dort gepflanzt hatte.

Dann lud der König zum Ball ein. Die Stiefmutter und ihre beiden Töchter hatten sich für dieses Ereignis tagelang herausgeputzt. Als sie endlich fort waren, kletterte Aschenbrödel durch das Fenster der Küche, wo man sie eingesperrt hatte und lief an das Grab ihrer Mutter. Der Baum warf Gold und Silber über sie und verwandelte sich in eine goldene Kutsche, in der sie zum Ball fuhr. Sie stellte selbst die Schönsten der Schönen noch in den Schatten, und der Prinz wollte sie gar nicht mehr weglassen. Aschenbrödel flüchtete und verlor dabei einen Schuh. Der Prinz ließ sie im ganzen Land suchen, und als er sie aufgestöbert hatte, wurde Hochzeit gefeiert. Die Stiefmutter fand viele schöne Erklärungen für ihre Bosheiten und zog mit ihren beiden Töchtern ins Schloß zum Königspaar. Aschenbrödel erkannte zwar die Heuchelei ihrer Verwandten, wußte aber, daß sie ihrem Schicksal nicht entrinnen konnte. Da die Schlange in dem Schloß auch ein sicheres Zuhause gefunden hatte, dachte die neue Königin, nichts befürchten zu müssen.

Die drei Frauen, die Stiefmutter und ihre beiden Töchter, hatten außer Rache und Raffgier nichts anderes im Sinn. Sie sannen Tag und Nacht, wie sie der Königin schaden könnten. Erst versuchten sie, die Schlange zu töten, um das Gold des Eies zu gewinnen. Doch die Schlange verschwand und wurde nicht mehr gesehen. Da sie dachten, der Zauber von Aschenbrödels Schönheit wäre in den Schuhen zu finden, wollten sie die Schuhe stehlen. Doch auch dies mißlang. Daraufhin versuchten sie, das Kind in ihre Gewalt zu bringen. Doch eine schützende Hand vereitelte auch diesen Plan. In diesem Kampf schien das Böse über das Gute nicht siegen zu können. Erst mit Gift war ihnen Erfolg beschieden und Aschenbrödel starb. Aus Trauer über den Tod der Königin wurden Möbel, Teppiche und Bilder mit großen weißen Tüchern bedeckt. In der Nacht, als der trauernde König die Totenwache hielt, kehrten die Jahreszeiten wieder und am nächsten Morgen stand die Königin auf, so als ob sie nur geschlafen hätte. Da sie eingesehen hatte, daß sich ihre Verwandten niemals bessern würden, mußten diese das Schloß verlassen. Als sie durch das Schloßtor gingen, pickten ihnen die Tauben die Augen aus und waren so ihr Lebtag lang gestraft.

Die Diener entfernten die weißen Tücher und konnten kaum glauben, was sie sahen: Überall lagen und hingen wundersame Teppiche in den verschiedensten Größen und Farben. Die alten Teppiche waren verschwunden, auch die Wandteppiche waren weg, an deren Stelle lagen und hingen jetzt überall wunderschöne neue Teppiche, die alle das gleiche Muster zeigten:

In der Mitte war das goldene Ei, dem Aschenbrödel seinerzeit entschlüpft war. Über die gesamte rechte Ecke wand sich kunstvoll die Schlange, die erst das Ei gewärmt hatte und dann verschwunden war. In der Ecke war der Schuh abgebildet, den Aschenbrödel auf dem Ball verloren und den die Stiefschwestern dann zu stehlen versucht hatten. Darüber war der Mund, aus dem der Säugling genährt und der die Quelle seiner Weisheit geworden war. An Aschenbrödels Zeit mit der Stiefmutter und deren Töchter erinnerte das Schachbrett, das schwarz und weiß wie Gut und Böse die Teppiche schmückte. Die schützende Hand, die Schlechtes verhindert hatte, fehlte auch nicht in den Teppichen.

Aschenbrödels Leben war auf den Teppichen Bild geworden. Wurde in dem Schloß ein Teppich entfernt, lag sofort ein neuer an seiner Stelle, um die Königin zu beschützen.

Und deshalb lebt Aschenbrödel heute noch wohlbehütet in dem alten Schloß mit den vielen wundersamen Teppichen und regiert ihr Volk mit Weisheit und Güte.

Um ihren Untertanen die Steuern erlassen zu können, begann sie ihre Teppiche zu verkaufen, und da die Teppiche sich wie von selbst vermehrten, ist ein schwunghafter Handel daraus geworden.

Wenn Sie einmal einen solchen Teppich finden, sollten Sie daran denken, daß er früher einer Königin gehört hat.

Und so Gott will, wird der Teppich auch Sie vor Ihren bösen Verwandten schützen.

Virginia Woolf (1882-1941)

Sein Haus war nach der Mode der späten dreißiger Jahre eingerichtet, zweifellos mit einer Beimischung jenes orientalischen Geschmacks, der ihn, als er sich in Shropshire ein Haus baute, bewogen hatte, es mit den Kuppeln und Halbmonden maurischer Architektur zu verzieren. Hier in der Wimpole Street wären solche Extravaganzen nicht am Platz gewesen, aber wir dürfen annehmen, daß die hohen, düstern Räume voll von türkischen Diwans und geschnitztem Mahagoni waren. Die Tische hatten gewundene Füße; Filigranzierrat stand auf ihnen; Dolche und Schwerter hingen an weinroten Wänden; merkwürdige Gegenstände, aus Mr. Barretts ostindischen Besitzungen heimgebracht, standen in Nischen; und dicke, üppige Teppiche bedeckten die Fußböden.

.... Die Stuhlbezüge wurden ein wenig schmutzig, die Teppiche nützten sich ab, Kohlenstaub, Straßenkot, Ruß und Nebel, Schwaden von Zigarrenrauch und Wein- und Bratendunst sammelten sich in Ritzen, in Sprüngen, in Möbel- und Vorhangstoffen, auf Bilderrahmen, in den Schnörkeln von Schnitzwerk...

Es war kein Teppich da, es war kein Kamin da. Hier gab es keine Sofas, keine Lehnstühle, keine Bücherregale, keine Büsten.

aus: Flush

Virginia Woolf meint die dreißiger Jahre des 19. Jahrhunderts. Das dreiteilige Zitat schildert den langsamen Verfall (üppige Teppiche – Teppiche nützten sich ab – kein Teppich da) des Wohnhauses Barret-Brownings.

Zeitgleich mit diesem Verfall begann auch die Macht des Osmanischen Reiches zu bröckeln. Nachdem Europa den »kranken Mann am Bosporus« nicht mehr fürchten mußte, gab man *sich der »Welle der Turkophilie« hin.*

Die Lust der Europäer am Verfall des osmanischen Weltimperiums bereicherte die Vielfalt der Neostile um eine weitere »Neuheit«. Sie entdeckten den Orient für sich, indem sie seine tradionellen Einrichtungsgegenstände kopierten und variierten, was dem damaligen Stilchaos einen gewissen Charme verlieh. Oscar Wilde hat in seinem Märchen »Der junge König« ein beredtes Bild der damaligen Zeit gemalt:

Oscar Wilde (1856-1900)

Jedenfalls übten alle seltenen und kostbaren Stoffe einen großen Zauber auf ihn aus, und in dem heftigen Verlangen, sich diese zu verschaffen, hatte er viele Kaufleute ausgesandt: die einen, um von dem rauhen Fischervolk der nordischen Meere Bernstein zu erhandeln, andere nach Ägypten, um jene seltsam grünen Türkise zu suchen, wie man sie nur in den Gräbern der Könige findet und die magische Kräfte besitzen sollen, andere wiederum nach Persien, um seidene Teppiche und bemalte Tongefäße, und wieder andere nach Indien, um Gaze zu erhandeln und Elfenbein, Mondsteine und Armbänder aus Nephriten, Sandelholz, blaue Emaillen und Schals aus feinster Wolle.

aus: Der junge König

So nebenbei stellten die Europäer mit diesem neuen Wohnstil eine Weltoffenheit zur Schau, die zwar »Mode« geworden, aber keineswegs echt war.

Bis zu dieser plötzlich erwachten Orientliebe war der Orientteppich eine exotische Kostbarkeit gewesen. Das breite Bürgertum fand diese Teppiche nicht nur zu teuer, sondern lehnte auch ihre fremden Muster ab.

Erst in der zweiten Hälfte des 19. Jahrhunderts, als die Europäer sich auf »türkische« Weise einzurichten begannen, wurde der Orientteppich mit einem Mal populär. Mit dieser plötzlich steigenden Nachfrage setzte in den klassischen Knüpfländern die Massenfabrikation ein. Die Erfindung der Anilinfarben (ca. 1865) schuf eine günstige Voraussetzung für den folgenden Teppichboom

Der berühmteste Teppich aus der Zeit des »Türkenstils« dürfte zweifellos der »Smyrna-Teppich« sein, der die ganze Welt eroberte. Klassische orientalische Muster wurden vereinfacht und so dem europäischen Wohnstil angepaßt. Seine urbane Dekadenz spiegelt die Situation des Teppichhandwerks, des Osmanischen Reiches und der damaligen Kultur gleichermaßen wider.

Literatur

Virginia Woolf: Flush. © 1933 Q. Bell & A. Garnett, 99.-100. Tsd., Fischer Verlag, Frankfurt 1990;
Oscar Wilde: Märchen, deutsch v. Katrin Marydith, Goldmann Taschenbuchausgabe 1956 (mit Genehmigung des Verlages Der Greif, Walter Gericke, Wiesbaden).

9. Kapitel

Falschspiel

Die Sorgen des Popen

Arnold Vals

Eines Tages kam dem Popen zu Ohren, daß der Sextourismus zu einer weitverbreiteten Seuche geworden war. Es wurde ihm von Fällen berichtet, wo Frauen wie Männer sich täglich mit bis zu zehn Eingeborenen verlustiert hatten. Er hatte von Frauen gehört, die ohne ihre Männer in Urlaub fuhren, um sich am Urlaubsort entsprechend austoben zu können. Frauen jeden Alters, die sich, gegen entsprechende Bezahlung, in welcher Form auch immer, einen potenten Liebesdiener gemietet hatten. Auf seinem Schreibtisch häuften sich Nachrichten dieser Art. Er hatte gehört, daß Zehnjährige, die nicht wußten, was Kindsein heißt, ihren Leib für ein bißchen Essen verkauften. Er hatte gehört, daß Ausländer für lumpiges Geld Jungfrauen kauften, denen sie ohne die geringsten Bedenken ihre Unschuld nahmen. Er hatte von Männern gehört, die als Souvenir einen Lustknaben mit nach Hause nahmen, den sie in Abhängigkeit hielten, damit sie frei über ihn verfügen konnten.

Der Pope dachte an die Gebote Gottes und grämte sich lange über die Lasterhaftigkeit der zivilisierten Welt. Der Pope grübelte darüber nach, wie er die Fleischeslust der Menschen bekämpfen könnte, und bedauerte, daß die Menschen lieber in Sodom und Gomor lebten und sie offensichtlich kein Interesse am Himmel auf Erden hätten. Dem Popen graute vor den Perversionen seiner Untertanen. Schlimme Alpträume aus fernen Ländern verfolgten ihn des Nachts, er hörte Kinder schreien, Männer fallen und gläubige Frauen wollüstig stöhnend über die Pforten der Hölle reiten. All seine Versuche, die Gläubigen zur Vernunft zu bringen, scheiterten. Sein Wettern gegen die Empfängnisverhütung und die Abtreibung gingen in dem hemmungslosen Stöhnen seiner Gläubigen unter. Die Kirchen wurden immer schlechter besucht, scharenweise kehrten die Menschen dem Glauben den Rücken. Die Einnahmen schrumpften zusehends, und der Pope begann um die Existenz seiner Kirche zu fürchten. Er bekam kein Auge mehr zu und war schon ganz geschwächt vor Kummer. Tagsüber stürmten die Probleme auf ihn ein und verdarben ihm den Appetit. Und dabei hatte der rundliche Pope immer so gerne gegessen. Er wurde immer dünner und dünner und hatte schon jegliche Freude an seinem Dasein verloren.

Eines Tages, der Pope saß gerade beim Frühstück, erschien der Allmächtige. Der Pope kannte ihn zwar persönlich, war aber dennoch wie vom Donner gerührt, weil er von seinem Erscheinen vollkommen überrascht war. Der Herr der Welt redete nicht lang um die Sache herum und erklärte dem sprachlosen Popen, er solle nicht länger die zahlenden Gläubigen verschrecken, sondern lieber den Rest der Welt zu Sitte und Ordnung rufen. Denn genau dieser Rest der Welt sei die Säule, auf der die Kirche der Zukunft ruhen werde können. Er solle seine moralischen Appelle geschickt verpacken und dabei immer die Interessen der Kirche im Auge behalten. Der Pope solle, so der Allmächtige, seine Missionstätigkeit in einem islamischen Land beginnen, da der Islam dem Christentum am nächsten stände. Am besten solle er dorthin gehen, wo Noah seinerzeit mit der Arche gestrandet war. Darauf entschwand der Herr der Welt und ließ den Kirchenfürsten mit seiner Ratlosigkeit allein.

Eine ganze Weile saß der Pope da und dachte nach, dann klingelte er nach seinen Ratgebern, mit denen er lange konferierte. Einer der Herren wurde beauftragt, eine flammende Rede in türkischer Sprache zu entwerfen, die angetan sei, die Moral der Bevölkerung zu beeinflussen und sie für den wahren Glauben zu begeistern. Ein anderer Ratgeber wurde damit betraut, sich zu überlegen, wie man die Erscheinung des Popen am wirkungsvollsten präsentieren könnte. Der Werbefachmann des Goldenen Stuhls wurde veranlaßt, die Medien für diesen großen Auftritt zu gewinnen. Es hatte Wochen gedauert, dieses Spektakel vorzubereiten, und endlich war es soweit. An dem festgesetzten Tag hatten sich tausende von Menschen aus der Gegend und ebenso viele Journalisten aus aller Welt mit ihren Fernsehkameras versammelt. Gespannt warteten sie auf den großen Auftritt, der zum einen die Missionierung eines ungläubigen Volkes und zum anderen eine Kriegserklärung an die zivilisierte Welt darstellen sollte. Doch nichts geschah. Ungeduld hatte sich unter den Wartenden breit gemacht, und manche waren über die Verspätung schon recht ungehalten. Da tauchte auf dem Firmament ein Punkt auf, der allmählich größer wurde. Dann konnte man eine grün gekleidete Erscheinung auf einem fliegenden Teppich erkennen. Die Muselmanen warfen sich sofort in den Sand und murmelten Gebete. Die anderen blieben stehen und bestaunten das näherkommende Wunder. Und sie trauten ihren Augen nicht. In ein wallendes grünes Gewand gehüllt, kam der Pope mit ausgebreiteten Armen auf einem Teppich stehend angesegelt. Fotografen und Kameraleute aus aller Herren Länder bannten fieberhaft auf ihren Linsen, was noch kein Menschenauge gesehen hatte. Die Ängstlichen unter ihnen fürchteten, der Pope könnte bei der Landung stürzen. Doch weit gefehlt, er landete mit einer solchen Sicherheit, als wäre er sein ganzes Leben auf einem fliegenden Teppich unterwegs gewesen. Und da stand er nun auf seinem Teppich und entschuldigte erst seine Verspätung, indem er erklärte, auf dem Weg Gegenwind gehabt zu haben; und dann begann er mit seiner Rede:

Im großen Buch steht geschrieben, daß Jesus Christus im Gewand des Propheten zurück auf die Erde kommen wird, um die beiden großen Religionen der Welt, das Christentum und den Islam, zur einzigen Weltreligion zu vereinigen. Ich bin zwar nicht der wiedergekehrte Messias, ich bin lediglich sein Prophet, der euch hiermit verkündet, daß dieser Tag nicht mehr fern ist. Die Muselmanen schauten gebannt auf den Popen, der das grüne Gewand des Propheten trug, und lauschten gespannt seinen weiteren Ausführungen. Als Prophet des Messias, auf den wir warten, dabei schaute der Pope an seiner grünen Robe hinab, worauf die Muselmanen ehrfürchtig in den Staub sanken, bin ich gekommen, um euch auf den großen Tag vorzubereiten. Die Muselmanen erhoben sich wieder. Und Brüder, ich frage euch, wollt ihr den Tag unserer Vereinigung als Sünder erleben? Wollt ihr allen Ernstes die Söhne und Töchter des Christenglaubens zu euren Huren machen? Unser großer Tag ist ganz nah und ihr solltet ihn gereinigt erwarten und nicht beschmutzt von Sünde und Unzucht. Wenn nämlich unsere beiden Religionen vereint sein werden, habt ihr euch für eure Ausschweifungen mit den Christen zu rechtfertigen. Gott ist groß, aber er wird keine Gnade walten lassen und deshalb solltet ihr lieber heute umkehren und nicht erst auf morgen warten. Denn morgen kann es bereits zu spät sein. Die Anwesenden verstanden den Popen und schworen beim Gewand des Propheten, das den Popen so gut kleidete, die christlichen Glaubensbrüder und -schwestern in Zukunft wie ihresgleichen zu behandeln. Mit Feuer und Schwert hatte der Pope gesprochen, und die Anwesenden waren beeindruckt. Einige kamen sogar und wollten das Sakrament der Taufe empfangen, so waren sie von der Erscheinung fasziniert. Der Bürgermeister von U fiel vor dem Popen auf die Knie und küßte seinen weißen Handschuh. Er war von der Rede restlos begeistert und lud den Kirchenfürsten zu sich nach Hause ein. Am Rande versprach sich der tüchtige Bürgermeister gewisse Vorteile daraus, wenn er den Popen etwas verwöhnen würde. Als der Pope nach Stunden im Hause des Bürgermeisters eintraf, war der Tisch schon gedeckt. Der Pope nahm am Kopf der langen Tafel Platz, danach setzten sich die zahlreichen männlichen Familienangehörigen und zuletzt der Bürgermeister. Der Kirchenfürst war angetan von dem herrlichen Mahl, das die Frauen zubereitet hatten, und war voll des Lobes. Nach dem Essen wurde Tee gereicht und über die zukünftige Weltordnung gesprochen, wobei der Pope erklärte, was er sich unter dem Heiligen Krieg vorstelle. Der Bürgermeister war voller Bewunderung für den Propheten der Vereinigung und überlegte, wie er sich den Popen verpflichten könnte. Hatte aber keine Idee und fragte deshalb seine Heiligkeit, ob er ihm vielleicht eine kleine Freude machen könnte. Der Blick des Popen kreiste in der Tafelrunde, dann schaute er sich schweigend im Raum um. Nach einigem Überlegen meinte er, schon einen Wunsch zu haben, doch fürchte er, für unbescheiden gehalten zu werden. Der Bürgermeister ermunterte ihn, nur ungeniert seinen Wunsch zu äußern, der sicherlich erfüllbar sein werde. Einen seiner Söhne hätte der Pope gerne gehabt und zeigte dabei auf einen bildhübschen fünfzehnjährigen Knaben, der mit bei Tisch saß. Der Bürgermeister fiel vor dem Popen in die Knie und küßt seine Füße. Als er sich mit Tränen in den Augen wieder erhob, gab er Befehl, die Habseligkeiten des Knaben zu packen. Der Pope bedankte sich hoheitsvoll für das großzügige Geschenk und setzte sich mit dem Knaben auf seinen fliegenden Teppich.

Ein letztes Zurechtzupfen der grünen Robe und der Teppich hob ab. Der Pope und der bildhübsche Knabe winkten noch eine Weile und waren dann irgendwann aus dem Blickfeld des Bürgermeisters verschwunden.

Das alles liegt eine geraume Zeit zurück. Inzwischen habe ich gehört, daß der Pope Lustknaben aus aller Welt zu einem bunten Harem angesammelt hat, der jeden Sultan vor Neid erblassen ließe. Den Traum von der großen Moral hat er keineswegs aufgegeben und reist noch immer durch unsere verdorbene Welt, um Sitte und Ordnung zu predigen. Allerdings vergißt er nie, um ein Reiseandenken zu bitten, das ihm bisher nie versagt wurde. Gott ist groß...

Der rätselhafteste aller Teppiche ist und bleibt der »fliegende Teppich«. Er ist in aller Munde, jeder verbindet eine Vorstellung damit, wähnt ihn »tausendundeiner Nacht« oder in einem anderen schönen Märchen. Wer von uns hat, während er auf den Bus oder ähnliches wartete, nicht davon geträumt, einen fliegenden Teppich zu besitzen, um unkompliziert von Ort zu Ort zu gelangen.

Als ich mit meiner Arbeit an diesem Buch begann, befürchtete ich, es könnte ein Buch der »fliegenden Teppiche« werden. Diese Bedenken erwiesen sich als unbegründet. Nur wenige »fliegende Teppiche« kreuzten meinen Weg:

Der Teppich der Flucht

Arnold Vals

Um ihn gefügig zu machen, sperrten sie ihn in ein dunkles Verlies.

Hungrig beobachtete er die Spinnen, wie sie unermüdlich ihre Netze webten. Er bewunderte sie.

Eine Weile dachte er nach, dann spann er aus den Gedanken seiner Feinde einen endlosen Faden und legte ihn beiseite. Das Schweigen seiner Umgebung drehte er zu einer glasklaren Schnur, mit der er seinen Webstuhl bespannte. Dann suchte er die Fäden seiner Ahnen zusammen, die er mit den Fasern seiner eigenen Seele vermischte. Bevor er die Garne verwebte, tränkte er sie im Blut derer, die sich für allwissend hielten, und hängte das Material zum Trocknen auf.

Am nächsten Tag verwob er all diese Kostbarkeiten zu einem Teppich. Er setzte sich darauf, gedachte der wenigen Menschen, an deren Liebe zu glauben lohnte, und flog durch die engen Gitterstäbe seines Gefängnisses davon.

Nachschlagewerke für Märchen, Lexika für literarische Motive und Konversationslexika verleugnen meist die Existenz des fliegenden Teppichs.

Roda Roda
(1872-1945)

Die Kunststopferin

Ich liebe nicht, Frauen wiederzubegegnen, die ich einst verehrt habe, vor langlanger Zeit. Im Innern nenne ich diese Frauen: Gespenster; Gespenster der Vergangenheit...

Ihr Anblick macht mich alt; ihre Blicke trauern...

Dieser Tage in Wien aber ist eine flackernde, dicke, rote Flamme von dazumal vor mir aufgestiegen – Gretl Dirmoser; war jünger, lustiger als ich, mutig – lachte – und ist von Beruf – was es alles gibt! – Kunststopferin.

Sie stopft, erzählt sie, mottige Gobelins; hat einen großen Ruf in ihrem Fach, erzählt sie; wird gut bezahlt und weiterempfohlen; sogar von Museumsdirektoren.

Muß also wohl eine wahre Künstlerin sein.

Die kleine, dumme Gretl – eine Künstlerin! Wer hat es ihr zugetraut? – Na, ich freue mich natürlich...

Und sie plappert:

»Roda«, sagte sie, »ob Sie's glauben oder nicht – Sie haben mein Glück gemacht. Nur du. Vielmehr: Sie, Sie allein«.

»Wie ist das möglich, Gretl... Fräulein?«

»Oh, ganz einfach: wie wir damals auseinand sind – nicht wahr? –, da haben Sie mir einen kleinen Perser geschenkt. Einen Gebetteppich.«

»Ganz recht... jetzt entsinn ich mich.«

»Also sehen Sie: den Perser hab ich mir an die Wand gehängt – drunten in meiner Kellerwohnung; es ist immer noch dieselbe...

Ich hab ihn sehr gern gehabt, den Gebetteppich.

Weißt, es ist mir manchmal recht schlimm ergangen – so im Lauf der Zeit. Dreimal war ich in Stellung – dreimal haben sie mich gekündigt – ›abgebaut‹ heißt man's jetzt. Ich hab müssen meine Kleider aufs Versatzamt tragen – die alte Brosche von meiner Mutter selig ist verfallen...

Aber von dem kleinen Perser hab ich mich nicht getrennt.

Weißt: nicht deinetwegen. Schließlich bist du – verzeih! – nicht mein einziger Schatz gewesen –, nicht einmal – verzeih, daß ich lache – mein treuster... Ich habe keinen Grund gehabt, dich noch zu lieben.

Aber den Perser hab ich geliebt. Verstehst? Den Perser, der was einmal darauf gekniet hat auf dem Teppich – dort im Orient – und hat gebetet. Ich hab mir immer vorgestellt: er hat ganz langes schwarzes Haar und einen krausen schwarzen Bart – und ganz schmale Augen, daß man kaum sieht, wie schön blau sie sind, die Augen – und kniet auf dem Teppich, der Perser – und hat eine Hand auf der Brust – und betet für mich. Und solang er für mich betet, der Perser, kann ich nicht untergehen.

Na, und einmal in der Nacht muß der Perser grad besonders für mich gebetet haben:

In der Früh schellt es draußen – und herein kommt die Frau Baronin; die Frau Baronin aus dem zweiten Stock.

›Fräulein‹, sagt sie, ›ich höre, Sie sind Kunststopferin?‹

Ich war aus alle Wolken gefallen. Ich – Kunststopferin? Ich hab nicht einmal gewußt, was das ist. Aber ohne Arbeit war ich und gewittert hab ich: wenn ich jetzt ›Nein‹ sag, geht mir die Frau Baronin weg.

Also leg ich eine Hand auf die Brust – vor Aufregung, weißt – und schau ihr in die Augen und werd brennrot von der Lüge und stotter:

›Ja, Frau Baronin, ich bin Kunststopferin.‹

Sie wird mir schon sagen, was das ist.

Und wenn sie mich damals gefragt hätt: ›Nicht wahr – Sie sind Seiltänzerin?‹ – ich war so hungrig, daß ich gleich probiert hätt, auf dem Seil zu tanzen.

Darauf fragt sie mich:

›Können Sie mir meinen Teppich stopfen? Er hat einige kleine Schäden davongetragen.‹

›Davongetragen‹ hat sie gesagt; sie drückt sich überhaupt immer sehr nobel aus. ›Es ist ein sehr kostbares Stück‹, hat sie gesagt, ›und ich möchte es nicht einer jeden Stümperin in die Hand geben.‹

›Frau Baronin‹, hab ich gesagt, ›wann Ihr Teppich hat einige kleine Schäden davongetragen, so werd ich sie richten. Schauen Sie her, Frau Baronin‹, hab ich gesagt und hab sie zu meinem kleinen Perser geführt, ›dieser Teppich hat ebenfalls Schäden davongetragen gehabt, aber schon so, daß man hat können die Faust und den

Kopf durchstecken; es war bereits gar nichts mehr da von ihm, sondern nur mehr Fetzen. Und schauen Sie, bitte, den Teppich jetzt an: sieht man noch etwas von den kleinen Schäden, die was der Teppich hat davongetragen – ha?‹

Die Frau Baronin hat ihre Brille aufgesetzt – weißt, so eine, was man in der Hand haltet, aus Gold — und hat meinen kleinen Perser angestiert und durchgestiert mit der Brille – und wieder angestiert und gewendet und durchgestiert – und hat gesagt:

›Wirklich, Fräulein, Sie sind eine Künstlerin! Man sieht absolut nichts von die kleinen Schäden, die was der Teppich hat davongetragen.‹

Natürlich. Der Teppich war ja tadellos, von jeher; hat nie, nie ein Loch gehabt – nicht einmal so groß wie ein Stecknadelkopf.

Na, also kurz: ich hab dürfen das kostbare Stück von der Baronin abholen und stopfen. Der Perser hat für mich gebetet – die Arbeit ist mir gelungen. Die Frau Baronin hat mich gut bezahlt und weiterempfohlen.

Ich hab es nach und nach gelernt...

Und mein Perser hat für mich gebetet: ich bin nie mehr ohne Verdienst geblieben.

Einen jeden Kunden aber, der gekommen ist, hab ich zu meinem kleinen Perser geführt und hab erzählt:

›Dieser Teppich ist so zerlumpt gewesen, daß man hat können den Kopf durchstecken – es ist bereits nichts mehr dagewesen als wie ein Fetzen. Sehen Sie aber jetzt den mindesten Schaden, den was der Teppich hat davongetragen?‹

So hast du, mein Lieber, im Grund mein Glück gemacht – ich dank dir.

Vielmehr meinem süßen Perser; dem Blauäugerl.«

aus: Das große Roda Roda Buch

Kazan hingegen beschreibt eine Reparatur, über die nicht gesprochen wird, da sie meist ein Falschspiel ist:

»...arbeitete Vassili an dem Medaillon eines marineblauen Kirmans, indem er ihn da und dort mit einem in Farbe getauchten und zu einem Spitze gezwirbelten Pinsel betupfte. Er korrigierte mit dem Feingefühl und der Sorgfalt eines Künstlers den durch das Verschütten von Säure entstandenen Schaden.«

Nur in den seltensten Fällen ersetzt die Farbe eine Reparatur. Oft dient das Bemalen dazu, einen optischen Eindruck von Komplettheit zu erzeugen, der mit dem Erhaltungszustand des Teppichs nicht übereinstimmt. Über Sinn oder Unsinn der Teppichmalerei läßt sich streiten, fest steht, daß mitunter große

Kunstfertigkeit dazu gehört, mit Farbe und Pinsel verlorengegangene Muster wieder herbeizuzaubern.

Bele Bachem, die mit soviel Lust dieses Buch illustriert hat, erzählte mir, daß auch sie während ihrer Akademiezeit in Berlin Teppiche bemalt habe.

Ich kenne zwar einige ehemalige Teppichmaler, die irgendwann diese Nebenbeschäftigung ausübten, aber auf keinen hatte der Teppich einen so tiefen Eindruck gemacht wie auf Bele Bachem. Wie allgemein bekannt sein dürfte, gab sie es zwar schnell wieder auf, Teppiche zu bemalen, um dafür auf ihren Bildern große, kleine, runde, eckige, großgemusterte, geblümte und langbefranste Teppiche zu zeichnen. Tausende an der Zahl. Kaum ein Bild, auf dem es keinen Teppich gibt.

Literatur
Roda Roda: Das große Roda Roda Buch, © 1933 Roda Roda, Paul Zsolnay Verlag Wien/Hamburg, keine weiteren Angaben (o. J.);
Elia Kazan: Der Mann aus Anatolien, deutsch v. Willy Thaler, 1.-15. Tsd., © 1984 by Droemer Knaur.

Theodor Fontane (1819-1898)

Beide, Mutter und Tochter, waren fleißig bei der Arbeit, die der Herstellung eines aus Einzelquadraten zusammenzusetzenden Altarteppichs galt; ungezählte Wollsträhnen und Seidendocken lagen auf dem großen, runden Tisch bunt durcheinander, dazwischen, noch vom Lunch her, ein paar Dessertteller und eine mit großen, schönen Stachelbeeren gefüllte Majolikaschale. Rasch und sicher ging die Wollnadel der Damen hin und her, aber während die Mutter kein Auge von der Arbeit ließ, legte die Tochter, die den Rufnamen Effi führte, von Zeit zu Zeit die Nadel nieder und erhob sich, um unter allerlei kunstgerechten Beugungen und Streckungen den ganzen Kursus der Heil- und Zimmergymnastik durchzumachen. Es war ersichtlich, daß sie sich diesen absichtlich ein wenig ins Komische gezogenen Übungen mit ganz besonderer Liebe hingab, und wenn sie dann dastand und langsam die Arme hebend, die Handflächen hoch über dem Kopf zusammenlegte, so sah auch wohl die Mama von ihrer Handarbeit auf, aber immer nur flüchtig und verstohlen, weil sie nicht zeigen wollte, wie entzückend sie ihr eigenes Kind finde, zu welcher Regung mütterlichen Stolzes sie voll berechtigt war.

aus: Effi Briest

Gestickt wurde in Europa schon, bevor Bildteppiche, sogenannte Gobelins, entstanden sind. Während die Gobelinweberei eine höfische Zunft war, blieb die Stickerei eine häusliche Tradition. Für den Hausgebrauch wurden einfache Muster gestickt. Die Gobelinmanufakturen perfektionierten die Webtechniken immer mehr und schufen Wandbehänge für Schlösser, reiche Kirchen und

Klöster. Ab wann die Muster der häuslichen Stickerei von den »höfischen« Produkten beeinflußt wurden, ist unklar.

Wahrscheinlich zeitgleich mit dem Kopieren der »Gobelinmuster« wurde die Firmenbezeichnung »Gobelin« zum Sammelbegriff für Wandteppiche und Stickereien aller Art.

Bedingt durch die Schlichtheit der Möbel des Biedermeier kamen Kanevas-(=Stramin)Stickereien groß in Mode. Geschäftsleute erkannten den Trend der Zeit und gründeten Betriebe, die Musterbögen für den Hausgebrauch herstellten. Die Nachfrage nach diesen Stickvorlagen war so groß, daß in Berlin und Wien eine richtige Musterbogenindustrie entstand. Die Konturen der Muster wurden auf kariertes Papier gedruckt und in Heimarbeit koloriert. Nach diesen Musterbögen stickten die Bürgersfrauen Kissenbezüge, Wandbehänge, Bezüge für Sitzmöbel, Tischdecken und sogar Teppiche für den Boden.

Im Hamburger Museum für Kunst und Gewerbe ist ein Bodenteppich ausgestellt, der das unglaubliche Maß von 545 x 415 cm hat. Er wurde 1865/70 im Kreuzstich (auf Stramin) gestickt. Der gute Erhaltungszustand des Teppichs dürfte wohl daher rühren, daß er nie nennenswert strapaziert worden ist.

Bereits im 17. Jahrhundert entstand ein weiterer falscher Gobelin: der gemalte Wandteppich. Auf einem Gewebe, meist Jute, manchmal auch Seide, wurden mit Farbe Gobelinmuster aufgemalt, die zwar einen Fachmann nicht täuschen konnten, für den oberflächlichen Betrachter aber wie ein echter Gobelin aussahen.

Mit der beginnenden Industrialisierung kam im 19. Jahrhundert noch der maschinell hergestellte »Gobelin« dazu, der unsere Wohnkultur allerdings nicht wesentlich beeinflußt hat.

Literatur
Theodor Fontane: Effi Briest, erschienen in der Freizeit Bibliothek (mit Genehmigung des Winkler Verlages München, o. J.).

Kurban Said
(1905-1940)

»Komm«, sagte er, und wir gingen zu den beiden roten Gebetsteppichen in der Mitte des Daches. Die oberen Enden der Teppiche waren gen Mekka gewandt, in der Richtung der heiligen Kaaba. Wir zogen die Schuhe aus, stellten uns auf die Teppiche und falteten die Hände, mit der rechten Handfläche den linken Handrücken bedeckend.

»Das ist alles, was wir tun können, aber das ist mehr als alle Weisheit der Ärzte. «

Mein Vater beugte sich vor und sprach die arabischen Worte des Gebetes: »Bismi Ilahi arrahmani rahim – Im Namen Gottes, des Allerbarmers, des Allbarmherzigen...«

Ich folgte ihm. Ich kniete auf dem Gebetsteppich, und meine Stirn berührte den Boden: »Ahamdu lillahi rabi-l-alamin arrahmani rahim maliki jaumi din – Gelobt sei Gott, der Herr der Welten, der Allerbarmer, der Allbarmherzige, der Herr des Jüngsten Gerichts...«

Ich saß auf dem Teppich, und meine Hände verdeckten mein Gesicht. Ninos Schreie streiften mein Ohr, aber ich erfaßte sie nicht mehr. Meine Lippen formten von selbst die Sätze des Korans: »Ijjaka na budu waijjaka nastain – Dich verehren wir, und dich flehen wir um Gnade an...«

Meine Hände lagen jetzt auf meinen Knien. Es war sehr still, und ich hörte das Flüstern meines Vaters: »Ihdina siratalmustaqim sirata lladina anammta alaihim – Führe uns auf den rechten Weg, auf den Weg derer, denen du gnädig bist. . «

Die roten Linien des Gebetsteppichs verschwammen vor meinen Augen. Mein Gesicht lag auf dem Teppich: »Gaira lmagdumi alaihim wala ddalin – Denen du nicht zürnest und die du nicht irreführst... «

So lagen wir im Staub, vor dem Antlitz des Herrn. Wieder und immer wieder sprachen wir die Worte des Gebetes, die Gott einst dem Propheten in Mekka in der fremden Zunge der arabischen Nomaden eingegeben hatte. Ninos Rufe verstummten. Ich saß mit gekreuzten Beinen auf dem Teppich, der Rosenkranz glitt durch meine Hände, und meine Lippen flüsterten die dreiunddreißig Namen des Herrn.

Jemand berührte meine Schulter. Ich hob den Kopf, sah ein lächelndes Gesicht und hörte unverständliche Worte. Ich erhob mich. Ich fühlte die Blicke des Vaters auf mir ruhen und stieg langsam die Treppe hinab.

aus: Ali und Nino

Kurban Said (d.i. Lev Noussimbaum) war deutsch-jüdischer Abstammung und trat bereits in jungen Jahren zum Islam über. Insofern mag es nicht erstaunlich sein, die schönste Beschreibung eines islamischen Gebetsrituals ausgerechnet bei ihm gefunden zu haben. Selbst in unserer multikulturellen Zeit scheint mir dieses Zeichen der Völkerverständigung durchaus erwähnenswert zu sein.

Unter anderem wurden Teppiche auch zum Beten hergestellt, ihr wichtigstes Merkmal ist die Gebetsnische (Mihrab). Aber es lag nicht an den Gebetsteppichen, daß die Teppichknüpfkunst der islamischen (früher muhamedanischen) Kunst angegliedert wurde. Vielmehr lag es daran, daß der Teppich aus dem Orient kam und folglich islamisch zu sein hatte. Die Archäologie und die Teppichforschung hatten dem lange nichts entgegenzusetzen, und so blieb der Teppich eben Teil der islamischen Kunst. Die mehr als 9 000 Jahre alten Funde von Catal Hüyük und der 2 500 Jahre alte Pazyryk-Teppich müßten Beweis genug sein, daß der 1 500 Jahre »junge« Islam unmöglich der »Vater« dieses uralten Handwerks sein kann, wie so lange behauptet wurde.

V. Gantzhorn tritt in seinem Buch »Der christlich orientalische Teppich« energisch gegen die Islamisierung der Teppichknüpfkunst ein. Und jubelt das wahrscheinlich älteste Handwerk der Menschheitsgeschichte der 2000 Jahre »jungen« Christenheit unter, was nicht nur aus rechnerischer Sicht ein Fehler sein muß. Zwar werden in der Teppichliteratur die Armenier und die Griechen als besonders begabte Teppichknüpfer und die Juden als geniale Färber gefeiert, trotzdem müssen wir aber »auf dem Teppich bleiben«. Zweifellos spielen in der »Teppichgeschichte« die Mohamedaner, Christen und Juden (die Buddhisten und Hindus nicht zu vergessen!) verschieden große Rollen. Aber muß der Teppich unbedingt zur religiösen Kunst gemacht werden, indem man ihn ständig in Schubladen stopft, in denen er nur von Motten zerfressen wird? Warum kann der Teppich nicht bis zur vollständigen Klärung der Rätsel als multireligiöses, nationenverbindendes, menschliches Kunstwerk gelten?

Bis dato scheint der Teppich das einzige zu sein, was uns Menschen zu einem großen bunten Ornament verbindet.

Literatur
Kurban Said: Ali und Nino, Scherz Verlag, © 1973 Lucy Tal;
Volkmar Gantzhorn: Der christlich orientalische Teppich, © B. Taschen Verlag, Köln 1990.

Teppiche sind wie Menschen

Arnold Vals

Lange hatte der Künstler an dem Entwurf gefeilt, ehe er daran gehen konnte, ihn zu verwirklichen. Der Weber hatte mit Bedacht die Garne ausgesucht und färbte sie sorgfältig. Dann wog er die Vorzüge der verschiedenen Techniken ab, um am Ende die beste zu wählen. Unter den unzählbaren Möglichkeiten die zu finden, die das ausgesuchte Material mit der größten Leichtigkeit zum Muster werden läßt. Wenn das Werk gelungen ist, liegt ein vollkommener Teppich vor uns, der mit jedem Jahr schöner und wertvoller wird. Bestes Material wurde von wissenden Händen in Form gebracht und besteht die Strapazen des Lebens so leicht und spielerisch, als würde sich nicht das Material abnützen, sondern nur die Zeit ermüden.

Solche Kostbarkeiten sind allerdings sehr selten.

Häufiger treffen wir auf Teppiche, die aus gutem Material bestehen, das nur mäßig verarbeitet wurde. Während der Weber den Teppich knüpfte, wurde er von der Muse geküßt. Berauscht von diesem Kuß, ist er über so manche handwerkliche Hürde gestolpert, die ihm sonst vielleicht nicht entgangen wäre. Das besonders originelle Muster, das im Liebesrausch entstand, überstrahlt die technischen Mängel mit seiner unglaublichen Beseeltheit. Das sind die Glanzlichter unter den Teppichen, die wir alle so lieben. Auch sie werden durch ihre angeborene Einmaligkeit vom Alter geadelt. Unsere Museen sind voll solcher Musenküsse.

Leider gibt es aber auch Teppiche, wo der Weber sich in den Möglichkeiten des Materials verschätzt hat. Weil er nur mit halbem Herzen bei der Sache war, oder er war guten Willens und brachte trotzdem nur ein Allerweltsmuster zustande. Für diese Teppiche ist das Altern ein rein materieller Verschleiß, wodurch sie nicht schöner und wertvoller werden, sondern sich von Jahr zu Jahr mehr verbrauchen. Und da erweist sich die Zeit als unbarmherzig, das schlechte Material und das fehlende Können des Webers tritt immer stärker zutage. Genau genommen müßten wir dem Weber böse sein. Da wir ihn nicht kennen, muß der Teppich die Halbherzigkeit des Webers büßen und wir treten unbarmherzig auf ihn ein.

Aber das sind nur die Gedanken eines arroganten Bildungseuropäers, der in seiner rastlosen Suche nach Vollkommenheit alle Dinge bewerten muß, um über die eigene Unzulänglichkeit hinwegzutäuschen.

Die Orientalen sagen »nur Gott ist vollkommen« und verlieren keine Zeit damit, einer Schimäre hinterherzulaufen.

Auch William Somerset Maugham vergleicht Teppiche mit Menschen:

William Somerset Maugham (1874-1965)

Beim Durchlesen dessen, was ich über die Stricklands geschrieben habe, wird mir bewußt, daß sie verschwommen erscheinen müssen. Ich war außerstande, sie mit jenen charakteristischen Merkmalen auszustatten, welche die Figuren eines Buches mit wirklichem Eigenleben erfüllen; und während ich mir Gedanken darüber mache, ob dies meine Schuld ist, zerbreche ich mir den Kopf, um mich an Eigenheiten zu erinnern, die ihnen Lebendigkeit verleihen könnten. Ich habe das Gefühl, daß ich ihnen durch eine sprachliche Eigentümlichkeit oder irgendeine sonderbare Gewohnheit mehr eigene Ausdruckskraft verleihen könnte. So aber, wie sie nun einmal dastehen, gleichen sie den Figuren auf einem alten Wandteppich; sie heben sich nicht vom Hintergrund ab, und von ferne betrachtet, scheinen sie ihre Form zu verlieren, so daß man kaum mehr als eine gefällige Farbkomposition vor sich hat. Meine einzige Rechtfertigung ist, daß sie eben gerade diesen Eindruck auf mich machten. Ihnen war eben jene Verschwommenheit eigen, die man bei Menschen findet, deren Leben Teil eines gesellschaftlichen Organismus ist, so daß sie nur in ihm und durch ihn existieren. Sie

Farbtafel X

Farbtafel XII

sind wie Zellen im Körper, zwar unentbehrlich, aber, solange sie gesund sind, vom bedeutenden Ganzen nicht zu trennen. Die Stricklands waren eine durchschnittliche Mittelstandsfamilie. Eine liebenswürdige, gastfreundliche Frau, mit einem harmlosen Fimmel für kleine Berühmtheiten aus der literarischen Gesellschaft; ein ziemlich langweiliger Mann, der in dem Lebenskreis, in den ihn eine gnädige Vorsehung gestellt hatte, seine Pflicht erfüllte; zwei hübsche, gesunde Kinder. Nichts konnte alltäglicher sein. Ich glaube nicht, daß irgend etwas an ihnen war, das die Aufmerksamkeit eines neugierigen Menschen erregt hätte.

aus: Silbermond und Kupfermünze

Sowohl Menschen als auch Teppiche sind natürlich vielfältiger. Allein die verschiedenen Techniken des Knüpfteppichs sind unzählbar.

Auf einen einfachen Nenner gebracht, entstehen diese Techniken durch die Stellung der Schuß- und Kettfäden zueinander und die verschiedenen (türk., pers. & span.) Knoten. Die wichtigste Rolle spielt dabei der Schußfaden. Es gibt Teppiche mit nur einem Schußfaden, bis hinauf zu sechs solcher Verbindungsfäden, die den Teppich zusammenhalten. Schon die Anzahl der Schüsse hat Einfluß auf die Struktur des Teppichs. Wird dann nach jeder Knüpfreihe noch mit verschieden dicken Schüssen gearbeitet, was besonders in Persien üblich ist, ändert dies sofort das Erscheinungsbild des Teppichs.

Reinhard G. Hubel hat mit seinem »Ullstein Teppichbuch« erstmals der Technik des Teppichs den Platz eingeräumt, den sie tatsächlich verdient.

Literatur
William Somerset Maugham: Silbermond und Kupfermünze, deutsch von Susanne Feigl, © Diogenes Verlag 1973;
Reinhard G. Hubel: Ullstein Teppichbuch, 28.-33. Tsd. 1977, © Ullstein Verlag Berlin 1972.

Annette v. Droste-Hülshoff (1797-1848)

UNBESCHREIBLICH

Dreitausend Schreiber auf Teppichen saßen
Und rührten den Bart mit der Feder;
Sie schrieben, schrieben so manchen Tag,
Daß grau geworden die Bärte,
Daß trüb geworden die Augen längst
Und längst erkrummet die Finger;
Wer aber, was sie geschrieben, liest
Und liest das, was sie geschrieben,
Der spricht: Ist es ein Schatten wohl?
Oder ist es der Schatten des Schattens !

aus: Das Spiegelbild

Allem Kallem

Arnold Vals

Anatol hatte es einfach leid, ständig die schweren Teppiche im Reisegepäck zu haben und sich mit den Fluggesellschaften herumärgern zu müssen, die das Übergepäck nicht umsonst befördern wollten. Diese Feilschereien gingen ihm auf die Nerven und er beschloß, einem Transportunternehmen diese Bürde aufzuladen. In einer riesigen Schachtel verschwanden hundert Kilo Teppiche und machten sich auf den Weg.

Als Anatol von der Behörde aufgefordert wurde, die Formalitäten zu erledigen, um seine kostbare Fracht in Empfang nehmen zu können, fuhr er gleich hin. Guten Mutes ging er zum Direktor der Zollbehörde, der Goldpfeil hieß, und trug ihm sein Anliegen vor. Der Direktor indes meinte, ehe ihm kein Antrag vorläge, könnte er keine Entscheidung treffen. Anatol zögerte nicht lange und suchte die zuständige Dame auf, die ihr Strickzeug beiseite legte und sich seiner annahm. Umständlich schrieb sie den Antrag und erklärte, daß seine Bearbeitung etwa drei Wochen dauern würde. Aber wenn der Generaldirektor des Zolls sich der Sache annehmen würde, könnte es viel schneller gehen. Anatol hatte vor Jahrhunderten »Allem Kallem« gelernt, ein altes orientalisches Verwandlungsspiel, und traute sich zu, es mit dem Generaldirektor aufzunehmen. Er ging zu ihm und verwandelte sich in einen Kreuzritter. Der Generaldirektor, der »Schwarzer Felsen« hieß, war von dem Kunststück beeindruckt und versprach, dem Kreuzritter zu helfen. Nach einigen Tagen ging Anatol zurück zu Goldpfeil, der wie ein König auf seinem Thron saß und sehr ungnädig Hof hielt. Anatol dachte, auch ihn mit Allem Kallem beeindrucken zu können, und verwandelte sich in einen Bettler. Goldpfeil kannte dieses Spiel nicht und weigerte sich, einem Bettler die kostbaren Teppiche auszuhändigen. Als sich Anatol in einen alten König verwandelte, war Goldpfeil bereit, ihm gegen eine fürstliche Belohnung die Teppiche auszuliefern. Anatol konnte sich zwar verwandeln, aber kein Geld herbeizaubern und ging zurück zum Generaldirektor. Er klopfte an die Tür, trat ein, verwandelte sich in einen Adler und setzte sich auf seine Schulter. Dem machte das Spiel so viel Spaß, daß auch er ein Zauberkunststück vorführte und sich in einen schwarzen Felsen verwandelte. Da saß der Adler auf dem schwarzen Felsen und schaute in die ungewisse Ferne. Sie lösten den Zauber wieder auf; der Generaldirektor fand viele schöne Worte, die Widrigkeiten der Bürokratie zu bedauern. Er sprach mit Goldpfeil, der beim Barte des Propheten beteuerte, die Angelegenheit neu zu überdenken. Anatol ging zu ihm und fand ihn in übelster Laune vor. Goldpfeil blätterte in den Unterlagen und malte von Zeit zu Zeit mit einer kratzenden Feder geheimnisvolle Krakel auf das Papier. Endlich war er fertig und verkündete, Anatol könne seine Teppiche abholen. Erleichtert machte dieser sich auf den Weg, um in tausend Zimmern ebensoviele Stempel zu empfangen. Im letzten Raum saß ein würdiger Beamter an einem Tisch und rechnete. Anatol gab ihm den Akt, der Schreiber mit dem langen Bart setzte sich wieder, schlug in Büchern nach und schien mit seinen Berechnungen niemals fertig zu werden. Dann erhob er sich und verkündete eine astronomische Summe, die zu bezahlen wäre. Der arme Anatol hielt dies für ein Versehen und bat den Beamten, ihm die einzelnen Posten dieser endlos langen Rechnung zu erklären. Äußerst geduldig kam er der Bitte nach und versuchte Anatol damit zu trösten, daß die Zollbestimmungen teilweise noch aus vergangenen Jahrhunderten stammen würden. Anatol hätte zu seiner Ablenkung liebend gerne irgendein Verwandlungskunststück vollbracht, verzichtete dann aber auf Allem Kallem und überließ den bärtigen Mann seinen Papieren.

Im Freien angekommen, setzte er sich auf eine Bank und hing seinen Gedanken nach. Da kauerte der Kreuzritter, der Bettler, der König und der Adler und sie konnten nicht begreifen, daß ihr Spiel nicht geholfen hatte, die Hürden der Bürokratie zu überspringen. Tausend Gedanken gingen Anatol durch den Kopf auf der Suche nach einem Verwandlungskunststück, das ihn in den Besitz seiner Teppiche hätte bringen können. Es fiel ihm keines ein. Er überlegte, ob er mit dem Generaldirektor noch einmal »Allem Kallem« spielen sollte, konnte sich aber nicht entscheiden. Da tauchte ein dicker Gedankenleser auf, der schon eine Weile Anatols Gedanken gelesen haben mußte, da er glänzend Bescheid wußte. Der Weise aus dem Morgenland versprach, Anatol gegen eine angemessene Belohnung zu einem Zauberer zu bringen, der vielleicht Rat wüßte. Dieser hatte gerade nichts zu tun und rauchte eine Wasserpfeife. Er hörte sich die Sache an und nannte eine stattliche Summe, die er bräuchte, um den riesigen Karton aus dem Zollager wegzuzaubern. Anatol war müde von der Mühsal des Tages und da der Betrag erheblich niedriger war als der, den der Zoll forderte, bat er den Zauberer um seine Dienste. Der las aus dem Kaffeesatz, dann legte er die Karten und beschwor irgendeinen Geist. Allein diese Vorbereitungen waren den geforderten Preis schon wert. Dann meinte er, den richtigen Weg gefunden zu haben, breitete eine große Landkarte aus, auf der er eine Streichholzschachtel hin und her schob. Dazu murmelte er unverständliche Worte und zog zwischendurch an seiner Wasserpfeife, die immer wieder ausging. Nach Stunden höchster Konzentration verkündete er voller Stolz, daß die Teppiche jetzt an ihrem Bestimmungsort wären.

Nachdem Anatol sich von den Strapazen des schweren Tages ausgeruht hatte, fuhr er am nächsten Morgen nach Ikonium, wo die Teppiche sein sollten. Aber sie waren nicht da, alles Suchen war zwecklos. Wochen später klärte sich das Rätsel. Der dumme Zauberer hatte die Teppiche wieder zurückgeschickt.

Und deshalb schleppt der arme Anatol weiterhin Teppiche durch die Weltgeschichte und ärgert sich über die Fluggesellschaften, die kein Verständnis für ihn haben. Und so dienlich das Spiel »Allem Kallem« im normalen Leben auch immer sein mag, gegen die Bürokratie hilft es jedenfalls nicht.

Literatur

Annette v. Droste-Hülshoff: Das Spiegelbild, 11.-20. Tsd., Rütten & Loenig, Potsdam (keine weiteren Angaben).

William Sommerset Maugham (1874-1965)

Und doch war er dem Sinn des Lebens nicht nähergekommen. Warum die Welt da war, und zu welchem Zweck die Menschen existieren, blieb ihm ebenso unverständlich wie zuvor. Sicherlich mußte es einen Grund dafür geben. Er dachte an Cronshaws Gleichnis von dem persischen Teppich. Es sollte eine Lösung des Rätsels enthalten. Aber Cronshaw hatte geheimnisvoll angedeutet, daß es nur dem eine Antwort bot, der sie selbst zu entdecken vermochte.

»Was er nur gemeint haben mag«, lächelte Philip.

Und so machte er sich denn, voll Ungeduld, all seine neuen Theorien in die Praxis umzusetzen, mit sechshundert Pfund in der Tasche am letzten Septembertag auf, um zum drittenmal im Leben sein Glück zu versuchen.

»Ich erinnere mich, wie ich ihn das erstemal traf und wie sehr ich ihn bewunderte«, sagte Philip. »Es ist widerlich, daß nur die ganze Mittelklassenbravheit sich lohnt.«

»Nun, schließlich ist er auch ein verdorbenes Subjekt. Es war klar, daß er vor die Hunde gehen würde«, sagte Lawson.

Philip kränkte es, daß Lawson nicht einsah, wie auch ein Stück Tragik darin steckte. Natürlich war es nur der gewöhnliche Ablauf von Ursache und Wirkung, aber in der Gesetzmäßigkeit, mit der die eine auf die andere folgt, lag schließlich die ganze Tragik des Lebens.

»Ach, beinahe hätte ich's vergessen«, sagte Lawson. »Kurz nachdem du fort warst, hat er ein Geschenk für dich herübergeschickt. Ich dachte, du würdest doch zurückkommen, deshalb habe ich mich nicht weiter darum gekümmert. Ich konnte mir übrigens auch nicht vorstellen, daß es sich lohnen würde, es nachzuschicken. Aber es kommt jetzt mit meinen übrigen Sachen nach London, und dann kannst du es einmal abholen, wenn du Lust hast.«

»Du hast mir noch nicht gesagt, was es ist.«

»Ach, nur ein zerlumptes Stück Teppich. Ich glaube nicht, daß es den geringsten Wert hat. Ich habe ihn später einmal gefragt, warum er dieses dreckige Ding eigentlich geschickt habe. Er hätte es gelegentlich in einem Laden in der Rue de Rennes gesehen, hat er gesagt, und da habe er es für fünfzehn Franc gekauft. Es scheint ein persischer Teppich zu sein. Er sagte noch, du hättest ihn einmal nach dem Sinn des Lebens gefragt, und das sei die Antwort darauf. Aber er war furchtbar betrunken.«

»Erinnern Sie sich an den persischen Teppich, den Sie mir einstmals gegeben haben?« fragte Philip.

Cronshaw lächelte sein altes, langsames Lächeln aus früheren Tagen.

»Ich habe es Ihnen ja gesagt, daß er Ihnen eine Antwort auf die Frage, wie das mit dem Sinn des Lebens ist, geben werde. Haben Sie jetzt die Antwort entdeckt?«

»Nein«, sagte Philip lächelnd. »Wollen Sie sie mir nicht sagen?«

»Nein, nein, das kann ich nicht. Die Antwort ist bedeutungslos, wenn Sie sie nicht selbst finden.«

Während er noch an Cronshaw dachte, fiel ihm der persische Teppich ein, und wie er gesagt hatte, darin sei die Antwort auf die Frage nach dem Sinn des Lebens enthalten. Plötzlich kam ihm die Antwort; er mußte lachen; jetzt, da er sie wußte, war ihm zumute wie jemand, der sich mit einem Puzzlespiel vergeblich abgemüht hat und dem man dann schließlich die Lösung weist; er kann sich danach gar nicht vorstellen, wie er sie nicht selbst hatte finden können. Die Antwort lag auf der Hand. Das Leben hatte keinen Sinn. Auf der Erde, die als Trabant eines Sternes durch den Raum schoß, hatten sich unter dem Einfluß der Verhältnisse, die ein Teil der Geschichte dieses Planeten waren, Lebewesen entwickelt, und so wie hier der Anfang des Lebens sich vollzog, so würde einmal unter veränderter Bedingung das Ende eintreten. Der Mensch, der nicht bedeutsamer ist als andere Formen des Lebens, trat nicht als Höhepunkt der Schöpfung auf, sondern als physische Reaktion auf seine Umgebung. Philip erinnerte sich an die Erzählung eines Königs aus dem Morgenland, der die Geschichte des Menschen erfahren wollte. Einer der Weisen brachte ihm fünfhundert Bände; der König jedoch, den die Staatsgeschäfte in Anspruch nahmen, schickte ihn fort, er möge, was darin stehe, für ihn zusammenfassen. Nach zwanzig Jahren erschien der Weise wiederum vor ihm, und die Geschichte war jetzt in fünfzig Bänden enthalten. Der König, der inzwischen gealtert war und nicht mehr so viele dickleibige Bände zu lesen vermochte, schickte ihn nochmals fort, auf daß er noch stärker kürze. Wieder vergingen zwanzig Jahre und der Weise brachte, alt und grau, ein einziges Bändchen, das alles Wissenswerte für den König enthielt. Der König aber lag auf seinem Sterbebette, und ihm blieb keine Zeit mehr, selbst dieses kleine Werk zu lesen. Daraufhin gab der Weise ihm die Geschichte des Menschen in einem einzigen Satz, und der lautete: Er wurde geboren, er litt und starb. Das Leben enthielt keinen Sinn, und der Mensch diente keinem höheren Zweck durch sein Leben. Es war belanglos, ob er geboren worden war oder nicht, ob er lebte oder aufhörte zu leben. Das Leben war ohne Bedeutung und der Tod ohne Folgen. Philip frohlockte, so wie er als Knabe frohlockt hatte, als die Last des Glaubens an Gott von seiner Schulter fiel; es schien ihm, als sei nunmehr die Bürde der Verantwortung von ihm genommen – von nun an würde er frei sein. Seine Bedeutungslosigkeit verwandelte sich damit in Macht; jetzt war er quitt mit dem grausamen Schicksal, das ihn verfolgt zu haben schien. War das Leben sinnlos, so hatte auch die Welt alle Grausamkeit eingebüßt. Was er tat oder zu tun unterließ, war gleichgültig. Versagen war unwichtig, und Erfolg bedeutete nichts. Er war das unbeträchtlichste Geschöpf in dieser schwärmenden Masse Menschheit, die für einen kurzen Zeitraum die Oberfläche der Erde mit Beschlag belegt hatte; allmächtig war er, weil er dem Chaos das Geheimnis seiner Nichtigkeit abgerungen hatte. Die Gedanken überstürzten sich in Philips kühner Phantasie; er zog lang und tief den Atem ein, so fröhlich war er und zufrieden. Er hätte Lust gehabt, herumzuspringen und zu singen. Seit Monaten war er nicht mehr so glücklich gewesen.

»Ah!« rief es in seinem Herzen. »Leben, wo ist dein Stachel?«

Die aufquellende Phantasie, die ihm mit der Klarheit einer mathematischen Beweisführung gezeigt hatte, daß das Leben keine Bedeutung besaß, brachte noch einen anderen Gedanken hervor. Deshalb hatte Cronshaw ihm wahrscheinlich den persischen Teppich geschenkt! So wie der Weber sein Muster aus reiner Freude am künstlerisch gestalteten Werk, ohne einen Zweck vor Augen zu haben, ausführte, so kann der Mensch sein Leben leben, oder, nahm man an, daß seine Handlungen außerhalb seiner eigenen Entscheidungssphäre lagen – so kann der Mensch sein Leben schauen: ein schön durchgeführtes Muster. Es bestand so wenig Notwendigkeit wie Sinn dafür, dies oder das zu tun. Er tat es einfach, weil es ihm Freude machte. Aus den mannigfachen Geschehnissen seines Lebens, seiner Taten, seiner Gefühle, seiner Gedanken, kann er einen Plan, ein Muster entwickeln, das je nachdem regelmäßig, kompliziert, herrlich ausgearbeitet oder schlichtweg schön war. Und mochte es wirklich nur ein Wahn sein, daß ihm die Macht der Auswahl zustand, mochte es nichts als eine phantastische Selbstbegaukelung sein, was machte es schon aus: das Muster zeigte sich ihm, folglich war es für ihn wirklich. In der riesigen Werft des Lebens – (ein Fluß, dieses Leben, aus keiner Quelle, das immer und ewig dahinfließt, ohne je in das Meer einzumünden) – mag ein Mensch wohl die persönliche Befriedigung genießen, die verschiedenen Fäden, die ein Muster ausmachen, sich selbst zu wählen, wenn er nur dessen eingedenk bleibt, daß es nirgends einen Sinn gibt und nichts von Wichtigkeit ist. Ein Muster bot sich von selbst, es lag offen da, in vollkommener Schönheit: ein Mensch wurde geboren, wuchs und wurde ein Mann, heiratete, zeugte Kinder, schaffte das tägliche Brot, und starb. Und andere Muster waren vorhanden, vielfältig verflochten und wunderbar, in die das Glück nicht hineingewebt war und in denen Erfolg kein Ziel war, und in ihnen ließ sich eine stärker beunruhigende Grazie entdecken. Manche Leben – und dazu gehörte Haywards – schnitt die blinde Gleichmut des Schicksals ab, noch ehe das Muster sich vollenden konnte, dann tröstete die Einsicht, daß es nichts ausmachte. Andere Leben, so wie das Cronshaws, boten ein Muster, das sich schwer entwirren ließ; man mußte erst den Blickpunkt verschieben, mußte alte Werte ändern, ehe man begreifen konnte, daß das Leben seine Rechtfertigung in sich selbst trug. Philip vermeinte, daß er nun, da er das Verlangen nach Glück aufgab, die letzte Illusion beiseite schob. Sein Leben war ihm schauerlich erschienen, solange er es mit dem Maße des Glückes maß; jetzt, da er erkannte, daß es mit andern Maßstäben gemessen werden konnte, strömte ihm Kraft zu. Glück war so unwichtig wie Schmerz. Sie gehörten dazu, alle beide wie andere Teile seines Lebens, Fäden, die im Webstuhl des Lebens zum Muster zusammenschossen. Es kam ihm vor, als stünde er über allen Fährnissen des Daseins, daß nichts ihn, wie früher, betreffen konnte. Was immer auch geschehen mochte, es konnte nur ein Motiv mehr sein, das in das verworrene und verschlungene Muster einging. Kam dann das Ende, so würde er über die Vollendung jauchzen. Es würde ein Kunstwerk sein, und um nichts weniger schön, weil er allein von seiner Existenz wußte. Mit seinem Tode würde es aufhören, da zu sein.

Philipp war glücklich.

aus: Der Menschen Hörigkeit

Literatur

William Somerset Maugham: Der Menschen Hörigkeit, Fischer Verlag 1959, deutsch von Mimi Zoff, © 1938 by Rascher Verlag Zürich.

10. Kapitel

Geduldspiele

Die Verbannung der Fatima

Sultan Selim regierte sein Reich mit viel Weisheit und Strenge. Sein engster Berater war ein alter Mullah, den der Sultan immer um Rat fragte. Deshalb erhielt Selim vom Volk den Beinamen »der Fromme«.

Das Weltreich, über das Selim herrschte, war so groß, daß er die Zahl seiner Untertanen kaum überschauen konnte. Ebensowenig dürfte er die Anzahl seiner Ehefrauen gekannt haben. Bekannt ist nur, daß er eine Lieblingsfrau hatte und eine Lieblingstochter, die Fatima hieß. Der Sultan war alt geworden und Fatima zur berühmtesten Schönheit im Reich herangewachsen. Während der Sultan um seine anderen Töchter kein großes Federlesen machte, war ihm Fatima so ans Herz gewachsen, daß ihm kein Freier gut genug erschien und er alle fortschickte.

Eines Nachts gelang es einem Waghalsigen, sich im Palast zu verstecken und bis in Fatimas Schlafgemach vorzudringen. Als die Prinzessin den Mann sah, war sie von seiner Schönheit so hingerissen, daß sie vergaß, nach der Wache zu rufen. Er erzählte ihr von der Weissagung im großen Buch, demnach das ewige Reich des Friedens enstände, wenn die schönste aller Blumen sich mit einem Fremden vereinigte. Die Sprache des Mannes war so rein und so schön, die nie gehörten Worte schmeichelten ihr so sehr, daß sie ihn für einen Abgesandten des Propheten hielt. Fatima gab sich ihm hin und gleich in der ersten Nacht führte er sie in jenes Paradies, das nicht alle Menschen betreten können. Der Fremde kam von da an jede Nacht wieder und benetzte mit seiner Liebe die Prinzessin mit den Tautropfen der Seligkeit. Und brachte die Lotosblüte zum Erblühen.

Eines Morgens wurde der Fremde gefaßt und vor den Sultan gebracht. Man folterte ihn grausam, und er gestand, kurz bevor er starb, sein Vergehen. Selim der Fromme war ratlos und bat den Mullah um Rat. Dieser schwieg eine geraume Zeit und dachte sogar daran, die Prinzessin töten zu lassen, um die Ehre des Sultans zu retten. Da flüsterte ihm eine Fliege eine Koransure ins Ohr, die er dem Herrscher laut vortrug.

Am nächsten Tag wurde die ahnungslose Fatima von einem Trupp Reiter in den entlegensten Teil des Reiches gebracht. In Ostturkesten, am Ursprung des Flusses Syra, wartete eine alte Burg auf sie. Der Mullah des Sultans erklärte ihr den Grund der Verbannung und prophezeite ihr den Tod, wenn sie sich nicht mit ihrem Schicksal abfände.

In das Turmzimmer wurde ein riesiger Webstuhl geschafft, der an die fensterlose Seite des Zimmers gestellt wurde. Ein großer Spiegel wurde so plaziert, daß Fatima, wenn sie am Webstuhl saß, das Geschehen vor der Burg beobachten konnte. Der Mullah erklärte ihr, daß, wenn sie aufstünde, um aus dem Fenster zu schauen, der Spiegel zerspringen und sie sterben würde. Der Mullah ließ einige zuverlässige Männer als Diener und Wache bei der Prinzessin, schloß die Burg ab und kehrte an den Hof des Sultans zurück. Fatima setzte sich an den Webstuhl und dachte über ihr Schicksal nach. Sie glaubte immer noch, daß der schöne Fremde ein Bote des Propheten gewesen war. Und sie dachte voll Wehmut an die Nächte im verlorenen Paradies zurück und fing zu weinen an. Da tauchte im Spiegel eine Kamelkarawane auf, und sie begann mit dem Weben ihres Teppichs. Da sie noch ungeübt war, hatte sie beim Weben der Tiere große Schwierigkeiten und brauchte dafür lange Zeit. Inzwischen war es Frühling geworden, und sie sah im Spiegel die Vogelschwärme vom Süden in den Norden ziehen. Die Vögel in den Teppich zu weben, ging ihr schon viel leichter von der Hand; sie zogen zielbewußt über die Kamelkarawane hinweg. Fatima fand großen Gefallen an ihrer Arbeit, wäre aber trotzdem gerne mit den Vögeln davongeflogen, um ihrem Schicksal zu entrinnen. Eines Tages sah sie im Spiegel eine Schafherde, die sich träge über den gelben Sand von Turkestan wälzte. Und sie webte die wollig flauschigen Tiere in ihren Teppich, die sich dann wie fröhliche Wolken ausnahmen. So vergingen die Jahre. Wenn Fatima an den gottgesandten Liebhaber dachte, und sie zu weinen begann, tauchte im Spiegel sofort ein neues Bild auf, das verwebt werden wollte. So entstanden Teppiche über Teppiche.

Eines Tages entdeckte sie einen Reiter im Spiegel, der einen imposanten Federbusch auf dem Kopf trug. Es war Tschingis Khan, der gen Westen zog, um das Reich ihres Vaters zu erobern. Da sprang sie von ihrem Schemel auf und stürzte ans Fenster, um den neuen Herrscher der Welt zu bewundern. Eine so prächtige Erscheinung hatte sie noch nie gesehen und schloß daraus, daß Allah ihn geschickt hätte, um sie aus der Verbannung zu erlösen. Als sie ihn rufen wollte, fiel ihr die Prophezeiung wieder ein. Sie brachte keinen Ton hervor. Erschrocken drehte sie sich um und sah, wie der Spiegel von einem Spinnennetz von Rissen überzogen wurde, ehe er beinahe lautlos zersprang. Fatima spürte einen starken Schmerz, und ihr Herz riß entzwei. Doch bevor sie die Besinnung verlor, konnte sie sehen, wie sich die Kettbäume ihres Webstuhles zu drehen begannen und ihren gerade vollendeten Teppich langsam zerrissen.

Nach der italienischen Novelle »Donna di Scalotta« aus dem 14. Jahrhundert und dem Gedicht »The Lady of Shalott« aus dem Jahre 1832 von Lord Alfred Tennyson vom Herausgeber in den Orient des 13. Jahrhunderts versetzt.

Teppiche als Beschäftigungstherapie werden heute noch gewebt und geknüpft. Hauptsächlich in Gefängnissen. Der türkische Dichter Nazim Hikmet berichtet von seinen Erfahrungen:

Nazim Hikmet

aus: Die Gefängnisweberei in Bursa

»Nazim wickelte das Musterpapier, das er wie eine Rolle umhüllt hatte, auf. Saubere, klare Farben, gelb, grün, rosarot, vereinigten sich in dem Muster, das auf den ersten Blick einfach schien, aber im Grunde reich war. Das Gleichgewicht eines unerhörten Fluges, die Schärfe eines Dolches, die weiche Rundung eines Frauenkörpers flossen in ihm zusammen. Dabei bestand das Muster aus geraden Linien. Die Meister schauten das Muster lange an. Sie schürzten die Lippen, als ob sie es schmeckten. Dann sagte der Ältere: Gut, wir können es für Bettdecken nehmen.«

Zu den Gefängnisteppichen bietet die Fachliteratur unterschiedlichste Erklärungen. Manche Autoren vermuten den Ursprung dieser Beschäftigungstherapie im Indien des 19. Jahrhunderts, andere wieder in der Türkei und Persien. Und selbst der Gedanke, die Europäer hätten diese Zwangsarbeit vor Jahrhunderten erfunden, scheint möglich zu sein.

Literatur

Nazim Hikmet: Sie haben Angst vor unseren Liedern, herausgegeben vom Türkischen Akademiker- und Künstlerverein, Berlin 1977.

Anna Seghers (1900–1983)

Michael folgte dem Meister. Er stutzte. Seine Augen hefteten sich auf den Vorhang, der die kleine Werkstatt von der großen trennte. Fassungslos starrte er auf den Teppich in sanften Farben, golddurchwirkt: Die Jagd nach dem Einhorn unter dem Thron der Jungfrau.

Der Meister Matthias erklärte: »Dreißig Mädchen haben drei Jahre lang das Bild gestickt. Es bedeutet was der Apostel Paulus sprach: ›Wir müssen hinter dem Heil herjagen, wie auf der Rennbahn‹«.

Michael sagte bestürzt: »Dreißig Mädchen? Drei Jahre lang? Warum? Wozu?«

Er dachte: Die Worte verstehe ich. Dem Klang nach. Was sie bedeuten, verstehe ich nicht.

Er konnte die Augen von dem Vorhang nicht losreißen. Langsam entstand ihm darauf ein weißes Gesicht, fliegende Kleider, Blumen. Seine Augen brauchten viel Zeit, um aus dem Gewebe von Blau und Gold und Grün das Bild herauszuschälen. Dann war es da. Aber es lebte nicht, ja doch, es lebte, aber es war nicht da. Nie hätte ihnen auf seinem Stern der Sinn nach solchem Gewebe gestanden. Nie hätten sie Zeit und Kraft für solche Gewebe übrig gehabt.

aus: Sagen von Unirdischen

Um den Meistertitel zu erlangen, mußten die Strumpfwirker ein Meisterstück fertigen. Mit der zunehmenden Industrialisierung starb im Europa des 19. Jahrhunderts dieser alte Beruf aus.

Als sprachliches Erbe blieb uns das Wort »wirken« erhalten, das früher stricken bedeutete. Im Laufe der Zeit veränderte sich die Bedeutung des Wortes, und es fand eine Vermischung der Begriffe »wirken« und »weben« statt. Wenn bei Teppichen und teppichähnlichen Textilien von »wirken« die Rede war, wurde damit längere Zeit die sogenannte Sumak-Technik definiert, eine im Orient sehr verbreitete Schlingtechnik.

Umgangssprachlich hat sich heutzutage das »Wirken« als poetische Form des Wortes »weben« etabliert. Im musealen Bereich bezeichnet »wirken« inzwischen jede Technik, bei der der musterbildende Schußfaden von Hand eingelegt wird. Nach dieser modernen Terminologie, die sich in jüngerer Zeit immer mehr durchgesetzt hat, sind die orientalischen Kelims und sumaks genauso »Wirkteppiche« bzw. Tapisserien, wie unsere traditionellen »Gobelins«.

»Wirken« kann im handwerklichen Bereich drei verschiedene Bedeutungen haben: stricken, weben oder schlingen.

Literatur
Anna Seghers: Das wirkliche Blau, Klett Lesehefte, 1. Auflage 1970, © 1968 Luchterhand Berlin.

Aladin
oder
das Warten auf die Wunderlampe

Arnold Vals

Jahrelang habe ich alte Teppiche gesammelt. Ich hatte zwar wenig Geld zur Verfügung, kannte mich aber in der Welt des Teppichs gut aus. Ich kaufte also alte Lappen aus längst vergangenen Zeiten, sah mich insgeheim schon als Begründer eines Museums und war mächtig stolz auf meine Erwerbungen. Meine Tante hingegen grämte sich ganz furchtbar, daß ich heiles Geld für kaputte Lumpen ausgab. Wenn ich mit so einem Fetzen ankam, meist waren sie total verschmutzt, schüttelte sie sich immer voller Ekel. Waren sie dann gewaschen, riß mich die wiedergewonnene Farbigkeit stets zur Begeisterung hin, während die Tante kopfschüttelnd da stand. Sie drohte mir, mich zu enterben, wenn ich nicht vernünftig würde. Ich sollte doch lieber sparen, als ständig nur das Geld zum Fenster hinauszuwerfen. Und wenn ich schon keinen anständigen Beruf hätte, müßte ich doch wenigstens bescheidener leben und nicht ständig alte Lappen anbringen, die eigentlich auf den Müll gehörten und vermutlich auch von dort stammen würden. Für solche Fetzen Geld auszugeben, wäre reine Verschwendungssucht, und es täte ihr in der Seele weh, sich so in mir getäuscht zu haben. Sie hätte mich nämlich für einen bescheidenen jungen Mann gehalten, solange sie von meinen Verrücktheiten keine Ahnung gehabt hatte. Einmal hat sie vor Kummer sogar geweint.

Aber nicht einmal die Tränen der ganz normalen Tante konnten meine Sammelleidenschaft bremsen. Ich kaufte weiterhin große und kleine Fetzen, Fragmente und Ruinen mit Löchern und Rissen, die ich meist heimlich in die Wohnung schaffte, um den Strafpredigten zu entgehen. Der riesige Schrank quoll schon über und in der Wohnung waren die Zeugen längst vergangener Jahrhunderte kaum noch zu verstecken. Mir bereitete das Anwachsen meiner Sammlung viel Freude, mein einziger Kummer war, daß ich nicht die Zeit hatte, die Kostbarkeiten zu restaurieren. Dahinter war auch die Tante gekommen und machte mir wieder heftige Vorwürfe. Dann gab sie mir den guten Rat, meine Sammeltätigkeit so lange einzustellen, bis die vorhandenen Stücke in Ordnung gebracht seien.

Meine Laune war schlecht und das Wetter genauso, also floh ich in die Türkei. Mit dem ersten Schrei des Muezzins schlug meine Laune um, und die Sonne schien. Die Nachmittage verbrachte ich oft bei Teppichhändlern, die zwar wenig von Teppichen, dafür aber umso mehr anderen Unsinn redeten. Etwas angeödet verkroch ich mich in mein Hotel.

Eines Abends, ich war gerade unterwegs, um ein paar Kleinigkeiten einzukaufen, stand plötzlich ein Mann vor mir, der sich als Aladin vorstellte. Wie glücklich ich wäre, ihn kennenzulernen, sagte ich scherzhaft, denn »Aladin und die Wunderlampe« hatten mich durch meine ganze Kindheit begleitet. Er fand meinen Witz gar nicht komisch und sagte, daß er tatsächlich dieser gewisse Aladin sei. Selig sind die Armen im Geiste, dachte ich, und wollte mich aus dem Staub machen. Schließlich kannte ich unter den Teppichhändlern schon genügend Irre. Aber Aladin ließ mich nicht gehen. Er setzte seinen orientalischen Charme ein, und wir gingen zusammen zum Essen. Während wir wie die Sultane schlemmten, erzählte mir Aladin seine Lebensgeschichte:

Nachdem ihm seinerzeit die Wunderlampe gestohlen worden war, hatte er mit der Zauberkraft auch schnell seinen Reichtum verloren. Die Wunderlampe betrachtete er als sein Omen und eröffnete im Basar von Bagdad ein Lampengeschäft. An der Ladentür hing ein Schild: »Tausche alte Lampen gegen neue.« Tagein, tagaus saß er in seinem kleinen Laden, der bald zu einem blühenden Geschäft geworden war. Seine Hoffnung, daß die Wunderlampe eines Tages wieder zu ihm zurückfände, erfüllte sich nicht.

Aber Aladin hatte keinen Grund zur Klage, denn er wurde täglich reicher und gehörte längst schon wieder zu den angesehensten Bürgern von Bagdad. Doch dann machte er eine Dummheit, die in seinem Alter nicht mehr mit jugendlichem Leichtsinn zu entschuldigen war: Er stieg in den Palast ein und verführte die Tochter des Kalifen. Bei Nacht und Nebel mußte er die Stadt verlassen, und so floh er nach Konya. Und nun säße er hier und wüßte nichts mit sich anzufangen. Lampen hingen ihm nämlich zum Halse heraus, nachdem er jahrhundertelang damit gehandelt hatte. Und da habe er zufällig mich getroffen...

Da saßen wir nun bei einer Flasche Anisschnaps und redeten. Irgendwann in den Morgenstunden fielen mir meine kaputten Teppiche und die meckernde Tante ein, und ich klagte Aladin mein Leid. Während ich über die fehlende Zeit und zu wenig Geld sprach, verklärten sich Aladins Züge immer mehr. Plötzlich nahm er meine Hand und verkündete mir, daß seine innere Stimme schon recht gehabt hätte.

Am nächsten Tag mieteten wir einen Laden, und bereits am übernächsten Tag packte ich in meiner Wohnung die desolaten Fetzen zusammen. Meine Tante schrie Zeter und Mordio, als ich ihr die Teppiche unter den Füßen wegzog. Ihren gräßlichen Maschinenteppich, den ich aus der hintersten Kellerecke holte, lehnte sie kategorisch ab. Die alten Lappen, die ihrer Meinung nach auf den Müll gehörten und »vermutlich auch von dort kamen«, waren ihr derart ans Herz gewachsen, daß sie nicht mehr darauf verzichten wollte. Sie drohte mir, ins Altenheim zu ziehen. Als dies seine Wirkung verfehlte, schlug sie mir vor, ich sollte sie doch gleich erschießen, anstatt sie so zu quälen. Dieser Aladin sei sowieso ein Betrüger, der es bloß auf mein Vermögen (man beachte die Veränderung) abgesehen hätte. Sie meinte es doch wirklich gut mit mir, und da käme so ein Märchenerzähler daher und ich ließe mir von ihm alle Teppiche abschwatzen. Zwar habe ich meine Tante nicht ermordet, doch kümmerte ich mich ebenso wenig um ihren Sinneswandel und reiste zurück in die Türkei.

In Konya habe ich dann mit Aladin den Laden eingerichtet, der uns bis heute ganz gut ernährt. Wir stellten einige Zauberer ein, die meine gesammelten Ruinen in Museumsstücke verwandelten. An der Ladentür hängt wieder das Schild: »Tausche alte Lampen gegen neue« und wir hoffen, daß sich eines Tages die Wunderlampe zu uns verirren wird.

Meine Tante, die kürzlich auf Besuch war, war empört, als sie mitbekam, daß wir tatsächlich »alt gegen neu« tauschen. »Kein vernünftiger Mensch würde die schönen neuen Lampen gegen diesen Trödel eintauschen, der nicht einmal funktioniert.« Mit Engelszungen versuchte ich, ihr unsere Suche nach der Wunderlampe schmackhaft zu machen, doch vergeblich. »Am Ende zählt nur das, was auf dem Konto ist«, sprach sie und reiste ab.

Allen mißverstandenen Sammlern und Liebhabern alter Teppiche zum Trost ein Zitat von Anton Vogl:

Anton Vogl (geb. 1955)

... viele Beduinen bieten ihre Teppiche feil, um Werkzeug, Geschirr oder andere Gerätschaften zu erwerben. Was oft auf den ersten Blick wie ein abgewetzter Lumpen wirken mag, kann später in Herat oder Kabul als ›antik‹ verkauft, enorme Gewinne bringen, denn fürs Ausland können die Teppiche gar nicht alt genug sein.

Verwundert versuche ich, diese Binsenweisheiten des Teppichhandels zu begreifen, und folge dem verschmitzt lachenden Oheim den Hang hinunter. Während ich in der Karawanserai verschwinde und bald erschöpft in einen traumlosen Schlaf falle, lenkt Rasula Hakim Bey seine Schritte zum Bazar, um seinen Geschäften nachzugehen.

aus: Wenn die Mondblume singt

Der Begriff »antik« wurde in der Fachliteratur unzählige Male neu definiert.

Während Neugebauer/Orendi (1922) nur Stücke, die vor 1800 entstanden sind, als antik gelten ließen, ging man später dazu über, das Jahr 1865 als Grenze festzulegen. Etwa zu diesem Zeitpunkt begannen die Exporte von Anilinfarben (BASF) in die orientalischen Knüpfländer (siehe S. 14–15). Aber grau ist jede Theorie...

Mittels Radiocarbonmethode kann zwar das genaue Alter eines Textils bestimmt werden, aber nur, wenn es älter als 600 Jahre ist.

Es kann nur im Labor festgestellt werden, mit welchen Farbsubstanzen die Garne behandelt worden sind. Diese Untersuchungen sind sehr aufwendig und teuer und kommen für den Handel kaum in Frage. Wenn Stücke als antik oder naturfarben bezeichnet werden, liegt dem meist kein labortechnisches Gutachten, sondern das Fachwissen des Händlers zugrunde. Und da wären wir wieder im Orient mit seinen schummrigen Basaren...

Literatur
Anton Vogl: Wenn die Mondblume singt, Salvia Kunstverlag München 1984;
R. Neugebauer/Julius Orendi: Orientalische Teppichkunde, Hiersemanns Handbücher Band IV, zweiter Neudruck 1922, © Hiersemann Leipzig 1922.

Selma Lagerlöf
(1858-1940)

Er hatte große Dachböden mit dunkeln Dachkammern, die altväterische Offiziersröcke bargen und hundertjährige Frauenhüte. Er hatte große Kisten, mit Seidenschals und »Brautputz« angefüllt, er hatte alte Spinette und Violinen und Gitarren und Fagotte. In Schränken und Sekretären lagen handgeschriebene Lieder und vergilbte alte Briefe, an den Wänden im Flur hingen Jagdgewehre und große Pistolen und lederbezogene Jagdtaschen, auf dem Boden lagen Lappenteppiche, aus Überresten alter Atlaskleider und ausgemusterten Baumwollgardinen zusammengesetzt. Das Haus hatte einen großen Erker, an dem die Hundsrose Sommer um Sommer ein schwankes Holzstaket hinanklomm. Es hatte große, gelbe Flurtüren, die mit Drückern und schweren Eisenriegeln verschlossen wurden, es hatte einen Flur, der mit Wacholderreisig bestreut war, es hatte niedrige Fenster mit vielen kleinen Scheiben und schweren Holzladen.

Eines Sommers kam der alte Oberst Beerencreutz gerade zu diesem Hof gefahren. Es dürfte wohl einige Zeit nach dem Jahre gewesen sein, in dem er von Ekeby fortgezogen war. Zu dieser Zeit war er in einem Bauernhof in Svartsjö einquartiert, und er begab sich nur selten auf Reisen. Er hatte wohl die Kalesche und das Pferd behalten, aber sie mußten jetzt so ziemlich das ganze liebe Jahr in Ruhe bleiben. Er sagte immer, nun sei er ernstlich alt geworden, und für alte Leute wolle es sich am besten schicken, daheim zu sitzen.

Beerencreutz fiel es auch schwer, die Arbeit zu verlassen, die er angefangen hatte. Er war damit beschäftigt, Teppiche für seine beiden Zimmer zu weben, große, vielfarbige Teppiche in reichen, wunderbar ausgeflügelten Mustern. Dies nahm ihm unendlich viel Zeit, vor allem, weil er seine eigene Webmethode hatte. Er benutzte nämlich keinen Webstuhl, sondern spannte das Garn quer durch das eine seiner Zimmer, von Wand zu Wand. Das tat er, um den ganzen Teppich auf einmal übersehen zu können. Aber dann das Schiffchen hineinzuschmuggeln und die Fäden zu einem festen Teppichgewebe zusammenzubringen, das war keine kleine Mühe. Dann war da noch das Muster, das er selbst erdachte, und die Farben, die zusammengestimmt werden mußten. Das alles nahm dem Obersten mehr Zeit, als irgend jemand geglaubt hätte.

Denn während Beerencreutz daran arbeitete, daß das Muster richtig ausgehe, saß er oft da und dachte an unsern Herrgott. Der saß wohl an einem noch größern Webstuhl und hatte ein noch wunderbareres Muster zu weben. Der Oberst begriff, daß es in diesem Gewebe sowohl helle als dunkle Farben geben müsse, damit es sich richtig ausnehme. Beerencreutz konnte bisweilen dasitzen und so lange über das alles nachgrübeln, bis er zu sehen vermeinte, wie sein Leben und das Leben der Menschen, die er gekannt und mit denen er gelebt hatte, einen kleinen Teil von Gottes großem Gewebe bildete, und er sah das Stück so deutlich vor sich ausgebreitet, daß er sowohl die Zeichnung als auch die Farben unterscheiden konnte. Wenn man Beerencreutz recht angelegentlich gefragt hätte, dann hätte er gestanden, daß er sein eigenes und seiner Freunde Leben in den Teppich webte, in einer geringen Nachbildung dessen, was er in Gottes Webstuhl dargestellt gesehen zu haben vermeinte.

Der Oberst schloß die Augen, aber da sah er mit einem Male Gottes großen Webstuhl vor sich, dessen Gewebe aus Menschenschicksalen bestand. Er glaubte das Viereck zu sehen, das Fahnenjunker Vestblads Leben war. Er sah es auf drei Seiten von Dunkel umgeben, und der Oberst, der sich auf Gewebe und Muster verstand, sah ein, daß die vierte Seite ebenfalls mit dunkel belegt werden mußte. Es ging nicht anders an, sonst war das Gewebe verfehlt. Der kalte Schweiß brach aus seiner Stirn hervor. Es däuchte ihn, daß er auf das Unerbittlichste und Härteste in der ganzen Welt hinabschaue. Er sah, wie das Schicksal, das ein Mensch sich in seinem gelebten Leben geschaffen hatte, ihn verfolgen mußte. Und daß unser Herrgott dennoch vielleicht vergessen könnte.

aus: Eine Geschichte aus Halstanäs

Der von der Dichterin beschriebene »primitive Horizontalwebstuhl« wird heute noch von den Nomaden des Orients eingesetzt (siehe S. 14). Die Vorzüge dieses Webstuhls, der eigentlich nur aus zwei Kettbäumen besteht, sind die niedrigen Anschaffungskosten und seine Beweglichkeit. Es genügt ein Kamel, während man zum Umzug eines gleich breiten Vertikalwebstuhles einen Lastwagen benötigt. Den Teppichgrößen, die auf diesem einfachen Webstuhl hergestellt werden können, sind keine Grenzen gesetzt. Mir ist ein Stück (335 x 520 cm) der Gaschgai – Nomaden bekannt, das auf einem solchen Webstuhl geknüpft worden ist.

Literatur

Selma Lagerlöf: Unsichtbare Bande, © Albert Langen, München 1904.

11. Kapitel

Gesellschaftsspiel

Briefwechsel zweier Hunde

Arnold Vals

Mein lieber Freund!

...Nach dem Frühstück gingen wir los, um einen Teppich zu reparieren. Während mein geliebter Herr an dem Teppich arbeitete, lag ich in der Ecke und überlegte mir, wieviel köstliches Fleisch man für so einen Teppich wohl kaufen könnte. Ich überlegte und rechnete und hatte schon einen ganzen Fleischerladen zusammen. Mein Magen knurrte, als wir dann endlich nach Hause gingen. Du wirst wahrscheinlich gar nicht wissen, was ein Teppich ist. Das sind eigentlich nur nachgemachte Hundefelle mit wundervollen bunten Mustern. Die Menschen machen sie, um den kalten Boden zu bedecken. Manche Teppiche bestehen aus Tausenden von Blumen, nur riechen sie zum Glück nicht danach. Sie duften nämlich ganz herrlich nach Hund. Mein geliebter Herr behauptet allerdings, Teppiche würden nach Schaf riechen, weil sie angeblich aus ihrer Wolle gemacht werden. Aber das kann ich einfach nicht glauben. Kürzlich war nämlich eine Dame zu Besuch, die erzählte, daß sie die ausgekämmten Haare ihres Hundes zu Wolle verspinnen läßt, um daraus Stoffe weben zu lassen. Was meine Ansicht, Teppiche würden aus Hundehaar sein, doch nur bestätigt. Vollkommen gleichgültig woraus sie gemacht sind, man schläft auf jeden Fall traumhaft gut darauf. Geht es Dir nicht auch so?

Mein lieber Shiva, Dein Brief von gestern war wirklich aufschlußreich. Teppiche heißen also diese Dinger, die da auf dem Boden liegen. Auf Deinen Brief hin, habe ich sofort unseren Teppich untersucht. Der ist allerdings kein bißchen bunt, und ich konnte auch keine einzige Blume entdecken. Obendrein riecht er scheußlich, auf keinen Fall riecht er nach Hund oder Schaf. Wobei ich gar nicht weiß, wie ein Schaf riecht. Vermutlich roch er nur nach Staub, denn ich mußte furchtbar niesen, als ich ihn beschnüffelte. Ich nehme an, daß unser Teppich ganz billig war und deshalb nach nichts aussieht und ebenso riecht. Wir können uns wahrscheinlich keinen besseren Teppich leisten.

Wie himmlisch muß es sein, auf einem schönen Teppich zu träumen. Auf unserem schauderhaften Teppich kriege ich kein Auge zu, man liegt darauf nämlich wie auf Stroh.

Gedanken der Tiere

Arnold Vals

»Weißt du«, sagte das Schaf zum Esel, »ich will mir dein schlechtes Benehmen nicht länger gefallen lassen. Ich wehre mich dagegen, daß du denkst, Esel wären etwas Besonderes, während wir nur dumme Schafe sind. Es kann sein, daß es klügere Tiere als uns Schafe gibt, aber was sagt das schon.

Die Menschen lieben uns jedenfalls. Sie machen aus unserer Wolle wärmende Kleider, aber das ist nicht das Wichtige. Das Schönste, was aus unserem Haar entsteht, sind die Teppiche. Seit Urzeiten gehen Könige und Fürsten über unsere Teppiche; die Geschichte der Welt wurde und wird auf Teppichen geschrieben. Sie schmücken Paläste, Kirchen und Moscheen und verbinden so Himmel und Erde miteinander. Wir Lebewesen sind sterblich, Teppiche nicht und deshalb bilden sie die Brücke zwischen Gestern und Morgen.

Gesponnene Fäden laufen in allen Farben zwischen den Kulturen hin und her und verbinden so die Erdteile miteinander. Und damit finde ich, könnt ihr Esel überhaupt nicht konkurrieren."

Der Esel schwieg eine ganze Weile. »Ja«, sagte er, »das habe ich mir noch nie so richtig überlegt. Aber weißt du, ich war immer so schrecklich stolz darauf, daß einer meiner Vorfahren den König nach Jerusalem getragen hat, und darüber vergaß ich alles...«

Die Wolle der Schafe ist unumstritten das geeignetste Material zur Teppichherstellung. Teppiche aus Hundehaar gab es tatsächlich; den Dichtern und Schriftstellern hat es aber die Seide angetan. Aus Überlegungen des Wohlklanges heraus wurde das Schaf vernachläßigt und von den Literaten lieber Seide zu Teppichen verwebt. Aus handwerklicher Sicht ist die Seide als Knüpffaden denkbar ungeeignet, da ihr der Sprung, die Elastizität der Wolle fehlt. Während der Wollfaden sich immer wieder aufrichtet, bleibt der Seidenfaden niedergetreten und verschleißt so sehr schnell. Hinzu kommt noch, daß die Seide keine UV-Strahlen vertragen kann, und ein Seidenteppich, der nicht im dunklen Flur gehangen hat, wohl kaum ein Erbstück über Generationen werden kann.

Romantische Geschichte

Arnold Vals

Eine namenlose Frau um die fünfzig hatte ihre Scheidung mit vielen Schrammen und Blessuren überstanden. Um auf andere Gedanken zu kommen, entschloß sie sich, in Urlaub zu fahren. Und dies zum erstenmal in ihrem Leben allein.

Am Reiseziel angelangt, bekam sie Angst vor ihrer eigenen Courage und traute sich die ersten beiden Tage kaum aus ihrem Hotel. Dann überwand sie ihre Scheu und ging an den Badestrand. Am Abend kam sie bei einem Teppichhändler vorbei, der sie zum Tee einlud. Sie trank einige Gläser und trat den Heimweg an. Am nächsten Tag ging sie rein zufällig wieder bei seinem Laden vorbei und konnte seiner neuerlichen Einladung nicht widerstehen. Der Teppichhändler sprach zwar kaum deutsch, sie unterhielten sich aber trotzdem blendend. Er sagte ihr, daß er mit Vornamen »Falke« hieße, bot ihr das »Du« an und ließ ein Abendessen kommen. Als Nachtisch gab es Melone und dazu tranken sie Anisschnaps. Die Unterhaltung wurde immer lebendiger, die Flasche immer leerer und er machte ihr bezaubernde Komplimente. Berauscht von dem Getränk und den schönen Worten ging sie in ihr Hotel zurück. Durchglüht von der Sonne des Tages, saß sie am nächsten Abend wieder beim Teppichhändler. Ein Abendessen wurde gebracht und hinterher wieder Melone und Anisschnaps. DerFalke nahm sie in den Arm und küßte sie. Sie schaute in seine Augen, die schwarz wie Kohle waren, und genoß es, so begehrt zu sein. Nachdem die Flasche geleert war, gingen sie in ihr Hotel. Der Pförtner bekam ein Bakschisch und war zufrieden. Sie gingen auf ihr Zimmer. Die Augen des Falken sahen aus wie glühende Kohlen, aber auch sie glühte über und über. Er warf sich ihr zu Füßen und gestand ihr, daß sie seit seiner Scheidung die erste Frau sei, in die er sich verliebt habe. Dann streifte er ihr die Bluse ab und vergrub sein Gesicht in ihren Brüsten. Er murmelte Zärtlichkeiten, die wie Suren aus dem Koran klangen. Beide, inzwischen vollkommen nackt, umarmten sich leidenschaftlich und ihre Lippen saugten sich aneinander fest. Sie schauten sich tief in die Augen und sanken lichterloh brennend auf das Bett nieder. Er lag auf ihr, Mund an Mund, und ihre Zungen trafen sich zu einem endlos langen Kuß. Er löste sich und liebkoste ihr Kinn, seine Zunge glitt hinauf zu den Ohren, die er mit geheimnisvollen Gebeten umschmeichelte. Dann kehrte er wieder zurück zu den Brüsten, die diese Erde nähren, und schloß sie in sein Gebet mit ein. Die Zunge glitt über den Bauch zum Altar der Lust, dem sie ausführlich huldigte. Und als der Priester den Altar betrat, um sein Opfer zu vollbringen, kam der Himmel herab und die Sterne waren zum Greifen nah. Erschöpft sanken die beiden Liebenden in sich zusammen und ihre Küsse waren so rein und zärtlich wie nie zuvor.

Die Zärtlichkeiten verebbten, der Teppichhändler nahm seine rituellen Waschungen vor und ging zurück in seinen Laden. Am nächsten Abend holte er sie in ihrem Hotel ab und führte sie in ein romantisches Restaurant, wo sie unter Orangenbäumen ein köstliches Mahl zu sich nahmen. In der Nacht ließen sie die Sterne abermals auf sich herabregnen und waren im Himmel der Glückseligkeit. So ging es eine Woche lang.

Der Tag der Abreise rückte näher. Als sie in seinem Laden auftauchte, hatte sie plötzlich die Idee, sich ein paar Teppiche zu kaufen, um ein Andenken an diesen himmlischen Urlaub mit nach Hause zu nehmen. Zu jedem Teppich, den er ihr zeigte, wußte er ein anderes zauberhaftes Märchen zu erzählen. Insgeheim bedauerte sie, kein Schloß zu besitzen, denn am liebsten hätte sie alle Teppiche gekauft, so entzückten sie seine Geschichten. Nach langem Für und Wider entschied sie sich für vier Stücke, die sie für ihre kleine Wohnung am geeignetsten hielt. Der Falke begückwünschte sie zu ihrer guten Wahl und schenkte ihr noch eine bestickte Decke. Er erklärte ihr, daß man diese Decken »Cicim« nennen würde, was soviel wie mein »Schätzchen« heißt. Junge Mädchen würden diese Decken sticken, um sie am Vorabend ihrer Hochzeit dem Bräutigam zu überreichen. Bei den Hochzeitsfeierlichkeiten breitet er das Cicim dann aus, und die geladenen Gäste legen ihre Geschenke darauf. Wenn die Feier vorbei ist, schlägt der Ehemann die Decke über den Geschenken zusammen und geht mit seiner jungen Ehefrau nach Hause.

Die namenlose Frau sah die Sterne auf dem Cicim, dachte an die Sterne, die jede Nacht für sie vom Himmel gefallen waren, und fühlte sich durch und durch als Braut. Schweren Herzens schied sie von ihrem Bräutigam, der sie mit ihrem schweren Gepäck zum Flughafen brachte. Glücklich und traurig in einem, hob sie ab in den Himmel, der gestern noch zu ihr herabgekommen war, und träumte noch lange von dieser schönen Zeit.

Der Teppichhändler indes lud noch am selben Tag eine andere namenlose Frau zum Tee ein – und meine romantische Geschichte beginnt wieder von vorn...

Wolfgang Hildesheimer erzählt von einem anderen geschäftstüchtigen Teppichhändler:

Wolfgang Hildesheimer (geb. 1916)

In Damaskus ging unserem Paar das Geld aus. Da wandeln die beiden nun unter Palmen, zügel- und mittellos.

Wie zum Hohn bot ein griechischer Händler Andreas kostbare Teppiche zum Kauf an. Als dieser sagte, er habe kein Geld, erklärte sich der Handelsmann bereit, indem er lächelnd seine weißen Zähne zeigte, die Dame in Zahlung zu nehmen. »Hau ihm eine rein«, rief Verena, deren Stil ebenso locker war wie ihr Lebenswandel, aber des Jünglings unerwartete Reaktion war, daß er nach einigem Handeln die Gefährtin veräußerte. ›Ohne Zweifel‹, dachte er, indem er, nun allein, Geld zählend durch die engen Basarstraßen wandelte, ›wird man sie einem Harem einverleiben, aber es ist immerhin besser, als sie in den Händen der Bahnhofsmission zu wissen.‹ Von dem Erlös kaufte er ein Kamel, auf welchem er durch die Wüste davonritt. Hier verlassen wir ihn, denn er ist seitdem verschollen.

Verena wurde – nachdem sie einige Nebenfrauen beiseite geräumt hatte – die Lieblingsfrau des Drusenscheichs, der sie vom Teppichhändler erworben hatte. Sie besaß die Begabung, sich in allen Lebenslagen zurechtzufinden.

aus: Lieblose Legenden

Seit Urzeiten dienen Teppiche als Zahlungsmittel. Hildesheimers mehrfache Umwandlung (Frau-Teppiche-Geld-Kamel) bringt allerdings einen besonders anregenden Aspekt in das traditionelle Teppichgeschäft.

Literatur
Wolfgang Hildesheimer: Lieblose Legenden, Insel Taschenbuch 2305, 1989, © Suhrkamp, Frankfurt 1983.

George N. Lord Byron (1758-1824)

Dies aber führte nur zu einer Flucht
noch weiterer Räume, welche abermals
Gott weiß wohin führt. Reich und ausgesucht
war schon das Möbel dieses Zwischensaals
Sofas, darauf zu sitzen fast verrucht,
ein Teppich, der so köstlich war wie Schals,
man fühlte Luft, anstatt darauf zu schreiten
gleich einem Goldfisch drüber hinzugleiten.

(Übersetzung Otto Gildemeister, 1866)

Es schien, als ob eine Flucht von Räumen
weiß der Himmel wohin führte.
Wie auch immer, in dem einen Raum,
war das Mobiliar von verschwenderischer Pracht.
Sofas, so kostbar, daß darauf zu sitzen Sünde gewesen wäre.
Teppiche, jeder Knoten
so feine Handarbeit, daß du wünschen würdest
wie ein goldener Fisch darüber zu gleiten.

(Übersetzung Arnold Vals) aus: Don Juan, Canto V/LXV

Literatur
George N. Lord Byron: The poetical works; Oxford University Press, Humphrey Milford 1930.

Heinrich Heine
(1797-1856)

Siebzehnmal die Rose blühte,
Siebzehnmal ist die verwelket,
Und die Nachtigall besang sie
Und verstummte siebzehnmal –

Unterdessen saß der Dichter
An dem Webstuhl des Gedankens
Tag und Nacht, und webte emsig
Seines Liedes Riesenteppich –

Riesenteppich, wo der Dichter
Wunderbar hineingewebt
Seiner Heimat Fabelchronik,
Farsistans uralte Kön'ge,

Lieblingshelden seines Volkes,
Ritterthaten, Aventüren,
Zauberwesen und Dämonen,
Keck umrankt von Märchenblumen –

Alles blühend und lebendig,
Farbenglänzend, blühend, brennend,
Und wie himmlisch angestrahlt
Von dem heil'gen Lichte Irans...

Geh nach meine Ställen und erwähle
Dort hundert Maultiere und fünfzig Kamele.
Die sollst du belasten mit allen Schätzen,
Die eines Menschen Herz ergötzen,

Mit Herrlichkeiten und Raritäten,
Kostbaren Kleidern und Hausgeräten
Von Sandelholz, von Elfenbein,
Mit güldnen und silbernen Schnurrpfeiferein,

Kannen und Kelchen, zierlich gehenkelt,
Lepardenfellen, groß gesprenkelt,
Mit Teppichen, Shawls und reichen Brokaten,
Die fabriziert in meinen Staaten –

Vergiß nicht, auch hineinzupacken
Glänzende Waffen und Schabraken,
Nicht minder Getränke jeder Art
Und Speisen, die man in Töpfen bewahrt...

aus: Der Dichter Firdusi

Der Geschichtenerzähler

Arnold Vals

Wenn er sich so unter die Gäste mischte, sah er wie alle anderen Granatäpfel aus, die mit ihm am Baum hingen. Irgendwann war die Zeit seiner Reife gekommen, und der unscheinbare Apfel fiel vom Baum. Auf dem Boden zerbarst seine Hülle und tausende kleiner roter Kerne kullerten wie Perlen über den Boden. In dem Moment, in dem eine dieser Perlen den geeigneten Boden gefunden hatte, begann der etwas blasse junge Mann Geschichten zu erzählen und erschien mit einem Mal so schön, daß man es für Zauberei hätte halten können.

Wenn er auf einem kostbaren Sessel saß, erzählte er von Päpsten, Feldherren und alten Königen. Es hätte keiner sagen können, ob er nicht am Ende selbst der König war, von dem er sprach. So hoheitsvoll erzählte er.

Die schönsten Geschichten fielen ihm aber ein, wenn er auf dem Teppich saß. Dabei war er beileibe nicht bereit, sich auf jeden Teppich zu setzen. Was dabei eine Rolle spielte, wußte keiner. Er saß auf dem Teppich und verwandelte die arabische Wüste in die hängenden Gärten der Semiramis, der Königin von Babylon, von denen schon so viele gehört hatten. Während er die zauberhaften Blumen beschrieb, war der Raum erfüllt von ihrem schweren Duft. Besonders geheimnisvoll sprach er von Zeyn Alasnam, dessen Vater, der Sultan, sein Vermächtnis in einen Teppich hatte weben lassen. Verlas der Geschichtenerzähler die letzten Wünsche des Sultans, hielt er seine Augen geschlossen und strich über den Flor des Teppichs, auf dem er saß. Und es schien, als würde er den Willen aus dem Muster des Teppichs erfühlen können. Sprach er von Zeyn Alasnams schaurigem Kampf gegen die Geister, passierten allerlei sonderbare Dinge in dem Raum. Es mußte dabei unweigerlich der Eindruck entstehen, daß die Dämonen mit der Schilderung nicht ganz einverstanden waren.

Erzählze er von Scheherezade, klang es so, als hätte er sie gekannt. Oder man hätte auch denken können, er selbst sei Scheherezade, die sich aus Spaß in einen jungen Mann verwandelt hatte.

Er muß es wohl gefühlt haben, wenn Verliebte unter den Zuhörern waren, dann ließ er vom Teppich aus eine traurige Liebesgeschichte erklingen. Er erzählte von Majnun, der die Liebe zu seiner Cousine Layla nicht für sich behalten konnte, wie es Sitte gewesen wäre, sondern das Liebeslied mit voller Kehle in die Wüste hinaus sang. Ganz wehmütig sprach er von Layla, die von ihrem Vater eingesperrt und mit einem anderen Mann verheiratet wurde. Während Majnun allmählich seinen Verstand verlor und im Wüstensand versank.

Wenn sich in seinen Erzählungen die Körper berührten, war der Teppich zum Garten Eden geworden, der die Liebe zur Heiligkeit erhob. Der Geschichtenerzähler ließ die Sonne auf die prallen Feigen scheinen, deren Blätter ihren süßlich herben Duft verströmten. Manchmal reichten die Blätter nicht aus, die Scham zu bedecken. Dann warf er einen feinen Schleier über seine Worte und ließ nur die Zauberer erahnen, wovon er sprach. Während er märchenhafte Blumen zum Erblühen und große Lieben zum Erlöschen brachte, spann er versonnen an einem langen Seidenfaden, der die Jahrhunderte und die Menschen zu verbinden schien, von denen er sprach. Die, die ihn nicht verstehen konnten, hatten sich leise aus dem Staub gemacht und ließen den Mann auf dem Teppich ruhig weitererzählen. Den anderen aber war es so, als würden sie dem Plätschern eines Flusses folgen, der sie in das Paradies zu bringen versprach, von dem sie schon so lange träumten.

Langsam, langsam hörte das Plätschern auf und aus dem Teppich war ein steiniger Untergrund geworden. Der Erzähler hatte seine Tonart geändert. So, als spräche er plötzlich eine andere Sprache, erzählte er wundersame Legenden, die die Zuhörer noch nie zuvor vernommen hatten. Es war ganz still im Raum, da ging das Licht aus. Als es wieder hell wurde, saß kein Geschichtenerzähler auf dem Teppich und keiner hätte mit Sicherheit sagen können, ob er tatsächlich dort gesessen hatte. Alle glaubten, nur geträumt zu haben und gingen schweigend nach Hause.

Für die »zivilisierten« Völker war der Orientteppich immer etwas Besonderes. Deshalb huldigten die Dichter und Schriftsteller dem Teppich auf die mannigfaltigste Art und Weise. Sie machten ihn zum Ort des Geschehens und ersannen immer neue Ornamente aus Worten, die den Zauber des Teppichs noch vertieften. Sie versetzten uns in die Welt von 1001 Nacht und zeigten 1001en Weg auf, der über den unbeschreiblichen und doch so oft beschriebenen Teppich führt.

Thomas Mann (1875–1955)

Es gab da zwei marmorne Feuerherde, auf denen Aloe und Sandelholz verbrannte, und den Estrich deckten breite Teppiche, auf denen, wenn es galt und etwa der Fürst von Kanvoleis oder der König von Anschauwe – bien soi venu, beau Sire! – des Herzogs Gäste waren, auch noch Reiser und Binsen grün und Blumen verstreut lagen. – (...) – ...daß die Gestelle und Kredenzen prangten im Schein von Assagauker Prachtgerät, als: Schalen aus Edelstein gehöhlt, und Goldpokalen, die Schübe den Vorrat kaum bargen an Spezereien, mit denen man die Lüfte würzte, die Teppiche bestreute und die Ruhebetten bestäubte: Kräutern und Hölzern, Ambra, Theriak, Nelke, Muskat und Kardamom...

aus: Der Erwählte

Anders die orientalischen Dichter. Sie baden lieber in Gold und Edelsteinen, preisen die Schönheit der Frauen oder entführen uns in Wirklichkeiten, die für uns nur Märchen sind. Der Teppich ist den Orientalen in 9000 Jahren so selbstverständlich geworden, daß er nur selten Literatur geworden ist. Michael v. Albrecht ist in seiner wissenschaftlichen Arbeit »Der Teppich als literarisches Motiv« zu der gleichen Erkenntnis gelangt und führt nur wenige Textbeispiele aus orientalischer Feder auf.

Literatur
Heinrich Heine: Wir weben! Wir weben!; Die politischen Gedichte, Buchhandel Vorwärts, Paul Singer, Berlin 1919;
Thomas Mann: Der Erwählte, Lizenzausgabe für die Büchergilde Gutenberg, mit Genehmigung des S. Fischer Verlages, © S. Fischer Verlag Frankfurt 1960, 1974;
Michael v. Albrecht: Deutsche Beiträge zur geistigen Überlieferung, © Lothar Stiehm Verlag 1974;
Hans F. Nöhbauer: Von A -Z im Kinderland, Droemer Knaur, München 11/74, © 1970 Droemersche Verlagsanstalt AG Zürich.

Omar Chajjam
(um 1045–um 1130)

Vor langer Zeit bin ich in der Moschee gewesen,
aber nicht, weil ich Sehnsucht nach Gott hatte,
sondern um einen Gebetsteppich zu stehlen,
der inzwischen kaputt ist, deshalb will ich eilig wieder hin.

aus: Vierzeiler

Peter Bamm
(1897–1975)

Es ist ein eigentümlich fremdartiges Gefühl, ohne Schuhe über die Marmorplatten und über die Teppiche der Moschee zu gehen. Die Moschee selbst hat einen langgestreckten, hohen, rechteckigen Mittelbau und zwei rechts und links sich anschließende kleinere, ebenfalls rechteckige Flügel. Der Bau ist einhundertsechsunddreißig Meter lang und siebenundzwanzig Meter breit. Durch die ganze Länge ziehen sich zwei Reihen durch hohe Bogen miteinander verbundener korinthischer Säulen. Teile der Decke sind noch goldinkrustiert. Einige bunte Fenster stammen aus dem 12. Jahrhundert. Der Boden ist vollständig mit Teppichen bedeckt. Ihre Zahl wird mit dreitausend angegeben. Unter ihnen sind herrliche, viele hundert Jahre alte Stücke. Der Gesamteindruck des Raumes ist der einer lichten Weite. Pracht und Reichtum der Ausstattung treten gegenüber den harmonischen Verhältnissen des Ganzen zurück. Da und dort kniet ein Gläubiger, sein Gebet verrichtend, am Boden.

aus: Frühe Stätten der Christenheit

Bamm bereiste 1942/53 den Orient.

Teppiche, die viele hundert Jahre alt sind, dürften in türkischen Moscheen (davon erzählt der Autor) kaum noch zu finden sein. Die Plünderungszüge der Händler begannen mit dem Teppichboom (siehe S. 147, 191–193) vor etwa 140 Jahren. Sie kamen in die entlegensten Gegenden und kauften die Häuser und Moscheen leer. Was ihnen standhielt, wanderte früher oder später in ein

Museum. Die Moscheen der Gegenwart sind meist mit billigen Massenprodukten oder mit Industrieteppichen ausgelegt.

Literatur
Peter Bamm: Frühe Stätten der Christenheit, Taschenbuchausgabe Droemer Knaur, 67.-81. Tsd, Juli 1968, © Kösel Verlag München 1955.

Friedrich Rückert (1788 -1866)

DER TEPPICH

Einen Teppich hab' ich erblickt,
Mit reichstem Farbenglanz gestickt,
Der eines Zimmers Boden deckte,
Darauf man vom Sofa die Füße streckte,
Daß es mein Bedauern erweckte.
Ich sprach: So tritt man mit Füßen die Werke
Der Kunst, ohne daß ein Mensch drauf merke!
Da sprach der Teppich leise:
Wie dürft' uns das verdrießen nur?
Tritt man doch gleicherweise,
Und es verdrießt nicht die Natur,
Mit den Füßen den Frühlingsteppich der Flur!

Die Europäer hatten lange Zeit eine solche Ehrfurcht vor dem kostbaren Orientteppich, daß sie es kaum wagten, ihn auf den Boden zu legen. Wenn Dostojewski (1821-1861) in »Die Hausfrau« schreibt: »Kathatrina entfernte vom Tisch den alten Teppich...« zeigt dies die damalige Einstellung der Europäer zum Orientteppich. Maler wie Lotto, Holbein und Memling (um nur einige wenige zu nennen) belegen in ihren Bildern dieses »Mißverständnis«, das sich erst in der zweiten Hälfte des 19. Jahrhunderts (siehe S. 146) auflöste. Aus diesen längst vergangenen Zeiten stammt der Ausdruck »aufs Tapet bringen«. Heute versteht man unter »Tapet« die Bespannung von Konferenztischen.

Im gesamten orientalischen Raum wurden und werden immer noch Tischteppiche (Sofra) hergestellt. Sofras sind meist gewebt und ihre Musterung ist sehr einfach. Zum Essen wurden sie auf den Boden oder den Tisch gelegt und ersetzten so das Tischtuch oder den Tisch. Sofras wurden rneist in einfachen Haushalten verwendet. Eine große Schüssel stand in der Mitte, aus der alle aßen, das Brot lag auf dem Sofra. Nach beendeter Mahlzeit wurde es wieder weggeräumt.

Auf der Farbtafel XIV (S. 192f.) ist ein sehr seltenes Beispiel eines europäischen Tischteppichs abgebildet. Er entstand in der Biedermeierzeit. Sein Mittelfeld – also die Fläche, die auf dem Tisch lag – ist aus Samt. Das Muster der Bordüre besteht aus vielen lose aufgenähten Blumen, die aus verschiedenen Materialien ausgeschnitten worden sind.

Literatur

Rückert: Werke in 6 Bänden, herausgegeben v. Prof. Dr. Con. Beyer, Bd.3, Max Hesses Verlag, Leipzig um 1905;
Fiodor Dostojewski: Russische Erzähler, herausgegeben und übersetzt von B. v. Heiseler, 4. Auflage, © Karl Rauch Verlag Jena 1939.

12. Kapitel

Trauerspiele

Elia Kazan (geb. 1909)

Dann sah sie Stavros direkt an, und in ihren Augen lag eine leise Anklage. »Ich will dir auch das erzählen.« Sie sprach sehr langsam, jedes Wort betonend. »Dein Vater Isaak behandelte mich wie einen Dienstboten. Als er mich fand, war ich ein Dienstmädchen, und so behandelte er mich. Ich habe deinen Vater nie bewundert, niemals.«

»Warum hast du ihn dann geheiratet?«

»Was sollte ich tun? Ein Mädchen ohne Mitgift, von der eigenen Familie verlassen, die froh war, es loszuwerden, es zu ›verkaufen‹ – so nennen das die Türken. Also verkaufte mein Vater mich. Isaak schickte ihm einen Teppich. Das war mein Preis.«

Jetzt ergriff sie Stavros' Hand und küßte sie.

aus: Der Mann aus Anatolien

Teppichgeschäfte aller Art ziehen sich wie ein bunt schillernder Faden durch dieses Buch. Wobei gerechtigkeitshalber betont werden muß, daß nicht nur die Orientalen merkwürdige Geschäftspraktiken an den Tag legen, was gerne behauptet wird, sondern Menschen aller Nationen, wie bei Kazan nachzulesen ist. Glücklicherweise hat die Erfindung des Geldes im Vorderen Orient (4000-5000 v. Chr.) die Tauschgeschäfte mit den Teppichen nicht überflüssig machen können. Ganz im Gegenteil. Da der Wert der Teppiche sehr fließend war und ist, boten und bieten sie eine willkommene Alternative zum starren Geld, dessen Wert eindeutig festgelegt ist und deshalb nicht so viele Grauzonen besitzt wie der Teppich.

Literatur
Elia Kazan: Der Mann aus Anatolien, deutsch v. Willy Thaler, 1.-15. Tsd., © 1984 by Droemer Knaur;
Heinz Joswig: Das Geld, 1.-8.Tsd., © 1968 by Urania Verlag, Leipzig.

Alexandre Dumas (1802-1870)

Man kann sich ein Bild von der Mannigfaltigkeit der gehandelten Waren machen, wenn wir erwähnen, daß dort beispielsweise für drei Millionen edle Steine sowie für vierhunderttausend Francs Haselnüsse verkauft waren. Von anderen Handelsartikeln sollen Matten für fünfzehntausend Francs, Kaviar für zwei Millionen und Seide für acht Millionen Francs erwähnt werden. Von russischen Erzeugnissen werden im Durchschnitt für 90 Millionen Francs

Verkäufe getätigt. Aus dem übrigen Europa Waren für 18 Millionen Francs. Schließlich schätzt man die sonstigen asiatischen Warenverkäufe – hauptsächlich Teppiche – aus China, Buchara, Kirgisien, Armenien und Persien auf 17 Millionen.

Man wird verstehen, daß es unmöglich ist, alle Auslagen zu besichtigen. Deshalb wollen wir uns auf einige Überschläge beschränken und hervorheben, daß alle Geschäfte mündlich, ohne schriftliche Verträge oder ein gestempeltes Papier, abgewickelt werden.

In früherer Zeit fand dieser Jahrmarkt in Kasan statt, jedoch im Jahre 1554 hat der Zar seinen Kaufleuten verboten, die damals noch nicht eroberte Stadt zu besuchen, um diesen riesigen Handel für Rußland zu sichern. Deshalb wurde die Stadt Makariew als Messestadt bestimmt, und erst im Jahre 1817 verlegte man die Messe von dort nach Nischni j -Nowgorod.

Frankreich ist in Nischnij durch Modewaren, einigem Schmuck und Tuchwebereien vertreten, aber ich muß sagen, daß sowohl diese Modewaren als auch der Schmuck nicht von der Art sind, daß sie den asiatischen Völkern einen hohen Begriff von unserem Geschmack geben.

Selbstverständlich ließen wir die Buden, welche Eisenwaren, Gußeisen, Tauwerk, Lederwaren, Filzstiefel und Pelzmützen feilboten, unbeachtet und besichtigten zuerst die chinesischen, tatarischen und persischen Läden. Dort waren von Kaufleuten, die ebenso fremdartig wirkten wie ihre Waren, indische Schals, chinesische Seidenstoffe, türkische Gewebe, Smyrnateppiche, kaukasische Seiden, Prunkgürtel mit Türkisen, damaszenierte Säbel, Dolche und Pistolen ausgestellt, ferner Pfeifen von jeder Art und Form zu Preisen zwischen zwanzig Kopeken und tausend Rubeln. Ferner konnte man dort Sättel, Zaumzeug und persische Paradedecken aus Erzerum, Nuscha und Teheran sehen, also aus Gegenden, wohin unsere Reise ging, die wir nur aus den Erzählungen aus 1001 Nacht kannten und die wir eigentlich ins Reich der Fabeln versetzen möchten.

aus: Rußlandreise – Kaukasische Fahrt

Dumas' Bericht von seiner Reise (1860) gibt einen Einblick in den florierenden Handel des zaristischen Rußlands. Zu dieser Zeit hatte der Orientteppich längst aufgehört, der »Teppich der Könige zu sein, und war auf dem Siegeszug um die ganze Welt. Die heutigen Bewohner von Nishnij-Nowgorod müßten Dumas' Schilderung allerdings für eine Episode aus 1001 Nacht halten.
Im russischen Reich wurden in den turkmenischen und kaukasischen Regionen überreichlich Teppiche hergestellt, und dennoch führte man aus dem Ausland (China, Persien, Türkei) Teppiche ein, um auf dem Messeplatz Nishnij die Auswahl zu vergrößern.

Farbtafel XIV

Farbtafel XVI

Wenn Dumas von türkischen Geweben spricht, meint er vermutlich Kelims; diese Vokabel (von türk. kilim) ist erst seit einigen Jahrzehnten gebräuchlich. Bis dahin wurden sie meist als Decken oder Gewebe bezeichnet.

Erzurum gehörte seit Jahrhunderten zum Osmanischen Reich. Wenn Dumas »persische Paradedecken« aus Erzurum erwähnt, handelt es sich wahrscheinlich um ein bestimmtes Muster oder eine Technik, für die es damals noch keine Bezeichnung gab.

Literatur
Alexander Dumas: Rußlandreise – Kaukasische Fahrt, deutsch v. Th. P. Spiess, © 1964 Hoffmann und Campe Verlag, Hamburg.

Wie sich die Teppichherstellung in Rußland weiterentwickelt hat, schildert Brecht in seinem Gedicht aus dem Jahre 1927:

Bert Brecht (1898-1956)

Die Teppichweber von Kulan-Bulak ehren Lenin (1927)

1
Oftmals wurde geehrt und ausgiebig
Der Genosse Lenin. Büsten gibt es und Standbilder.
Städte wurden nach ihm benannt und Kinder.
Reden werden gehalten in vielerlei Sprachen,
Versammlungen gibt es und Demonstrationen
Von Shanghai bis Chicago, Lenin zu Ehren.
So aber ehrten ihn die Teppichweber von Kujan-Bulak,
Kleiner Ortschaft im südlichen Turkestan:

Zwanzig Teppichweber stehn dort abends
Fiebergeschüttelt auf von dem ärmlichen Webstuhl.
Fieber geht um: die Bahnstation
Ist erfüllt von dem Summen der Stechmücken, dicker Wolke,
Die sich erhebt aus dem Sumpf hinter dem alten Kamelfriedhof.
Aber die Eisenbahn, die
Alle zwei Wochen Wasser und Rauch bringt, bringt
Eines Tages die Nachricht auch,
Daß der Tag der Ehrung des Genossen Lenin bevorsteht.
Und es beschließen die Leute von Kujan-Bulak,
Arme Leute, Teppichweber,
Daß dem Genossen Lenin auch in ihrer Ortschaft
Aufgestellt werde die gipserne Büste.
Als nun aber das Geld gesammelt wird für die Büste,
Stehen sie alle geschüttelt vom Fieber und zahlen
Ihre mühsam erworbnen Kopeken mit fliegenden Händen.
Und der Rotarmist Stepa Gamalew, der

Sorgsam Zahlende und genau Schauende,
Sieht die Bereitschaft, Lenin zu ehren, und freut sich.
Aber er sieht auch die unsicheren Hände.
Und er macht plötzlich den Vorschlag,
Mit dem Geld für die Büste Petroleum zu kaufen und
Es auf den Sumpf zu gießen hinter dem Kamelfriedhof,
Von dem her die Stechmücken kommen, welche
Das Fieber erzeugen.
So also das Fieber zu bekämpfen in Kujan-Bulak, und zwar
Zu Ehren des gestorbenen, aber
Nicht zu vergessenden Genossen Lenin.
Sie beschlossen es. An dem Tage der Ehrung trugen sie
Ihre zerbeulten Eimer, gefüllt mit dem schwarzen Petroleum,
Einer hinter dem andern hinaus
Und begossen den Sumpf damit.
So nützten sie sich, indem sie Lenin ehrten, und
Ehrten ihn, indem sie sich nützten, und hatten ihn
Also verstanden.

2
Wir haben gehört, wie die Leute von Kujan-Bulak
Lenin ehrten. Als nun am Abend
Das Petroleum gekauft und ausgegossen über dem Sumpf war,
Stand ein Mann auf in der Versammlung, und der verlangte,
Daß eine Tafel angebracht wurde an der Bahnstation
Mit dem Bericht dieses Vorgangs, enthaltend
Auch genau den geänderten Plan und den Eintausch der
Leninbüste gegen die fiebervernichtende Tonne Petroleum.
Und dies alles zu Ehren Lenins.
Und sie machten auch das noch
Und setzten die Tafel.

Lenin, den Brecht durch die Teppichknüpfer ehren ließ, hatte das Teppichhandwerk weitgehendst unbehelligt gelassen.

Als Stalin an die Macht kam, war zwar die Teppichknüpfkunst in Turkestan und dem Kaukasus durch die Kommerzialisierung des 19. Jahrhundert schon etwas lädiert, aber immer noch ein buntes Gewerbe. Stalin nahm den Bauern die Webstühle weg, damit sie für die Feldarbeit mehr Zeit haben sollten, und begründete die staatlichen Großknüpfereien. Damit vernichtete er die Mustervielfalt an der Wurzel, und es wurden fast nur noch Einheitsmuster geknüpft. Die Farbpalette wurde auf ein Minimum beschränkt, und der »sowjetische Teppich« war geboren, dessen Aussehen nur noch unverbesserliche Optimisten an die große Zeit des turkmenischen und kaukasischen Teppichs erinnern kann. In einigen weni-

gen Betrieben wurden Stücke nach Künstlerentwürfen gefertigt, die allerdings nie in den Handel kamen, da sie Auftragsarbeiten waren.

Der Beruf des Teppichknüpfers ist schon sehr alt. Bereits in den Büchern Mose, der ca. 1300 vor Christus gelebt hat, ist die gewerbsmäßige Teppichherstellung ein etablierter Begriff, der in vielen Bibelstellen auftaucht.

Literatur
Bert Brecht: Hundert Gedichte, © Aufbau Verlag Berlin 1952.

Der Orient ist überall...

Arnold Vals

Ich lernte ein nettes Ehepaar kennen, das gleich bei mir um die Ecke wohnte. Er stammte aus dem Allgäu, sie war Sizilianerin und sie hatten sich seinerzeit im Flugzeug nach Ägypten kennengelernt. Die Sizilianerin wurde vierzig und lud mich zu ihrer Party ein. Aus Neugier, und weil es so nah war, ging ich hin. Als ich ankam, waren schon viele Gäste versammelt. Das Essen und der Wein waren ein echter Genuß. In meiner Hemmungslosigkeit schmiß ich mich neben eine, mich flott anblinzelnde Biene, von der ich mir etwas Abwechslung versprach. Weit gefehlt, denn besagte Dame hielt mir einen langen Vortrag über alternative Lehrmethoden, die ich nicht einmal nacherzählen könnte, wenn ich noch so sehr wollte, da ich kein Wort verstand. Erschreckend schnell war mir allerdings klar geworden, daß sie Lehrerin sein mußte. Sie ereiferte sich kolossal, mit puterrotem Gesicht saß sie vor mir und es prasselten wahre Wortgewitter ohne Punkt und Komma auf mich ein. Plötzlich stand sie auf und erklärte mir ganz gesittet, daß sie dringend etwas zu essen bräuchte, und rauschte ab. Ich fürchtete mich vor ihrer wahrscheinlichen Wiederkehr und ließ mich im Nebenraum an der Seite des Gastgebers nieder. Dieser berichtete gerade jemand von seiner letzten Italienreise. Und wie der Teufel es wollte, waren sie zur gleichen Zeit am gleichen Ort gewesen. Und dem noch nicht genug, sie waren offensichtlich den gleichen Feldweg entlangspaziert. Sie übertrafen sich gegenseitig, die Lage jedes einzelnen Steines und die unglaublichsten Krümmungen der Grashalme aufzuzählen, die ihnen ins Auge gesprungen waren. Mit anderen Worten, es war unbeschreiblich langweilig.

Die Küche war inzwischen leergegessen und deshalb menschenleer. Ich organisierte mir ein Glas Wein und setzte mich an den Küchentisch, der sich offensichtlich über mein Auftauchen freute. Wir beide amüsierten uns köstlich, plötzlich klingelte es Sturm an der Eingangstür. Es klang nach Feuerwehr oder Kriminalpolizei. Ich vertraute meinem guten Stern und dem Ratschlag des Tisches und blieb sitzen. Vom Eingang her hörte ich die Stimme der Gastgeberin und eine laute, gurrende Frauenstimme. Die beiden kamen näher, der Tisch trat mich sanft gegen das Schienbein. Die Gastgeberin kam mit einer Bilderbuchsirene in die Küche, sie setzte sich zu mir an den Tisch und los ging es. Wie beim Tennis – Ball hin, Ball zurück – es war einfach wundervoll. Wir übertrafen uns gegenseitig mit frivolen Scherzen und hatten einen Heidenspaß. Es war Mitternacht, als eine Traube gelangweilter Affen schweigend und staunend an uns hing. Um 2 Uhr rnorgens waren die Affen müde in den Zoo zurückgekehrt, und wir saßen immer noch beim Wein und amüsierten uns königlich. Ach, worüber wir alles geredet hatten. So gegen 4 Uhr fragte sie mich, ob ich tags darauf nicht bei ihr vorbeischauen könnte, sie hätte da nämlich ein Problem mit einem Teppich. Und ich ging zu ihr.

An den Wänden hingen Bilder, die man als wilde Schmierereien bezeichnen könnte. Auf dem Boden lagen Teppiche, die jedes Spießbürgerherz vor Begeisterung in den Infarkt getrieben hätten. Auf den Teppichen standen wohlverteilt englische Antiquitäten und Biedermeiermöbel. Dieser flotte Dreier aus Schmiererei, Antiquitäten und Spießbürgerpersern legte meinen Verstand lahm. Ich versuchte souverän zu sein und nahm dankend Platz. Die Sirene bot mir ein Glas Wein an und erzählte mir ihre Lebensgeschichte:

Sie hätte von ihrer Großmutter einen wundervollen Teppich geerbt, der sie dreißig Jahre durch dick und dünn begleitet hatte. Eine gescheiterte Ehe hätte der Teppich überlebt und unzählige Liebhaber seien über den großmütterlichen Teppich hinweggefegt. Ihre Tochter sei darauf herangewachsen und eine ganze Latte schriller Gäste hätten darauf ihren Spaß gehabt. Ganz plötzlich hatte das Erbstück ein über dreißig Zentimeter großes Loch gehabt. Voll Anteilnahme erkundigte ich mich, ob vielleicht eine Blumenvase der Übeltäter gewesen sein konnte. Nein, nein, nein, Blumenvasen und Blumentöpfe stellt sie grundsätzlich nicht auf die Teppiche, davor hätte sie ihre Großmutter noch auf dem Totenbett gewarnt. Behutsam erklärte ich ihr, daß ein so großes Loch nicht von allein entstehen könnte. Und in einer einzigen Nacht konnte dies höchstens ein ausgehungerter Löwe schaffen, der Perser nicht riechen kann. Ja, gab sie kleinlaut zu, als sie den Teppich von ihrer Großmutter geerbt hatte, wäre da bereits ein kleines Loch gewesen. Und dann kam die Ehe, die Tochter, die Scheidung, der Beruf, die flotten Liebhaber, die wilden Gäste und nicht zuletzt der Staubsauger und plötzlich war das Loch da und mußte in Windeseile repariert werden. Schmiß den Teppich ins Auto, warf einen Blick in die Gelben Seiten und raste zu Firma C & Sohn. C war nicht da, der Sohn auch nicht,

dafür aber ein flotter Bursche, der sie mit gnädige Frau begrüßte und ihr rührend half, das Erbstück aus dem Auto zu heben. Er begutachtete den großmütterlichen Teppich, während ihm die Sirene haarklein erklärte, wer, wann, wo und wie lange auf dem Teppich herumgerutscht sei. Der Trubel um den Teppich erregte ihn ziemlich. Zuerst die Arbeit, dann das Spiel, dachte der Verkäufer und setzte eine bedeutende Miene auf. Mit dem Ton eines Herren vom Beerdigungsinstitut erklärte er der Sirene, daß eine fachgerechte Reparatur zwischen zehn und fünfzehntausend Mark kosten würde. Und er davon abraten müßte, da der Teppich diese Investition gar nicht mehr wert sei. Völlig geschockt setzte sich die Sirene auf einen der Teppichstapel. Aus dem Hinterstübchen kam ein Mädchen mit zwei Tassen Kaffee angeschlurft. Mit weicher Stimme fragte er, ob sie Zucker und Milch haben wollte. Sie nahm beides. Mit noch weicherer Stimme versicherte er ihr sein Mitgefühl und fand so viele tröstende Worte, daß ihr mit einem Mal ganz warm ums Herz wurde. Er spürte das und schlug ihr vor, den kaputten Teppich für dreitausend Mark in Zahlung zu nehmen. Sie dürfte sich dafür bei ihm einen Neuen aussuchen. Das ist des Rätsels Lösung, dachte die Sirene. Weg mit der Großmutter, die auf dem Totenbett vergessen hatte, sie auf das Loch hinzuweisen. Weg mit dem Ehemann, der mit Pantinen über den Teppich gelatscht war. Weg mit der Tochter, die in vollgemachten Windelhosen auf dem Erbstück gesessen hatte. Und weg mit den ausgedienten Liebhabern und den schrillen Gästen, die sich daneben benommen hatten. Und der verfluchte Staubsauger kommt auch auf den Müll, beschloß sie, und schaute den Verkäufer an. Was für ein flotter Knabe das doch ist, stellte sie fest. Dem Verkäufer wurde die Hose zusehends zu eng, vielleicht weil sein leerer Geldbeutel eine Erektion bekommen hatte. Möglicherweise hatte die zum Platzen volle Hose noch einen anderen Grund, vermutlich traf aber beides zu.

Und er legte ihr den gesamten Orient zu Füßen: großgemustert, kleingemustert, durchgemustert, geometrisch und mit tausenden von Blumen. Wollüstig verschlungene Bordüren taten sich wie zauberhafte Wege auf und entführten die Sirene vollends in das Labyrinth orientalischer Poesie. Der Mann kam immer mehr in Form. Farbvisionen aller Art umnebelten ihren Sinn. Mal wachte sie im blauen Meer, mal war die Erde in ein leuchtend rotes Licht getaucht und dann zwinkerten ihr wieder bunte Verlockungen aus dem pastellfarbenen Grund des Teppichs entgegen. Sie starb tausend Tode an diesem Nachmittag, und einer war schöner als der andere. Der Verkäufer schwang den eregierten Dirigentenstab so hingebungsvoll, daß kein Wunsch mehr offen blieb, kein Traum unerfüllt und es keine neuen Farbvisionen mehr geben konnte. Alle Teppiche, die in der entsprechenden Größe auf Lager gewesen waren, lagen auf dem Boden und sagten kein Wort. Wie ein überanstrengter Liebhaber sank der Verkäufer in sich zusammen. Da erwachte die Sirene aus ihren Träumen und ließ sich im Schnelldurchlauf noch einmal alle orientalischen Lustwiesen zeigen. Wählte einige Stücke aus und bat den Verkäufer, sie ihr zur Ansicht vorbeizubringen. Er dankte der gnädigen Frau für ihren Besuch, und sie fuhr nach Hause und nahm ein warmes Bad. Bedauerte, auf Lotos und Jasmin verzichten zu müssen, fühlte sich dann aber in einem duftenden Schaumbad auch recht wohl. Inzwischen war es Abend geworden, der Wein war kaltgestellt und der Raum entsprechend beleuchtet. Der Verkäufer kam, schleppte die schweren Teppiche in die Wohnung und war hingerissen vom Geschmack seiner Kundin. Während er die verschiedenen Teppiche auflegte, machte er ihr die berauschendsten Komplimente, seine Hose beulte sich vielversprechend aus. Die Sirene schwankte zwischen dem wüstenfarbenen und dem nachtblauen Garten Eden. Der tolle Bursche beriet sie fachmännisch, und sie entschloß sich, den nachtblauen Blumenteppich unter ihre Biedermeierstühle zu legen. Der Händler beglückwünschte sie zu dieser Entscheidung, und die Sirene war überglücklich. Aber da entdeckte dieser tolle Bursche, daß die Sirene noch einen zweiten Teppich bräuchte. Und sie fuhren zurück in die Stadt, um eine Vorauswahl für Teppich Nr. 2 zu treffen. Während er ihr ein zweites Mal den gesamten Orient zu Füßen legte, saß sie auf dem Teppichstoß. Zu dieser Tageszeit, es war gegen 22 Uhr, war diese Straße vollkommen menschenleer. Und als ihm dann die Hose endgültig platzte, war das für die Sirene keine Überraschung mehr. Überraschend war höchstens noch d:ie Größe seines Dirigentenstabes. Und mit einem Mal war sie wieder in der Welt des Orients, und sie sah Tausende von Blumen. Wollüstig stöhnend wogte sie auf dem Teppichstapel in das Labyrinth orientalischer Poesie. Grelle Ornamente tanzten vor ihren Augen, zerstoben in einzelne kleine Farbpartikelchen, die sich zu bunten Wolken neu formierten. Ermattet sank sie in den Wüstensand, der tolle Bursche daneben. Als sie sich wieder erholt hatten, packten sie die ausgewählten Teppiche ins Auto und fuhren zurück nach Schwabing. Die Teppiche wurden der Reihe nach aufgelegt, irgendwann in dieser Nacht entschied sie sich für den Gartenteppich. Ob sie mit dem flotten Knaben noch einmal den Garten der Lüste aufgesucht hat, weiß ich nicht. Auf jeden Fall kam am übernächsten Tag die Rechnung für die orientalischen Lustwiesen: 38 550,- Deutsche Mark – und die zauberhafte Poesie des Orients brach in sich zusammen. Eilig ging sie zur Bank, nahm einen Kredit in entsprechender Höhe auf (Mit diesem Verbrecher wollte sie nichts mehr zu tun haben.)

Und dann kam sie auf diese Geburtstagsparty und lernte mich

kennen, und jetzt saß ich zwischen all den Antiquitäten und dem gräßlichen Geschmiere an den Wänden und starrte riesige Löcher in die Spießbürgerperser. Ob ich die Teppiche nicht auch überteuert fände, fragte sie mich. Und ob man den Händler nicht wegen Betrugs vor Gericht bringen könnte, um so den Verkauf rückgängig zu machen. Der großmütterliche Teppich war sicherlich mehr als 50 000,- DM wert gewesen und das raffinierte Theater hätte er ihr nur vorgespielt, damit er ihr den alten Teppich abknöpfen und ihr zwei neue verkaufen konnte. Hatte also dieser Gauner zwei Fliegen mit einer Klappe geschlagen, stellte sie zähneknirschend fest. Gott ist groß, hörte ich den Muezzin vom Minarett rufen, und vor mir tat sich der bunte Orient mit seinen schummrigen Basaren auf. Vor Gericht hätte sie überhaupt keine Chancen, entmutigte ich sie, es sei denn, sie ließe sich entmündigen, was ihr nicht zu gefallen schien. Sie könne nur versuchen, sich mit dem Burschen gütlich zu einigen. Wie von der Tarantel gestochen sprang sie auf und zischte, daß dies vollkommen ausgeschlossen sei. Und so hat sie heute noch ihre spießigen Perser und trauert dem großmütterlichen Teppich nach. Und hat sich damit abgefunden, daß der Orient für europäische Frauen eben unergründlich ist.

Gott ist groß...

William Sommerset Maugham (1874-1965)

»Aber, wenn das wahr ist«, rief Philip, »was hat dann das Leben für einen Sinn? Wenn Sie Pflicht, Güte und Schönheit wegnehmen – wozu sind wir dann auf der Welt?«

»Hier kommt der prunkende Orient und bringt uns die Antwort«, lächelte Cronshaw.

Er zeigte auf zwei Personen, die in diesem Augenblick die Tür des Cafés öffneten und einen Windstoß eiskalter Luft mit hereinbrachten. Es waren hausierende Levantiner, die billige Teppiche verkauften, und jeder trug ein Bündel über dem Arm. Das Café war an diesem Abend sehr voll. Sie gingen von Tisch zu Tisch, und in die schwer, rauchvernebelte und von menschlicher Ausdünstung verpestete Atmosphäre brachten sie einen Hauch von Geheimnis. Sie hatten schäbige europäische Kleidung an, ihre dünnen Mäntel waren fadenscheinig, aber jeder trug einen Tarbusch. Ihre Gesichter waren grau vor Kälte. Einer war ein Mann mittleren Alters, mit einem schwarzen Bart, aber der andere war ein achtzehnjähriger Jüngling mit einem tief von Blatternarben zerfressenen Gesicht und nur einem Auge. Sie kamen an Cronshaw und Philip vorbei.

»Allah ist groß, und Mohammed ist sein Prophet«, sagte Cronshaw feierlich.

Der ältere kam mit einem kriechenden Lächeln, wie ein an Schläge gewöhnter Köter, heran. Mit einem Seitenblick nach der Tür und einer schnellen, verstohlenen Bewegung zeigte er ein pornographisches Bild.

»Bist du Masr-ed-Deen, der Kaufmann von Alexandrien, oder bringst du deine Waren aus dem fernen Bagdad, oh mein Oheim; und jener einäugige Jüngling, sehe ich in ihm einen jener drei Könige, von denen Scheherezade ihrem Gebieter erzählte?«

Das Lächeln des Hausierers wurde noch kriecherischer, obgleich er kein Wort von dem verstand, was Cronshaw sagte, und wie ein Hexenmeister holte er eine Rosenholzschachtel hervor.

»Nein, zeige uns die köstlichen Gewebe morgenländischer Webstühle«, sagte Cronshaw, »denn ich möchte eine Weisheit anschaulich machen und eine Geschichte erläutern.«

»Fünfunddreißig Franc«, sagte er.

»Oh mein Oheim, dieses Tuch kannte nicht die Weber von Samarkand, und diese Farben wurden nie in den Küchen von Bokhara gemischt.«

»Fünfundzwanzig Franc«, lächtelte der Hausierer unterwürfig.

»Ultima Thule ist der Ort seiner Herstellung, oder vielleicht Birmingham, der Ort meiner Geburt.«

»Fünfzehn Franc«, kroch der bärtige Mann.

»Heb dich von hinnen, Bursche«, rief Cronshaw. »Mögen wilde Esel das Grab deiner Großmutter besudeln.«

Unerschütterlich, aber nun nicht mehr lächelnd, zog der Levantiner weiter zu einem anderen Tisch. Cronshaw wandte sich Philip zu.

aus: Der Menschen Hörigkeit

Wenn wir Europäer an Teppiche denken, fällt uns unweigerlich der Orient mit seinen Basaren ein. Diese wiederum sind in unserer Vorstellung Orte des Feilschens und zwielichtiger (= levantinischer) Geschäftsmethoden.

Der Handel mit den Kostbarkeiten orientalischer Webstühle ist zwar seit Urzeiten in den Händen von Menschen aller Religionen und Nationalitäten, seine Methoden erinnern aber sehr oft an »Ali Baba und die vierzig Räuber«.

Aber wessen Phantasie würde der Teppichhandel anregen, wenn es so seriös wie im Schraubenhandel zuginge?

S. Maugham bereichert die bunte Palette des Teppichs mit seiner farbigen Schilderung:

Ort des Geschehens ist Paris. Im Gegensatz zur herrschenden Klischeevorstellung, macht der Schriftsteller den Teppichverkäufer zum Opfer, da er dem Wissen des Cronshaw nicht gewachsen ist.

Literatur
William Somerset Maugham: Der Menschen Hörigkeit, deutsch von Mimi Zoff, Fischer Verlag 1959, © 1938 by Rascher Verlag Zürich.

Der Fürst ist der Kopf des Blutegels, der über euch hinkriecht, die Minister sind seine Zähne und die Beamten sein Schwanz. Die hungrigen Mägen aller vornehmen Herren, denen er die hohen Stellen verteilt, sind Schröpfköpfe, die er dem Land setzt. Das L., was unter seinen Verordnungen steht, ist das Malzeichen des Tieres, das die Götzendiener unserer Zeit anbeten. Der Fürstenmantel ist der Teppich, auf dem sich die Herren und Damen vom Adel und Hofe in ihrer Geilheit übereinander wälzen...

Georg Büchner (1813-1837)

aus: Der hessische Landbote

Der Teppich als Ort des Geschehens nimmt in diesem Buch einen breiten Raum ein. Büchner bediente sich in »Der hessische Landbote« einer ähnlich deftigen Sprache, wie Charles Bukowski in »Fuck Machine«:

Tanja zuppelte Mikes Reißverschluß runter, holte seinen Schwanz raus, und Mann, der hatte vielleicht einen Schwanz! 35 Zentimeter hatte er gesagt, aber er sah glatt aus wie'n halber Meter.

Tanja umfaßte Mikes Schwanz mit beiden Händen.

Er ächzte vor Wonne.

Dann riß sie ihm den ganzen Schwanz aus seinem Körper raus. Warf ihn beiseite. Ich sah das Ding wie eine verrücktgewordene Wurst über den Teppich rollen, eine traurige kleine Blutspur hinter sich lassend. Er rollte gegen die Wand. Blieb dann da liegen wie etwas mit Kopf und ohne Beine, das nicht wußte, wohin...was nur allzusehr stimmte. Als nächstes kamen die EIER durch die Luft geflogen. Schwer in einem sich überschlagenden Sack. Sie landeten einfach auf der Mitte des Teppichs und wußten nicht, was sie anderes tun sollten als bluten.

Und so bluteten sie.

Charles Bukowski (1920–1994)

Da Teppiche leider nicht sprechen können, sind die Autoren zum Sprachrohr geworden und erlösen ihn so aus seiner stummen Rolle als »Bodenbelag«. Was Teppiche alles erleben können und wie unterschiedlich sich die Autoren des Teppichs bedienen, war eines der wichtigsten Leitmotive bei der Auswahl der Texte.

Literatur
Charles Bukowski: Fuck Machine, 126-145. Tsd., Fischer, Frankfurt 1980, © 1977 Hanser Verlag München;
Georg Büchner: Gesammelte Werke, Wilhelm Goldmann Verlag (o.J.).

Der Geizhals

Arnold Vals

Meist kam er wochenlang nicht aus seinem Haus und man spottete, er würde zu Hause bleiben, um die Schuhsohlen zu schonen. Die ganz besonders Boshaften mutmaßten sogar, der alte Geizhals liege auf der Lauer nach Ratten und Mäusen, wovon er sich ernährte, seit er beim Fleischer nicht mehr einkaufen durfte.

Die Kaufleute fürchteten ihn, denn immer, wenn der Alte einen Laden betrat, bedeutete es Unfrieden und Streit. Jeden Gegenstand drehte und wendete er so lange, bis er einen Fehler gefunden hatte, um den Preis drücken zu können. Man wußte zwar nichts Näheres, aber einige vermuteten, daß der Alte reich wäre. Entstanden war dieses Gerücht sicherlich durch den Bäckerjungen, der einmal in den Garten einstieg und folgendes beobachtet haben wollte: Er sah, wie der Geizhals einem großen Koffer Geldscheinbündel entnahm und diese liebevoll auf dem Teppich plazierte. Schwerlich könnte man die Art, wie er seinen Teppich bedeckte, mit der Arbeit der Pflasterleger vergleichen, da er die Tausendguldenbündel nur mit den Fingerspitzen berührte, geradeso als ob er Angst hätte, ihnen weh zu tun. Viel eher muß man bei dieser Schilderung an die großen Künstler denken, die unserer Welt die berühmten Mosaike hinterlassen haben. Stein neben Stein setzte der Geizhals und rückte sie mit unglaublicher Akribie zurecht, so als ob der Teppich eine unsichtbare Rasterung besäße, in die die Geldscheinbündel einzupassen waren. Stundenlang, wußte der Bäckerjunge zu berichten, war der Geizhals damit beschäftigt, bis er endlich den ganzen Teppich mit den irisierenden Bündeln gepflastert hatte. Danach soll er, einen Zigarrenstummel rauchend, auf Zehenspitzen mit genießerischer Miene den Geldteppich auf und ab geschritten sein. Manche konnten sich das tatsächlich vorstellen, die meisten hielten dies allerdings für Spinnerei, da bekannt war, daß sich im Haus der Bäckersleute gar seltsame Bücher befanden, in denen der Junge wahrscheinlich las.

Ganz gleichgültig, was nun wirklich dahinter steckte, auf jeden Fall fuhr der Geizhals einmal im Monat in die Stadt und erledigte da wohl seine Geldgeschäfte.

Man hatte ihn schon lange nicht mehr gesehen. Erst waren alle ganz froh über sein Verschwinden, irgendwann kam jedoch einer auf den Gedanken, der Geizhals könnte tot in seinem Haus liegen. Aber keiner traute sich etwas zu unternehmen. Auch der Fleischer, der dem Alten seinerzeit die Tür gewiesen hatte, hörte dieses Gerücht und beschloß, das Haus öffnen zu lassen. Mit viel Mühe gelang es ihm, die Polizei zu überreden, die mit dem Schlosser zusammen die Tür aufbrach.

Sie traten ein und riefen seinen Namen, bekamen aber keine Antwort. Sie gingen weiter. In dem einen Zimmer sahen sie ihn dann, genauer gesagt, vermuteten sie, daß dies der Alte sei. Sehen konnten sie nur einen riesigen Teppich, der lebendig geworden schien. Sie glaubten, unter einem Meer von Blumen einen nackten Fuß zu erkennen. Richtig sehen konnten sie nichts, da der mögliche Körper des Toten von exotischen Gewächsen zur Gänze überwuchert war. Diese Pflanzen, von deren Existenz bis dahin keiner wußte, schienen, ihrer unglaublichen Pracht nach zu schließen, viel Freude an dem Leichnam gehabt zu haben. Die Männer berat-schlagten eine Weile, ob sie vielleicht versuchen sollten, den Toten aus dem Dickicht von Ranken und Blumen zu befreien. Der Leichenbestatter kam und stellte fest, daß, wenn man den Alten mit dem Teppich beerdigte, ein Sarg vollkommen überflüssig sei. So klappten sie den Teppich zusammen und schafften die sonderbare Ladung auf den Friedhof. Worüber sich manche lustig machten und meinten, daß der alte Geizkragen nun auch noch den Sarg gespart habe. Andere wieder stellten mit Genugtuung fest, daß er für all seine Widerwärtigkeiten gebüßt hätte, während die Überängstlichen damit rechneten, daß der Alte fortan als ruheloses Gespenst durch den Ort spuken würde. Ein besonders Kluger war sicher, daß der Geizhals noch lebte und die Sache nur eingefädelt hatte, um sich zu bereichern.

Obwohl in dem selben Zimmer ein leerer Koffer gestanden hatte, fanden sich aber keine Banknotenbündel, sondern nur eine Unzahl vergilbter Banderolen, was die Allerboshaftesten zu der Annahme verleitete, der alte Geizhals hätte, der Ratten und Mäuse überdrüssig, letztendlich sein gehortetes Geld verzehrt.

Wie dem auch immer sei, die Wahrheit wird nie herauszufinden sein, da die Blumen aus dem Teppich inzwischen den ganzen Friedhof überwuchert haben und man nicht einmal mehr das Grab des Geizhalses finden könnte. Und folglich wird wohl nie zu klären sein, ob tatsächlich ein Toter auf dem Teppich lag...

In der Literatur gibt es einige Beispiele für den Tod auf dem Teppich. Rilke jedoch macht den Teppich zum Bett:

Rainer Maria Rilke (1875-1926)

Der Tod des Kammerherrn Christopf Detlev Brigge aus Ulsgaard. Denn dieser lag, groß über seine dunkelblaue Uniform hinausquellend, mitten auf dem Fußboden und rührte sich nicht. In seinem großen, fremden, niemandem mehr bekannten Gesicht waren die Augen zugefallen: er sah nicht, was geschah. Man hatte zuerst versucht, ihn auf das Bett zu legen, aber er hatte sich dagegen gewehrt, denn er haßte Betten seit jenen ersten Nächten, in denen seine Krankheit gewachsen war. Auch hatte sich das Bett da oben als zu klein erwiesen, und da war nichts anderes übrig geblieben, als ihn so auf den Teppich zu legen; denn hinunter hatte er nicht gewollt...

Er starb seinen schweren Tod.

aus: Die Aufzeichnungen des Malte Laurids Brigge

Den Teppich als Bett, möglicherweise war er sogar sein Vorläufer, gibt es im Orient heute noch, den »Schlafteppich« (in der Türkei »yatak« = Bett genannt). Die Besonderheit des yatak ist sein bis zu zehn Zentimeter langer Flor, der nicht selten aus der weichen, flauschigen Wolle der Angoraziegen geknüpft wird. Seine Musterung ist einfach. Lange Zeit war das yatak sicher ein Ersatz für das Bett, heute werden sie meist nur zu Dekorationszwecken hergestellt.

Literatur
Rainer Maria Rilke: Die Aufzeichnungen des Malte Laurids Brigge, 32.-36. Tsd., Bibliothek Suhrkamp, 1978, © Insel Verlag Frankfurt 1910.

Hans Fallada (1893-1947)

Es war ja wirklich sehr viel kurzweiliger, das olle Messing in der Küche nicht zu putzen, sondern einen Besorgungsweg der Tante dazu zu verwenden, aus dem geheiligten Plüschsalon mit Benutzung sämtlicher Betten und Teppiche des Hauses den Serail von Harun al Raschid herzustellen. Sie und die Schwestern waren verschleierte Haremsdamen – Tüllgardinen gaben ausgezeichnete Schleier ab! –, Ede war der Wesir und ich natürlich Harun. Mit meinen Frauen wußte ich freilich nur wenig anzufangen. Ich war stets geneigt, sie beim kleinsten Versehen köpfen zu lassen, was die Mädchen, da dies Köpfen mit Vaters langem Papiermesser aus Bambus ausgeführt wurde, sich nicht recht willig gefallen ließen. Später gerieten wir dann aufs Säcken: ungehorsame Frauen wurden in einen Teppich gerollt, mit Bindfaden umschnürt und ins Meer versenkt, das heißt in die dunkle Besenkammer gerollt.

Einer der Meisterstreiche von Ede und mir war es, alle drei Mädchen sehr dauerhaft einzurollen. Erst kam die kräftige Christa daran, bei der uns noch Itzenplitz und Fiete halfen, dann Itzenplitz mit Hilfe von Fiete, schließlich Fiete, die wir Jungens gut allein bewältigten. Als wir uns überzeugt hatten, daß die »Weiber« sicher in ihren Teppichen steckten, stimmten wir einen Hohngesang über ihren Häuptern an, schlugen, ihr Flehen und ihre Drohungen mißachtend, die Tür zur Besenkammer zu und begaben uns auf die Straße, nach neuen Abenteuern dürstend.

Unterdes kam die gute Tatie an die Tür der Wohnung. Wie immer hatte sie ihre Schlüssel vergessen. Sie klingelte, sie klingelte viele Male, mit löblicher Geduld, aber ihr Klingeln blieb vergeblich. Die Wohnung, in der sie fünf blühende Menschen hinterlassen hatte, war grabestill. Tatie war ein ängstliches Gemüt, sie dachte sofort an Gas, Einbrecher, Mörder...

Sie flog am ganzen Leibe, als sie den Portier benachrichtigte. Der Portier hatte nur uns Jungens weggehen sehen, neues gemeinschaftliches Klingeln blieb ebenso erfolglos wie Taties Klingelsolo. So wurde ein Schlosser geholt und die Tür geöffnet.

»Warraftig!« rief der Portier. »Hier haben Einbrecher gehaus!«

Und so sah die Wohnung auch wirklich aus. Verstreute Bettstücke, umgestürzte Stühle, heruntergerissene Gardinen, verschobene Tischdecken, umgestürzte Vasen waren unheilvolle Anzeichen. Die Tante lächelte wehmütig. Ähnliche Spuren hatte sie in letzter Zeit nicht selten gesehen, sie mußten nicht unbedingt auf Einbrecher weisen.

Aber die Stille in der Wohnung war beängstigend. Der Schlosser bewaffnete sich mit seinem Hammer, der Portier mit dem schönen Ebenholzstock des Vaters, die Tante aber hatte ein heruntergefallenes Aquarellbild aufgehoben – Motiv: Pfeiler der altrömischen Wasserleitung in der Campagna – und trug es unter dem Arm.

So durchwanderten sie die Wohnung, böser Ahnungen voll. Erst am äußersten Ende des langen Hinterflurs, bei der Besenkammer, hörten sie erschöpftes Geschrei. Vorsichtig wurde die Tür geöffnet, und die gesackten Haremsdamen waren entdeckt.

Sie hatten in dem fensterlosen, glutheißen Raum, in dicke Teppiche verpackt, einige recht unangenehme Stunden verbracht. Die Retter glaubten zuerst, dies sei ein Werk der entmenschten Einbrecher. Die Empörung war allgemein, als sie erfuhren, zwei schlichte, wohlerzogene Knaben hatten dies vollbracht.

Sofort erbot sich der Schlosser, hier zu bleiben und der Tante bei einer tüchtigen Abreibung zu helfen. Zu ihrem Unheil meinte die Tante, mit Rücksicht auf den guten Ruf meiner Eltern, dies Angebot ablehnen zu müssen. Sie hatte sich vorgenommen, bei unserer Rückkehr streng, ja, sogar sehr streng mit uns zu verfahren, sie wäre diesmal auch vor einer Backpfeife nicht zurückgeschreckt. Doch rechnete sie nicht mit dem Rachedurst der Mädchen!

aus: Damals bei uns daheim

Marco Polo berichtet von einem ganz anderen »Gesellschaftsspiel«:

Marco Polo (1254-1325)

Als Nayan schließlich bemerkte, daß er fast umzingelt war, suchte er sich durch die Flucht zu retten, wurde aber alsbald zum Gefangenen gemacht und vor Kublai geführt, der Befehl gab, ihn zu töten. Und das geschah folgendermaßen: Man legte Nayan in zwei Teppiche, die so lange hin und her geschüttelt wurden, bis sein Geist sich vom Körper gelöst hatte. Diese Art der Hinrichtung wurde gewählt, weil Sonne und Luft nicht Zeugen sein sollten, daß das Blut eines Mitgliedes der kaiserlichen Familie vergossen würde. Die Überlebenden seiner Truppen aber unterwarfen sich dem Kublai-Khan und schwuren Treue.

aus: Von Venedig nach China

In der Türkei gibt es sogenannte Totenteppiche, bekannter als »Friedhofsteppiche«. Ihr tatsächlicher Verwendungszweck ist unklar. Ob sie dazu dienten, den Sarg zu bedecken, die Toten darin zu begraben, oder ob sie gar zur Hinrichtung geknüpft wurden, ist ein Rätsel.

Literatur
Hans Fallada: Damals bei uns daheim, 344.-363. Tsd. 1969, Rowohlt Verlag;
Marco Polo: Von Venedig nach China, die größte Reise des 13. Jahrhunderts, © Horst Erdmann Verlag, Tübingen 1972.

Gündöndü

Arnold Vals

Es war Winter, und um mich herum wütete ein schrecklicher Krieg. Ich fror. Der klirrende Frost hauchte Eisblumen an das Fenster, und ich versuchte, sie mit kindlichen Augen zu sehen. Aber ich war inzwischen erwachsen und hatte es verlernt, die Eisblumen zu enträtseln. Ich war traurig, das Paradies meiner Kindheit verloren zu haben und suchte einen anderen Zufluchtsort. Über den Wolken fand ich ihn und fing an, ein Luftschloß für die Liebe meines Lebens zu bauen. Sie sollte bei mir wohnen und ich träumte davon, gemeinsam den Faden unserer Liebe zu suchen.

Inmitten all meiner Träume fiel mir Vincent van Gogh ein, der für Gauguin die Sonne eingefangen und die berühmten Sonnenblumenbilder gemalt hatte, um damit Gauguin's Zimmer zu schmücken. Und wenn ich auch zu ahnen begann, daß die Liebe genauso vergänglich ist, wie die Eisblumen am Fenster, träumte ich den Traum von ihrer Unsterblichkeit weiter. Die Tatsache, daß es van Gogh mit den Sonnenblumenbildern nicht gelungen war, die Freundschaft von Gauguin zu erhalten, war mir bewußt, konnte mir aber meine Hoffnungen nicht nehmen. Es war mir ein Trost, in diesem grausamen Krieg an Liebe zu denken. Das Luftschloß war inzwischen fertig, seine Türme ragten in den Himmel, der durch die nächtlichen Luftangriffe erhellt wurde. Doch ehe ich die Liebe in meinem Wolkenheim wohnen lassen wollte, mußte es mit den Beweisen meiner Liebe eingerichtet werden. Wie seinerzeit van Gogh, wollte ich die Sonne einfangen. Ich schaute auf die Eisblumen am Fenster, die sich vor meinen Augen in Tausende von Sonnenblumen verwandelten, sehnsuchtsvoll ihre Köpfe der Sonne entgegenstreckten und mit ihr um die Wette leuchteten. Um mich herum tobte der Krieg. Bomben explodierten, Tote und Verletzte wurden weggetragen, und ich entwarf Teppiche. Ich malte meine Hoffnungen in Gestalt von gelben Sonnenblumen in den violetten Nachthimmel des Krieges. Dies sollte mein erster Teppich werden. Natürlich dachte ich, den gesamten Boden des Schlosses mit Teppichen zu bedecken, ehe ich meine Liebe bitten wollte, bei mir zu wohnen. Ich redete mir ein, daß der Bombenhagel Musik wäre und glaubte an den nahenden Frieden. Die Erkenntnis, daß ich in diesem Gemetzel mein Leben verlieren könnte, war noch fern. Die Tage hörten auf, Tage zu sein, um mich herum war nur noch

Finsternis. Ich verstieg mich in immer neue Illusionen, trug das Luftschloß ans Meer, nach dem ich mich sehnte, weil ich dachte, meine Liebe würde sich dort wohler fühlen. Inzwischen war das Bombardement so heftig geworden, daß ich die Flucht ergreifen mußte. Meine Träume konnten mich nicht mehr über die Gefahren hinwegtäuschen. In einer friedlich scheinenden Nacht verließ ich das Schloß meiner Illusionen, die angefangene Teppich-Zeichnung nahm ich mit. Verletzt floh ich von Ort zu Ort und sann nach Rache. An ein Weitermalen war nicht zu denken. Nach endlos langem Herumirren – ich hatte viele Grenzen passieren müssen – war ich endlich am Ziel. Es war Sommer geworden, und um mich herum blühten jetzt tatsächlich die Sonnenblumen. Gegen meinen Willen war mir das Luftschloß gefolgt. Als ich am Ufer des Meeres stand, von dem ich schon lange geträumt hatte, versanken das Luftschloß und mein Wunsch nach Vergeltung in den Fluten. Mit einem Mal wurde es taghell und die Sonne spiegelte sich im Wasser. Sonne und Wasser schienen sich über meinen Sinneswandel zu freuen und breiteten die unendlich weiten Sonnenblumenfelder meiner Sehnsüchte vor mir aus. Gelegentlich blühten des Nachts am Fenster meiner Träume die trügerischen Eisblumen wieder, doch dies waren nur noch blasse Erinnerungen. Ich hatte wieder zu leben begonnen und holte den angefangenen Teppich aus dem Gepäck, um ihn fertig zu malen.

Doch siehe da, er war fertig und ich nannte ihn »Gündöndü« – was nicht nur Sonnenblume heißt, sondern auch: Der Tag ist wiedergekommen.

13. Kapitel

Lieblingsspiel

Der Teppich in unserem Wohnzimmer

Arnold Vals

Um Napoleon zu entgehen, waren die Vorfahren von Vincentius seinerzeit nach Istrien gezogen. Waren da einmal riesige Ländereien – sein Vater hatte ihm einen großartigen Besitz vererbt –, dank Vincentius' Lebensweise war nur noch ein kleiner Streifen links und rechts der Straße übrig, die zum Schlößchen führte. Er war ein Mann voller Ideen, insbesondere wenn es darum ging, seinen Besitz zu beleihen, worin er Meister war. Er bewies aber nicht nur in Sachen »Kapitalbeschaffung« Phantasie. Die wenigen überlieferten Histörchen lassen auf ein farbenfrohes Leben schließen.

Alles Französische faszinierte ihn zutiefst, insbesondere die Lebensart des Rokoko, der er im wahrsten Sinne des Wortes verfallen war. Wenn diese Zeit auch längst vorbei war, nahm er dies nicht zur Kenntnis. Die französische Revolution hatte in seinen Augen nie stattgefunden. Er war sehr stolz darauf, ein Valois zu sein; die Bourbonen waren für Vincentius nur Emporkömmlinge. Sein Vorbild war Ludwig XIV., einer aus dieser Sippe, was ihn nicht im mindesten zu stören schien. Er versuchte, so gut es ging, ein Leben wie der Sonnenkönig zu führen. Keines seiner Kleidungsstücke war ohne die berühmte Lilie, und nichts bedauerte er mehr, als so bescheiden leben zu müssen. In der Tat, er lebte sehr bescheiden. Mehr oder weniger war das ganze Dorf bei ihm beschäftigt, denn es gab viel zu tun. Allein den Garten, diese beiden Streifen, betreuten einige Dutzend Menschen. Keine Blume, kein Strauch, kein Baum durften so wachsen wie sie wollten. Alles, aber auch alles wurde der französischen Mode unterworfen.

Inwieweit davon das Ungeziefer betroffen war, ist leider nicht überliefert. Es muß um 1860 gewesen sein, als sich seine finanzielle Situation derart zugespitzt hatte, daß eine Einnahmequelle erschlossen werden mußte. Vincentius, damals bereits 74 Jahre alt, war immer noch Junggeselle. Zwar hatte er für reichlich Nachkommenschaft gesorgt, die geschwängerten Geliebten stattete er mit einer ihrer Schönheit angemessenen Mitgift aus und verheiratete sie an Handwerker und Kaufleute aus der Gegend. Seine Gläubiger bedrängten ihn wiederholt, mit einer standesgemäßen Heirat die maroden Finanzen zu gesunden, doch vergebens. Not machte schon immer erfinderisch, seine rettende Idee war die

Landwirtschaft. Und Vincentius, der das Schöne liebte, machte die schönste Erfindung des Jahrhunderts: Die »französische Landwirtschaft«.

Er ließ alle Bäume, Sträucher und Blumen ausgraben und brachte Monate damit zu, die Bauern der Gegend auszufragen, wann welches Obst, Gemüse und Getreide blühte oder Früchte trug. Wie ein Landschaftsarchitekt plante er jedes Fleckchen der kostbar gewordenen Erde. Die Außenseiten des unendlich langen Streifens links und rechts der Straße wurden auf das raffinierteste mit Obstbäumen bepflanzt, davor kunstvollste Ornamente aus Gemüse und Getreide. Aber damit war Vincentius längst nicht zufrieden, denn das Ganze sah noch zu sehr nach Landwirtschaft aus und war ihm nicht französisch genug. Es wurde gestutzt und alles wunderbar in Form gebracht. Entscheidend war nicht, wieviel Tomaten am Strauch hingen sondern an welcher Stelle. In den darauffolgenden Jahren wurde immer weiter kultiviert. Ausländische Samen wurden besorgt. Sibirische Kartoffeln, weil sie schöner blühten, Tomaten aus dem Kaukasus, weil die Stauden länger grün blieben, Mais aus den Anden, weil er nicht so in die Höhe schoß; der praktischen Überlegungen gab es noch viele. Durch die kunstvolle Anordnung schien der Besitz grenzenlos zu sein. Aus der Vogelperspektive müssen die Felder wie zusammengenähte Bordüren eines Teppichs aus Isphahan ausgesehen haben. Und vielleicht hat ihm das alte Erbstück bei uns daheim als Vorlage gedient. Meine Eltern haben seinerzeit das völlig zerschlissene Prachtexemplar zerschneiden und aus den gut erhaltenen Seitenteilen einen riesigen Teppich zusammensetzen lassen. Vincentius' Besitz sah vermutlich aus wie dieser Teppich, nur noch schöner. Die Jahreszeiten verwandelten ihn ständig aufs neue: Der zartgrüne Frühling wich den kräftigen Farben des Sommers, um dann den goldenen Erdtönen des Herbstes Platz zu machen. Wenn man in der Kutsche auf das Schloß zufuhr, müssen die filigranen Arabesken ausgesehen haben wie lebendig gewordene, orientalische Muster. Oder, als ob das Gemüse und Getreide direkt aus einem Teppich herausgewachsen wäre.

Sogar die Zeitungen berichteten vom Wunder der »französischen Landwirtschaft« und priesen nicht nur ihre Schönheit, sondern sahen darin auch einen Denkanstoß für die Landwirtschaft im allgemeinen. Vincentius stand jedoch vor dem Ruin, die Erträge hatten kaum den Einsatz an Material abgedeckt. Das Personal konnte nicht mehr bezahlt werden, die Gläubiger stellten allerletzte Fristen. Alle Versuche, einen neuen Geldgeber zu finden, scheiterten und die Mühle des Gesetzes begann zu mahlen...

Die Landschaft mit einem Teppich zu vergleichen, ist in der Literatur sehr gebräuchlich.

Lampedusa wiederum, suchte nach anderen Maßstäben:

Guiseppe Tomasi di Lampedusa (1896-1957)

Die langen Besuche im Palast von Donnafugata hatten Angelica viel gelehrt, und so bewunderte sie an diesem Abend jeden Gobelin, sagte jedoch, die im Palazzo Pitti hätten schönere Bordüren; sie lobte eine Madonna von Dolci, erinnerte jedoch daran, daß auf der des Granduca der melancholische Zug besser ausgedrückt sei; und sogar von der Torte, wovon ihr ein eifriger junger Herr brachte, sagte sie, sie sei ausgezeichnet, fast so gut wie die von ›Monsù Gaston‹, dem Koch der Salina. Und da Monsù Gaston der Raffael unter den Köchen war und die Gobelins des Pitti die Monsù Gaston unter den Wandbekleidungen, konnte keiner etwas dagegen einwenden, ja alle fühlten sich von dem Vergleich geschmeichelt; und Angelica legte schon an diesem Abend den Grund zu dem Ruf als liebenswürdige, aber unerbittliche Kunstkennerin, der sie – zu Unrecht – ihr ganzes langes Leben hindurch begleiten sollte.

aus: Der Leopard

Wenn Oscar Wilde schrieb: »Gewiß, einen Roman würde ich gerne schreiben, der so schön und so unwirklich wie ein persischer Teppich sein müßte« ist das eine andere große Liebeserklärung an den Teppich.

Literatur
Guiseppe Tomasi di Lempedusa: Der Leopard, deutsch v. Charlotte Birnbaum, Lizenzausgabe der deutschen Buchgemeinschaft 1961, mit Genehmigung des R. Piper Verlages;
Oscar Wilde: Das Bildnis des Dorian Gray, deutsch von H. Lachmann und Gustav Landauer, 16.-20. Tsd., Insel Verlag Leipzig.

Clemens Brentano (1778–1842)

Und soeben reihte sich das Volk in einen großen Kreis, die königlichen Hofmusikanten und die Gelnhauser bliesen einen herrlichen Tanz, nämlich den Eiertanz, welchen die königliche Familie mit der raubgräflichen in höchsteigener Person tanzen wollte. Ein köstlicher Teppich ward ausgebreitet und auf demselben hundert Pfaueneier in zehn Reihen gelegt. Nun trat die Königin Ellegia zu Gockel und verband ihm die Augen mit einem seidenen Tuch, und er tat ihr ebendasselbe; ebenso verbanden sich der König Eifraßius und Frau Hinkel und der Prinz Kronovus und Gackeleia die Augen und wurden von den Hofmarschällen auf den Eierteppich geführt, auf welchem sie mit den zierlichsten Schritten und Sprüngen und Wendungen zwischen den Eiern herumtanzen mußten, ohne auch nur eines mit den Füßen zu berühren. Die Zuschauer sahen mit gespannter Aufmerksamkeit zu und bewunderten die Geschicklichkeit der hohen Herrschaften.

Während sie so an dem Ring drehten, entstand ein lautes Murren und Lachen und Schimpfen unter dem versammelten Volk. »Ei, seht den alten Bettler, die alte, schmutzige Bettlerin, das schmutzige, freche Kind! Nun, das ist unverschämt! Jagt sie fort, pratsch, pratsch, wie sie die Eier zertreten!« Und bald ward das Geschrei und Getümmel so allgemein, daß der König Eifraßius und die Königin Eilegia und der Prinz Kronovus ihre Binden von den Augen rissen, und wie erstaunten sie nicht, als sie den Raubgrafen Gockel und die Frau Hinkel und Fräulein Gackeleia, die vorher so schön und jung und prächtig gekleidet gewesen waren, in eine alte, häßliche, zerrissene Bettlerfamilie verwandelt sahen, welche alle Eier auf dem köstlichen Teppich zertreten hatten!

aus: Gockel und Hinkel

Literatur
Clemens Brentano: Märchen, 2. Bd., Verlag L. Schneider, Heidelberg 1949.

Spiele

Arnold Vals

Er saß auf dem Teppich und schaute zu mir auf. Während seine Augen mich verschlangen, hing er an meinen Lippen und genoß jedes meiner Worte. Mein Monolog schien Balsam für seine Seele zu sein und erogene Zonen zu erschließen, die für ihn bis dahin unbekannt waren. Nicht alle Tage lag mir ein Mann so zu Füßen, und ich war entsprechend ungeübt. Irgendwann ging mir der Gesprächsstoff aus und ich erzählte ihm, daß ich als Kind oft auf unserem Wohnzimmerteppich herumgehopst sei und mir dabei immer neue Spiele ausgedacht hatte.

Mal stellte ich mir vor, daß die roten Stellen im Teppich der Rosengarten des Zwergenkönigs Laurin seien und ich in Stein verwandelt werden würde, wenn ich von den schmalen Wegen abkäme und in die Rosenbeete fiele. Oder ich mußte höllisch aufpassen bei meiner Hopserei, daß ich nicht im tiefen Blau des Ozeans unterging. Besonders unheimlich war es mir, in dem wenigen Grün des Teppichs zu spielen, denn dann kam Gevatter Tod in Gestalt unseres bösen Nachbarn, der sich den ganzen Tag auf seinem Grundstück zu schaffen machte. Ständig hatte er eine Sichel in der Hand und wehe, er entdeckte mich in der Nähe seines Zauns, dann drohte er mir mit der Sichel und schimpfte ganz fürchterlich.

Mein Verehrer kauerte auf dem Teppich, schaute mich verliebt an und sagte kein Wort. Während er wahrscheinlich von ganz anderen Spielen auf dem Teppich träumte, versuchte ich ihm die kindlichen Hintergründe meiner Teppichhopserei zu offenbaren.

Plötzlich meinte er, daß dies natürlich nur ein Spiel für Kinder reicher Eltern sei, da nur die Reichen wunderbare Teppiche hätten. Ich wurde wütend und meinte, man könnte dieses Spiel schließlich auch auf einem billigen Teppich oder gar auf Stragula spielen. Weil es doch dabei nur auf die Phantasie ankäme und nicht auf den Wert des Untergrundes.

Er versuchte, das Thema damit zu beenden, indem er meine Spiele als Kindereien abtat.

Daraufhin erklärte ich ihm, daß zwar meine Kindheit längst vorbei wäre, ich aber heute noch ähnliche Spielereien lieben würde. Jeden Nachmittag lege ich mich auf den hellen Teil meines Teppichs. Bei den ersten Tönen des Bolero würde ich mich im Liegen wie ein Träumender rhythmisch bewegen. Bis ich aus dem Traum erwachen, mich langsam erheben und im Takt der Musik mit leisen Bewegungen durch den Raum schweben würde. Gerade so, als ob ich eine Feder wäre, die von einem Windhauch durch das Zimmer getragen wird. Mit der Musik würde auch mein Tanz immer schneller, da alle Lebensgeister in mir erwachen und mittanzen würden. Tausend Gedanken und Gefühle rasen durch den Körper, der sich immer leidenschaftlicher zu den peitschenden Klängen bewegt. Ein letztes Aufbäumen, und ich falle mit dem Ende der Musik auf dem schwarzen Feld meines Teppichs erschöpft in mich zusammen.

Mein Verehrer starrte mich fassungslos an. Das war offensichtlich zuviel für den armen Mann. Er stand auf und verschwand so leise, wie er gekommen war.

In den fünfziger Jahren war das »Stragula« (zu lat. stragula vestis »Decke, Teppich«) sehr beliebt. Es handelte sich dabei um einen linoleumähnlichen Bodenbelag, der unter anderem auch mit orientalischen Teppichmustern bedruckt war. Stragula (Warenzeichen) erwies sich als nicht sehr haltbar und geriet in Vergessenheit.

Auch Hermann Bang machte den Teppich zur Kinderspielwiese:

Hermann Bang (1857-1912)

Zwischen den Mahagonimöbeln standen Marmortische und auch weiße Konsolen, die aus Augustenburg gekommen waren, aus dem Schloß, als dort Auktion war. Um die alten Porträts waren Immortellen gesteckt, und es gab viel Efeu, denn den liebte die Mutter, wenn er sich die helle Wand emporrankte.

Die Kinder spielten auf dem Teppich. Der war rot und grau, mit vielen großen Feldern. Die Felder waren Königreiche, über die die Kinder herrschten und um die sie kämpften. Sie stritten sich und sie vergossen Tränen. Sie verbarrikadierten ihre Königreiche mit Möbeln. Das ganze Wohnzimmer glich einem Babylon in der Verwirrung.

aus: Das weiße Haus

Bei dem beschriebenen Teppich handelt es sich entweder um einen afghanischen Teppich und die »großen Felder« würden

Elephantenfüße genannt. Oder der Autor spricht von einem turkmenischen Teppich, dann müßten die Felder »Göl« heißen. Das Göl war ursprünglich ein Stammesabzeichen. Durch die Kommerzialisierung des Turkmenenteppichs im 19. Jahrhundert ist das Göl allerdings zum bedeutungslosen Ornament verkümmert. Frau V.G.Moschkova sieht in ihrem Buch »Die Teppiche der Völker Mittelasiens« die Entwicklung des Göls allerdings weniger pessimistisch.

Literatur
Hermann Bang: Das weiße Haus, Bibliothek Suhrkamp 1978, © Manesse Verlag, Zürich 1958;
V. G. Moschkova: Die Teppiche der Völker Mittelasiens, deutsch v. B. Rullkötter, 2. Auflage, Reinhold Schletzer Verlag, Berlin 1976.

Helmuth v. Moltke (1800–1891)

Am 15. April setzten v. Mühlbach und ich uns mit zwei wohlbewaffneten Agas des Paschas, unseren Dragomans und Bedienten auf ein Fahrzeug, welches so konstruiert war, wie man es schon zu Cyrus (II. d. Gr. 559 – 529 v. Chr.) Zeiten verstand, auf ein Floß, nämlich von aufgeblasenen Hammelhäuten. Die Türken halten die Jagd für unrecht, verschmähen das Wild und verachten Rindfleisch, dagegen verzehren sie eine große Menge von Schafen und Ziegen; die Häute dieser Tiere werden so wenig wie möglich vorn an der Brust zerschnitten und sorgfältig abgezogen, dann zusammengenäht und die Extremitäten zugebunden. Wird nun der Schlauch aufgeblasen (was schnell und, ohne den Mund unmittelbar daran zu bringen, geschieht), so hat er eine große Tragfähigkeit und kann fast nicht zugrunde gehen; vierzig bis sechzig werden dann unter ein leichtes Gerüst von Baumzweigen in vier oder fünf Reihen so zusammengebunden, daß das Floß vorn etwa acht, hinten achtzehn Schläuche breit ist; darüber wird das Laub, dann eine Matte und Teppiche gebreitet, und so fährt man ganz gemächlich den Fluß hinab.

Man kann nicht bequemer reisen, als wir es taten: auf weiche Polster hingestreckt mit Lebensmitteln, Wein, Tee und einem Kohlenbecken versehen, glitten wir schnell und ohne Anstrengung mit der Schnelligkeit einer Extrapost vorwärts. Aber das Element, welches uns beförderte, verfolgte uns in anderer Gestalt; der Regen strömte seit unserer Abreise von Diarbekir unaufhörlich vom Himmel, unsere Schirme schützten uns nicht mehr, und Kleider, Mäntel und Teppiche waren durchweicht.

aus: Briefe über Zustände und Begebenheiten in der Türkei aus den Jahren 1835-1839

Von einem ähnlichen Verwendungszweck des Teppichs erzählt Casanova 1725-1798. Er schreibt in seinen Memoiren: »...da warf der brave Pierot ein paar Hände voll Taler auf die Zenia und schmiß den felce ins Wasser.«

Das Wort »Zenia« indes kommt von Poeazenia, und dies ist nicht der Teppich der Gondel, wie es in der Übersetzung scheint, sondern das Brett, auf dem er lag. Inwieweit Zenia ein Flüchtigkeitsfehler Casanovas ist, ist unwichtig. Fest steht, daß es den Gondelteppich heute noch gibt, seine Farbe ist dunkelrot.

Literatur
Helmuth v. Moltke: Briefe, Über die Zustände und Begebenheiten in der Türkei aus den Jahren 1835-1839, Taschenbuchausgabe, Greno, Nördlingen 1987;
Giacomo Casanova: Memoiren, Bd. 6, deutsch von Heinrich Conrad, Goldmann Verlag, © Langen Müller München (o. J.).

Auf dem Dach der Welt

Arnold Vals

...lebte ein kleines Mädchen, das nichts lieber tat, als in Büchern durch die große weite Welt zu reisen. Sie liebte das Meer, die herrlichen Palmen, die nie gesehenen Blumen ünd die fremdartigen Tiere. Doch da es sehr arm war, fürchtete es, die Welt nie sehen zu können und wurde sehr traurig.

Eines Nachts träumte es, die Schönheiten der fernen Länder zu einem Teppich zu verweben. Am nächsten Morgen erzählte sie den Nachbarn von ihrem Traum. Sie fanden Gefallen daran und schenkten dem Mädchen einen Webstuhl und Wolle. Es legte die Bücher von der großen weiten Welt beiseite und begann mit dem Teppich.

Neben die Pyramiden knüpfte sie eine uralte Palme, die ein trauriges Lied sang, wenn der Wind durch ihre Krone wehte. Als der Urwald Gestalt angenommen hatte, glaubte sie, die rätselhaften Geräusche zu hören, von denen sie in den Büchern gelesen hatte. Mit viel Liebe wob sie das Eis der Arktis, wo sie einige Bären zur Musik des berstenden Eises tanzen ließ. Alte Königspaläste, eingerahmt von märchenhaften Landschaften, erzählten Geschichten aus längst vergangenen Tagen. Als Zentrum der Welt hatte sie die Wüste Sahara in den Teppich geknüpft, die sie mit wunderschönen schwarzen Menschen bevölkerte. Den kalten Norden ließ sie durch dunkle Wälder und tiefe Seen Wirklichkeit werden.

Alle Wunder unserer Welt schienen sich ganz selbstverständlich der Ordnung der Fäden zu unterwerfen. Die Nachbarn kamen und staunten über den Teppich der fleißigen Knüpferin, die, ohne je einen Teppich geknüpft zu haben, alle Geheimnisse des Handwerks zu kennen schien.

Dann war der Teppich fertig. Mit jedem Faden hatte sie ein Stück ihrer Sehnsucht zu einem Kunstwerk verwebt und gab so unserer guten alten Welt ein neues Gesicht. Geradeso, als hätte ein Wesen, von einem anderen Stern aus, jede Nacht sein Fernrohr auf einen anderen Teil unserer Erde gerichtet und diesen dann abgebildet.

Das Mädchen schaute auf ihren Teppich und war mit einem Mal unendlich glücklich. Sie hatte zwar die Welt nie gesehen, doch wozu auch, sie lag buntgewebt vor ihren Füßen. Und das Mädchen erkannte, wie reich es in Wahrheit sei, und verwebte von da an die Schönheiten unserer Welt immer wieder aufs neue. Die Ozeane wurden zu blühenden Gärten, Flüsse schienen aus purem Gold zu sein und die Luft durchwehte die Teppiche mit ihrem heiligen Zauber.

Das älteste griechische Zeugnis für ein Weltengewebe findet sich bei Perekydes, der erzählt, daß Zeus für Hera einen Weltenteppich als Hochzeitsgeschenk gewebt hat.

Spielerisch pazifistisch der Weltenteppich bei Penzoldt:

Ernst Penzoldt (1892-1955)

Er wohnte übrigens jahraus jahrein in einem Zelt, dessen Inneres nach seiner Erfindung farbenprächtig mit dem Weltkreis-Panorama bestickt war. Die Erdteile, selbst größere Städte waren groß und leserlich beschriftet. Oben im Zelthimmel war das ganze Planetarium mit Sonne, Mond und Sternen, umsäumt vom Tierkreis treulich abgeschildert. Auch der Fußteppich war als Landkarte gewebt und stellte in größerem Maßstab Europa dar.

»Hier« schrieb er einmal an seinen ehemaligen Spielkameraden, den Grafen Christophan de Tavora, »hier, des Himmels Reiche zu Häupten, zu Füßen die Erde, in ein paar Schritten zu durchwandern, ringsum das bunte Erdkreispanorama, hier bin ich glücklich. Ich wohne gleichsam im Mittelpunkt der Welt, als ihr Herz und ihre lebendige Seele. Hier spiele ich mit meinen Zinnsoldaten und gründe Reiche, rüste Flotten aus, schlage blutige Schlachten, führe große Kriege und ich gewinne sie alle!«

aus: Die portugalesische Schlacht

In dem Zaubermärchen »Geh' irgendwohin, hol' irgendwas« (siehe S. 58–60) hat A. Afanasev die Literatur um einen weiteren Weltenteppich bereichert.

Fest steht, daß es solche Teppiche tatsächlich gegeben hat. Sie entstanden meist im Osmanischen Reich des 19. Jahrhunderts und waren eine Folge der erwachenden Reiselust einerseits und des »Orientfiebers« der Europäer (siehe S. 146f) andererseits. Bei Orientreisenden erfreuten sich diese vollkommen untypischen Teppiche großer Beliebtheit und werden deshalb Souvenirteppiche genannt. Es müssen zwar sehr viele davon geknüpft worden sein, doch da nur wenige erhalten geblieben sind, stellen diese Teppichkuriositäten ein interessantes Sammelgebiet dar.

Literatur

Ernst Penzoldt: Die portugalesische Schlacht, Neuausgabe 1946, © R. Piper, München 1930;

Michael v. Albrecht: Deutsche Beiträge zur geistigen Überlieferung, © Lothar Stiehm Verlag 1974.

Freud' und Leid des sozialen Aufstiegs

Wo in den dreißiger Jahren Greta Garbo über die Leinwand flimmerte, war in den sechziger Jahren ein Teppichlager untergebracht. Der Raum, in dem früher die Vorführapparate standen, war das Büro eines Teppichgroßhandels geworden. Die Leitung hatte der jüdische Besitzer einem ungläubigen Polen übertragen, der mit Bluthochdruck und Kraftausdrücken den Betrieb schaukelte. Man kann sagen, daß der Pole des Lesens und Schreibens unkundig war, während sein simples Gemüt zum Geldzählen aber ausreichte. Innerhalb dieser vorgegebenen Grenzen konnte sich der jüdische Besitzer auf den Polen verlassen, der zwar ein finsterer Kumpan war, Frauen gegenüber aber sehr charmant sein konnte. Aber nur dann, wenn sie entweder gute Kundinnen oder willige Geliebte zu werden versprachen. Dafür kamen nur Frauen unter fünfzig in Frage, denen nicht die Prüderie, sondern ein gewisser Heißhunger ins Gesicht geschrieben stand. Um solche Damen schwänzelte er stundenlang herum, überhäufte sie so lange mit Komplimenten und Einladungen, bis sie entweder die Flucht ergriffen oder seinem Charme erlagen.

Meist erlagen sie ihm auf dem Teppichstapel. Zu diesem Zweck war eine Decke im Haus, die über den Stapel gebreitet wurde, damit er seine Knie an den ruppigen Teppichrückseiten nicht aufzureiben brauchte. Bevor ich aber über die Vorliebe des Polen zu dieser Stellung Näheres berichte, muß ich erst die Sache mit den Teppichrückseiten erklären.

Während in den Teppichgeschäften, also im Einzelhandel, die Teppiche mit dem Flor nach oben ausgebreitet aufeinanderliegen, damit der Kunde beim Zurückschlagen möglichst viel vom einzelnen Teppich sehen kann, ist im Großhandel eine platz- und arbeitssparendere Präsentation gebräuchlich. Da werden die größeren Teppiche wie Pfannkuchen, mit der Rückseite nach außen der Länge nach zusammengelegt und auf rollenden Unterlagen gestapelt. Es können also die Pfannkuchen abgehoben werden, für die der Händler sowieso keine Verwendung hat, und es braucht auf diese Weise nur der Teppich aufgeklappt, also gezeigt zu werden, der den Händler näher interessiert.

Aber wieder zurück zur eigentlichen Geschichte: Vor allen Dingen ist mir das soziale Engagement des Polen in Erinnerung geblieben. Er liebte es, anderen beim Aufstieg behilflich zu sein. Er half aber nur, wenn sich ein gutes Geschäft für ihn abzeichnete oder sich andere interessante Perspektiven eröffneten.

Eines Tages fiel ihm im Hausflur eine Putzfrau auf, die mit viel zu kurzem Rock, knieend die Treppe wischte. Das, was er sah, gefiel ihm und sprach die Schöne gleich an. Er unterhielt sich ein

Weilchen mit ihr und glaubte zu erkennen, was der Frau fehlte. Wie immer in solchen Situationen, warf er seinen ganzen Charme in die Waagschale, prahlte entsprechend und lud die Dame zum Kaffee ein. Sie kam und er umgarnte sie mit allen, ihm zur Verfügung stehenden Mitteln, was ihr gefiel und sie dazu bewog, weitere Einladungen anzunehmen. Er meinte, daß sie zum Putzen viel zu schade sei, und er ihr gerne das Restaurieren von Teppichen beibringen würde. Die Putzerei hing ihr sowieso zum Halse raus, also sagte sie ja. Auch ihr Ehemann, ein Anstreichermeister, war von diesem Wink des Schicksals begeistert und willigte ein. Der Herr hatte nämlich von den geheimen Sehnsüchten seiner Frau keine Ahnung. Blümchen, so hieß die Dame, flocht sich für den ersten Tag Blumen ins Schamhaar. Innerlich und äußerlich gut gerüstet, trat sie ihre Ausbildung an.

Dem Polen rann vor Aufregung der Schweiß von der Stirn, als er seine neue Mitarbeiterin sah. Sie verstand es prima, den Faden durch das Nadelöhr zu ziehen und stellte sich überhaupt sehr geschickt an. Der Pole lobte sie über alle Maßen und mußte ständig an die Decke im Schrank denken. Blümchen hingegen dachte daran, daß die Blumen im Schamhaar verwelken würden, wenn der erste Unterrichtstag nicht bald beendet sei. Endlich rutschte seine vor Erregung zitternde Hand auf ihr Knie, das schon recht in seine Nähe gerückt war. Die Hand wanderte langsam den Schenkel hoch, Blümchen kniff ihren kleinen Mund zusammen und flickte weiter an dem Teppich rum. Als seine Hand beim Nadelöhr der Welt angekommen war, legte sie Nadel und Faden beiseite. Er stand auf, küßte sie und massierte ihre kleinen Brüste, und als sich ihre Zungen berührten, schwollen Blümchens Brustwarzen an. Der Pole begann seine Hose aufzuknöpfen, die Dame wollte sich nicht länger auf die Folter spannen lassen und holte den Aronstab aus seiner Hose, der gleich darauf in ihrem kleinen Mund verschwand. Als der Pole das Gefühl hatte, das Vorspiel könnte kein Nachspiel mehr haben, nahm er die Decke aus dem Schrank und führte Blümchen tätschelnd zu dem Teppichstapel. Die knieschonende Decke wurde ausgebreitet und dann zogen sich die beiden Hungrigen aus. Blümchen legte sich auf den Teppichstapel, er kniete sich zwischen ihre Beine, die er sich zärtlich über die Schulter legte. Während er hingebungsvoll ihre Beine küßte, klopfte er mit seinem Aronstab wie wild gegen das Nadelöhr, was Blümchen beinahe um den Verstand brachte. Bevor er seinen Aronstab durch das Öhr der Welt schob, versuchte er, sich mit der Zunge einen Weg zu bahnen. Blümchen waren diese Spiele neu, ihr Ehemann hatte nämlich noch nie soviel Phantasie aufgebracht, und entsprechend zitterte sie. Unter Stöhnen dachte sie an den sozialen Aufstieg, den diese Freuden mit sich brachten, und stöhnte daraufhin noch lauter. Der

Pole wollte sein Bestes geben und kam dabei heftig ins Schwitzen. Durch die wilden Bewegungen fielen allmählich die eingeflochtenen Blüten aus dem Schamhaar. Als die letzte gefallen war, sanken die beiden erschöpft auf dem Teppichstapel nieder, glücklich und zufrieden, zwei Menschen, die sich gesucht und gefunden hatten. So ging das eine geraume Weile. Decke raus, Decke rein, das Nadelöhr bildete die zentrale Stelle in Blümchens Leben. Der Ehemann brach darüber nicht die Lanze, weil er keinen blassen Schimmer hatte. Die kaputten Teppiche türmten sich bereits in dem jüdischen Betrieb, Blümchen aber war mit ihrem sozialen Aufstieg dermaßen beschäftigt, daß ihr keine Zeit blieb, Teppiche zu flicken. Der Pole sah der Anfängerin alles nach und schwebte nur noch durch die Räume, in denen früher Greta Garbo zu Hause gewesen war. Da tauchte der jüdische Inhaber auf und sah, daß es so nicht weitergehen konnte. Er kannte die Hintergründe des Beschäftigungsverhältnisses nicht, beschloß, Blümchen zu entlassen und eine Fachkraft einzustellen. Naturgemäß hatte der Pole daraufhin eine schlaflose Nacht, lief er doch Gefahr, seine feurige Geliebte zu verlieren. Am nächsten Tag, der jüdische Besitzer war wieder abgereist, machte er Blümchen den Vorschlag, sie solle gemeinsam mit ihrem Ehemann einen Trödelladen aufmachen. Damit könne man nämlich viel besser Geld verdienen, als beim Teppichreparieren. Blümchen jammerte viel über fehlendes Kapital, und der Pole versprach, behilflich zu sein.

Und er war behilflich. Kurz darauf saßen Blümchen und ihr Ehemann abwechselnd in einem Laden voller Trödel, den sie für Antiquitäten hielten, und genossen ihre Selbständigkeit.

Darüber sind Jahre vergangen, den Teppichgroßhandel gibt es schon lange nicht mehr, die Teppichstapel sind in alle Winde verstreut, und die Decke ist überflüssig geworden, da sich die Gegebenheiten geändert haben.

Einmal die Woche flicht sich Blümchen Blüten ins Schamhaar und eilt ins nächstgelegene Stundenhotel, wo sie unter lautem Stöhnen ihren Kredit beim Polen abarbeitet. Währenddessen sitzt der Ehemann im Trödelladen und hat keinen Grund, über die Schwierigkeiten der Kapitalbeschaffung und überhaupt zu stöhnen, weil er von all diesen Dingen des täglichen Lebens keine Ahnung hat.

Der Teppich als Mittel des sozialen Aufstiegs spielt nicht nur in der vorangegangenen Geschichte eine elementare Rolle, sondern auch bei Kazan:

Elia Kazan (geb. 1909)

Er nahm mich in sein Zimmer, schloß die Tür und sagte mir, er habe beschlossen, daß unsere Familie diesen Ort verlassen solle. Er übertrug mir die Aufgabe, uns außer Landes zu bringen. Um mir ein wenig Geld für den Anfang zur Verfügung zu stellen, sammelte er alles, was die Familie an Wertgegenständen besaß – die Decken und Teppiche, die die Mädchen für ihre Hochzeit gewebt hatten, ein bißchen alten Familienschmuck, Fleisch, das wir für den Winter geräuchert hatten, ein wenig Geld aus seiner Tasche, ein paar Spitzen und etwas Gold. Er lud alles auf unseren Esel und trug mir auf, ich solle nach Konstantinopel ziehen, diese wertvollen Dinge dort verkaufen und den Erlös in das Geschäft seines Vetters investieren, eines Teppichhändlers mit einem kleinen Laden im Basar. Sobald unsere Investition Früchte tragen und ich im Geschäft Fuß gefaßt haben würde, sollte ich Geld für die Reise schicken und die Familie aus dem Landesinneren in die sichere Stadt bringen.

Meine Mutter stand dieser Idee mißtrauisch gegenüber. Sie gestand meinem Vater, daß sie nicht einmal, wenn sie mich um Brot schickte, sicher war, daß ich zurückkommen würde. Mein Vater war ein sanfter Mann, der manchmal vor meiner Mutter Angst hatte, aber er ließ sich nicht von seinem Plan abbringen. Eines Abends sprachen wir zusammen unsere Gebete, und am nächsten Morgen schickte er mich mit dem Esel weg, auf dessen Rücken er alles von Wert gepackt hatte, was unsere Familie besaß.

Natürlich passierten mir entsetzliche Dinge, ich erlebte eine Katastrophe nach der anderen. Zuletzt raubte mir ein Bandit alles, was mein Vater auf den Esel geladen hatte.

aus: Der Mann aus Anatolien

In der »Mann aus Anatolien« schildert der berühmte Filmregisseur und Autor, wie seine Familie von Inneranatolien nach Istanbul kam, von dort aus in die Vereinigten Staaten emigrierte, wo die Familie Kazan als griechische Teppichhändler ihren schweren Aufstieg meisterte.

Literatur

Elia Kazan: Der Mann aus Anatolien, deutsch v. Willy Thaler, 1.-15. Tsd., © 1984 by Droemer Knaur.

Nachspiel

Danksagungen mögen ein verwerflicher Luxus geworden sein, und ich müßte mich, um zeitgemäß zu erscheinen, auf das englische Sprichwort »I was feeling snug as a bug in a rug« (»Ich fühlte mich wohl wie ein Käfer im Teppich«, sinngemäß etwa: Ich fühlte mich wie eine Made im Speck.) beschränken.

Aber ich bin ein Kind vergangener Epochen und kann meine Arbeit unmöglich beenden, ohne vorher Rosen und Disteln verteilt zu haben:

An erster Stelle muß da natürlich die Malerin, Schriftstellerin, Illustratorin, Designerin und Kochkünstlerin Bele Bachem stehen, die für dieses Buch ihrem Vorsatz untreu wurde, »nie wieder Fremdtexte zu illustrieren, um mehr Zeit für eigene Bücher zu haben«. Böse Zungen behaupten freilich, ich hätte diese Ehre lediglich meinen »guten Beziehungen« zu verdanken, was nichts weiter als üble Verleumdung ist. Denn in Wahrheit pflegt die Künstlerin, ähnlich wie ich, einen Teppichkult, den Hermann Kasack auf den Seiten 95–113 so detailliert beschreibt, daß unweigerlich der Verdacht aufkommen muß, er hätte Bele Bachem oder mich gekannt. Jedoch sind wir einander nie begegnet, vielmehr muß es sich um eine Art von Seelenverwandtschaft handeln, die wir hoffen, Ihnen gemeinsam mit den weltberühmten Autoren, die sich in der »Lust am Teppich« verbündeten, nahegebracht zu haben.

Grollen müßte ich einigen toten Dichtern, die mich veranlaßten, selbst zur Feder zu greifen, wodurch eine Schreibsucht ausbrach, die genauso gefährlich wie Heroin zu sein scheint. Das gemütliche Kratzen meiner Feder wurde alsbald von der beängstigenden Stille des Computers abgelöst. Bei diesem Riesenschritt von der Steinzeit in die Gegenwart nicht um den Verstand gekommen zu sein, verdanke ich einigen guten Geistern meiner näheren Umgebung.

Die tausend Tode überlebt zu haben, die mit der Entstehung eines Buches einhergehen, sind wiederum dem Trickreichtum der Ärzte des Schwabinger Krankenhauses zuzuschreiben, die mich mehrmals zu neuem Leben erweckten.

Da naturgemäß nur Bestseller-Autoren durch angemessene Schecks und überquellende Geschenkkörbe mit Kaviar und Champagner bei Laune gehalten werden, bin ich dem Hungertod mit Hilfe einiger Engel entkommen, die abwechselnd ihre schützenden Flügel ausbreiteten, damit ich ungestört mit den Teppichfransen herumspielen konnte.

Aber auch die bösen Geister dürfen nicht unter den Teppich gekehrt werden, da ich ihnen letztendlich am meisten verdanke!

Jeder kennt dieses mitleidige Lächeln bestimmter Freunde, die an allem zweifeln, nur nicht an sich selbst. Das sind nämlich die, die mir ohne es zu wollen, halfen, tausende von Büchern nach Material zu durchforsten, das in diesem Buch nur teilweise Platz fand. Der hilfreichste Dämon war sicherlich eine Schwabinger Literaturagentin, die, als ich gnädigerweise einen Termin hatte, das Manuskript durchblätterte, »ein gutes Buch – kann man nicht verkaufen« konstatierte und mich wegschickte.

Erwies sich dann die Verlegersuche als Kinderspiel, folgten dem schnellen Fündigwerden eine endlose Reihe von Verschiebungen, wodurch aus dem Manuskript »Lust am Teppich« erst drei Jahre nach seiner Fertigstellung ein Buch werden konnte.

Genug der Teufeleien!

An dieser Stelle ist es höchste Zeit, ausdrücklich zu betonen, daß alle Gestalten meiner Geschichten, die sich mehr oder weniger lustvoll auf dem, im, am Teppich tummelten, Produkte meiner Phantasie sind, die ständig mit mir durchgeht, woran ich vollkommen schuldlos bin. Ähnlichkeiten mit irgendwelchen Institutionen, mit lebenden, künftig geborenen, verstorbenen Personen oder auch Situationen müßten demzufolge ein verteufelter Zufall sein, wofür ich um Nachsicht bitte.

Zuletzt, aber dafür mit fliegendem Herzen, will ich jenen danken, die den Fernseher ausschalteten und meiner – im wortwörtlichen Sinne – grenzenlosen Phantasie in den Orient oder sonstwohin folgten. Die, die während der Lektüre dieses Buches des öfteren geschmunzelt oder gar gelacht haben, will ich in meinem Roman »Dracula's Memoiren« abermals – zumindest teilweise – in den Orient entführen. In das transsylvanische, oh pardon, das transkaukasische Gruselschloß, das seit mehreren Jahrhunderten im Besitz unserer Familie ist und in Zukunft für jedermann zu besichtigen sein soll...

Spielwörter

zum Teppich als literarisches Motiv

S

T

V

W

Z

Gastspiele

Unsere Autoren in der Reihenfolge ihres Auftritts

Farbspiele

Bildbeschreibungen zu den Farbtafeln

Tafeln nach Seite 32:

I: Knüpf-Teppich, Kuba/Kaukasus, 81/91 x 120/134 cm, wahrscheinlich im 19. Jahrhundert entstanden.

II: Wand-Teppich, 234 x 245 cm, Museum Carolinum Augusteum, Salzburg (Inv. Nr. K2992/49). Im Auftrag des Salzburger Erzbischofs in Murcia/Spanien 1515-1520 geknüpft.

III: Gauklerteppich, Entwurf, 23,8 x 35,7 cm, von Fabius v. Gugel für das Projekt „Zeitgenössische Künstler entwerfen zeitgemäße Orient-Teppiche". Foto: Bettina Böhmer

IV: Knüpf-Teppich, 127 x 196 cm, Türkei, wahrscheinlich 2. Hälfte des 19. Jahrhunderts. Muster (Sultanswappen) und Inschrift (Osmanischer Reichsclan) lassen vermuten, daß der/die Teppich/e als Geschenk für eine bestimmte Person(engruppe) gedacht war(en). Foto: Bettina Böhmer

Tafeln nach Seite 128:

V: Knüpf-Teppich, Karadagh, 153 x 283 cm, wahrscheinlich 19. Jahrhundert.

VI: Knüpf-Teppich, Masuren/Ostpreußen 1768, 253 x 149 cm, Germanisches Nationalmuseum Nürnberg (Inv. Nr. GEW 4003), Leihgabe der Bundesrepublik Deutschland

VII: Kelim, Flachgewebe, 134 x 278 cm, Ostanatolien. Der Urzustand des Stückes vor der letzten Restaurierung und der Verschleiß (Oxydation) der alten Reparaturen lassen den Schluß zu, daß dieses sehr feine Stück spätestens in der 1. Hälfte des 19. Jahrhunderts entstanden sein muß. Foto: Bettina Böhmer

VIII: Illustration von Bele Bachem zu „Der Mann aus Anatolien" von Elia Kazan.

Tafeln nach Seite 160:

IX: Künstler-Teppich, gewebt aus Stoffabfällen, 120 x 420 cm, Deutschland 1984. Foto: Josef M. Fallnhauser

X: Künstler-Teppich, 237 x 234 cm, geknüpft in Zentralanatolien 1990 nach einem Entwurf von Bele Bachem, für das Projekt „Zeitgenössische Künstler entwerfen zeitgemäße Orient-Teppiche".

XI: Gebets-Teppich, geknüpft, 99 x 96,5 cm, Ostanatolien/Kurdistan, vermutlich 19. Jahrhundert. Foto: Bettina Böhmer

XII: Strick-Teppich, 199 x 191 cm, Meisterstück des Strumpfwirkers J. G. Specht, Straßburg 1778, Bayerisches Nationalmuseum München (Inv. Nr. L 71/44), Leihgabe der Bayerischen Hypotheken- und Wechselbank.

Tafeln nach Seite 192:

XIII: Illustration von Bele Bachem zu „Die Verbannung der Fatima" (S. 169).

XIV: Tisch-Teppich, 145 x 93 cm, wahrscheinlich in Deutschland vor 1850 entstanden.

XV: Künstler-Teppich „Gündöndü", 204 x 155 cm, nach einem Entwurf von Arnold Vals. 1990 in Zentralanatolien geknüpft.

XVI: Künstler-Teppich „Skagen" (Ausschnitt), 387 x 260 cm, geknüpft 1990 in Zentralanatolien nach einem Entwurf von Kisser Jensen für das Projekt „Zeitgenössische Künstler entwerfen zeitgemäße Orient-Teppiche".